KB040796

PASSION ENDURE SPIRIT

열버정신

초판 1쇄 인쇄 _ 2021년 12월 1일
초판 1쇄 발행 _ 2021년 12월 5일

지은이 _ 이대성

펴낸곳 _ 바이북스
펴낸이 _ 윤옥초
책임 편집 _ 김태윤
책임 디자인 _ 이민영

ISBN _ 979-11-5877-275-8 03190

등록 _ 2005. 7. 12 | 제 313-2005-000148호

서울시 영등포구 선유로49길 23 아이에스비즈타워2차 1005호
편집 02)333-0812 | 마케팅 02)333-9918 | 팩스 02)333-9960
이메일 bybooks85@gmail.com
블로그 https://blog.naver.com/bybooks85

책값은 뒤표지에 있습니다.
책으로 아름다운 세상을 만듭니다. — 바이북스

미래를 함께 꿈꿀 작가님의 참신한 아이디어나 원고를 기다립니다.
이메일로 접수한 원고는 검토 후 연락드리겠습니다.

열정으로 버티기

열버정신

PASSION ENDURE SPIRIT

이대성 지음

바이북스
ByBooks

'존버정신'이 아니라 '열버정신'이다

직업 군인을 하다가 동기부여 강사의 꿈을 꾸었다. 강사가 되고 나니 사람들이 존중해줬다. 해야 하는 일보다 하고 싶은 일을 하게 되었다. 그게 전부인 줄 알았다. 더 이상 나에게 갈등과 시련은 없을 거라 생각했다. 아니었다. 강사가 되고 난 후에도 힘든 일은 계속되었다. 텅 빈 사무실과 강의실에 들어설 때마다 서글펐다. 외부 강의 요청도 줄어들었다. 수입이 없으니, 정상적인 생활이 되지 않았다. 급기야 임대료를 내지 못하는 상황에 이르렀다.

'아, 이게 나의 한계인가.'

'현실의 벽은 역시 높구나.'

'내가 옳다고 믿는 것을 해내기 위해 내가 옳다고 믿는 방법으로 하는 것은 틀린 것인가.'

'나는 무능한 사람인가.'

하루하루 불안한 생각들로 머리가 지끈거렸다. 강사의 꿈을 이루고, 작가의 꿈을 이룬 나는 그렇게 하루하루를 힘겹게 버텨내고 있었다.

"힘들다."

"아프다."

"막막하다."

평소 밝고 명랑했던 사람들조차 고민을 갖고 있었다. 돈이 부족한 사람은 말할 것도 없고, 돈이 많은 사람조차 지키기 위한 고민을 한다. 직장인은 매일 아침 출근하는 것이 힘들고, 취업 준비생은 직장이 없어서 힘들다. 아이를 가진 부모는 아이 걱정하느라, 아이가 없는 부부는 아이가 없어서 고민이다.

'존버 정신' 어느 작가가 한 말이다. 그야말로 밑도 끝도 없이 버티자는 의미다. 그럴듯해 보이지만, 실제로 그렇게 버티는 것은 그 작가만 가능한 일이다. 나처럼 평범한 사람은 '존버'하다가 황천길로 가는 수가 있다. 돈과 인간관계 때문에 힘들어하는 사람이 많다. 돈을 벌기 위해 인간관계를 하고, 인간관계를 하다가 상처를 주고 받는 일이 비일비재하다. 현실을 즐기라고 말하지만, 돈이 없어서 즐기지 못하는 현실은 참담하다. 새로운 일을 시작했지만, 생각처럼 잘되지 않는다. 오랫동안 해왔던 일은 무한 반복되는 MP3처럼 지루하다. 평범한 사람이 어려움과 지루함, 무기력함을 버텨 내려면 무엇이 필요할까? '열버정신'이다. '열버정신'은 그냥 버티는 것이 아니라 열정으로 버티는 정신이다. '열버정신'은 내가 마주하는 어려움과 시련 앞에서 무릎 꿇지 않는 정신이다. 넓고, 밝고, 쉽고, 편안한 길로 가는 것이 아니라 좁고, 어둡고, 어렵고, 힘든 길을 가는 정신이다. 결과보다 과정을 소중하게 여기는 정신이다. 외적인 포장보다 내적인 가치를 추구하는 정신이다. 내가 한 선택에 후회하지 않는 정신이다.

어느 늦가을, 아내와 함께 간 바닷가에서 소나무 한 그루를 보았다. 흙 한 줌 없는 바위에 뿌리를 내리고 있었다. 바위는 뿌리의 힘에 의해 갈라져 있었다. 바위를 뚫는 소나무의 힘에 놀랐고, 누군가의 보살핌 없이 여지껏 생존했다는 사실이 경이로웠다.

다시 바다를 바라보았다. 바다는 가장 낮은 곳에 있다. 세상의 모든 물이 흘러들어온다. 강과 계곡의 맑은 물은 물론이요, 오수와 폐수 등 오염된 물도 모두 받아들인다. 그렇게 받아들이기 때문에 바다인 걸까? 가끔 거센 해일이 되어 해안가의 도시를 뒤덮는 힘을 과시할 때도 있다. 그렇다. 바다는 강하다. 맑고, 깊고, 넓다. 무엇보다 바다는 그 어떤 도움도 없이 스스로 정화할 수 있는 힘을 갖고 있다. 아무리 더러워도 정화시킨다. 바다가 가진 정화능력은 3퍼센트의 소금 때문이다. 그 짠 성분이 바다로 하여금 강한 정화능력을 갖게 한다.

안전한 인생, 평온한 인생, 맑은 사람에게는 힘이 없다. 어렵고, 힘든 시간을 관통한 사람에게서 카리스마를 느낀다. 그는 힘든 순간에 미소를 잃지 않는다. 희망을 말한다. 지금 내가 느끼는 시련과 고통은 나를 강하게 만들어 주는 신의 선물이다. 그러니 어제처럼 오늘처럼 내일도 '열버정신'으로 견뎌내야 한다.

차례

Chapter 1

변화
Change

나만 변하면 모든 것이 변한다.

Summary • 14

시련

Test

나를 죽이지 못하는 고통은
나를 강하게 해줄 뿐이다.

<table>
<tr>
<td>

Chapter

3

</td>
<td>

자존

Self-Respect

</td>
</tr>
</table>

진정한 성공은
자유와 존엄을 잃지 않는 것이다.

Chapter 4

희망
Hope

내 비장의 무기는 아직 손 안에 있다.
그것은 바로 '희망'이다.

Summary • 216

Chapter
1

변화
Change

"나만 변하면 모든 것이 변한다."

Summary

① 자기 변화를 위해 결단하고 행동하는 사람은 존경스럽다.

② 간단한 작업만으로도 기분을 전환시킬 수 있다.

③ 변화가 귀찮다면 간절하지 않은 것이다. 변화할 필요가 없다.

④ 변화의 주체는 첫째도 나, 둘째도 나, 셋째도 나다.

　　나만 변하면 모든 것이 변한다.

⑤ 본성과 기질은 바뀌지 않는다. 억지로 변화시키면 변질될 수도 있다.

⑥ 간절하게 달려들면 하늘이 돕는다.

⑦ 스스로 만족한 삶이라 여겨지면 아무것도 안 해도 된다.

⑧ 물건 소비보다 여행, 교육 같은 '경험 소비'가 바람직하다.

⑨ 욕심을 과하게 가지면 불필요한 에너지를 낭비하게 된다.

⑩ 열정은 상황에 따라 후회 없는 선택을 하는 것이다.

⑪ 화려한 조명보다 따뜻한 난로가 추위에 지친 내 몸을 녹여준다.

⑫ 내가 선택하지 않은 부모, 가정환경, 외모, 타고난 기질은 변화시킬 수 없다.

⑬ 혼자 있는 날은 변화하는 날이다.

⑭ 사람 앞에 서는 사람은 체중과 표정부터 바꿔야 한다.

⑮ 대통령을 만나러 갈 때 입을 수 있는 옷을 준비하자.

1 신비한 생명

'탄생-성장-성취-노화-죽음'. 생명을 가진 존재는 다섯 가지 과정을 거친다. 생명이 없는 사물은'제조-사용-노후-폐기'라는 네 가지 단계로 존재하고 사라진다. 세상에 존재하는 것은 어떤 것도 예외없이 변화한다. 그 중에 특별하고, 신비한 변화를 겪는 생명체도 있다. 나뭇가지에 번데기가 매달려 있다. 마치 죽은 것처럼 움직임이 없다. 번데기 껍질을 찢고 나오는 생명체가 있다. 느린 속도로 껍질을 스스로 찢고 나온 그 생명체는 순식간에 창공으로 날아오른다. 애벌레가 번데기의 시간을 견뎌내고 나비가 되는 순간이다. 애벌레가 길고, 외롭고, 어두운 번데기의 삶을 선택하면 나비가 된다. 나비는 세상에서 가장 신비로운 생명체다. 나비는 애벌레로 태어난다. 퉁퉁한 몸에 수십 개의 짧은 다리를 가졌다. 느린 속도로 흙바닥을 기어 다닌다. 나무에 기어올라 잎을 갉아 먹으며 살아간다. 그렇게 살다가 새의 먹이가 되고, 짐승이나 인간의 발에 밟혀 생을 마감한다. 대부분의 애벌레는 그렇게 살다 간다. 나비가 되기 위해 애벌레는 결단해야 한다. 나무 기둥을 타고 기어올라 가지에 매달리는 고치가 되어야 한다. 고치가 되면 움직이지 못한다. 여느 애벌레처럼 기어 다니는 것조차 불가능하다. 고치의 과정을 견뎌낸 나비는 애벌레와 다른 생명체다. 날개를 넓게 펼쳐 하늘을 날 수 있다. 창공에서 좌우 위아래로 아름다운 곡선을 만들면서 꽃을 찾아 비행한다. 더 이상 땅 위를 슬렁슬렁 기어 다니는 애벌레가 아니다. 나비는 자유롭다. 높이 날아오른다. 꽃의 향기와 생명을 전파한다. 나비를 '주변에 선한 영향력을 나누는 사람'을 지칭하는 용도로 사용하는 이유다. 애벌레의 삶은 자신의 욕망을 모르거나 억누른 채 살지만, 나비는 자신이 원하는 대로 산다. 나비가 되고 싶은 애벌레는 고치의 시간을 선택한다. 나뭇가지에 매달려야 한다. 스스로 몸에서 실을 뽑아내 고치의 벽을 만든다. 그 속에서 나비가 될 때까지 기다린다. 고치의 시간은 외롭고, 지루하다. 홀로 견뎌야 한다. 때가 되면 고치의 껍질을 스스로 찢고 나온다. 외부의 도움 없이 스스로 찢는다. 그렇게 해야 화려한 나비의 날개와 더듬이를 가질 수 있다. 그런 일련의 선택과 행동을 하지 않으면 나비가 될 수 없다.

장애인 기초 생활 수급자 부모의 아들로 태어나 성인이 될 때까지 정부의 도움을 받아 생계를 유지했다. 학창 시절, 자격증 취득과 학업에 소홀해서 취업에 실패했다. 내 삶에 책임을 져야 하는 성인이 되었지만, 그럴 수 없었다. 세상은 나를 필요로 하지 않았다. 내가 할 수 있는 것은 '알바'밖에 없었다. 고교 졸업 후, 유흥업소에서 2년 넘게 일했다. 거리에서 손님을 끌어 모으는 일부터 가라오케와 단란주점, 락카페 디제이 등의 일을 했다. 술, 여성, 춤, 노래 등의 유흥이 일상의 전부였다. 하루라도 유흥이 없으면 살 수 없는 지경에 이르렀다.

군 입대는 내게 그런 유흥과 자유를 빼앗어가는 일생일대의 비극적인 사건이었다. 자대 배치 후, 매주 지휘관과 면담을 했다. 당시 나는 A급 관심병사였다. 가정환경, 성장환경, 입대 전 직업, 여성문제, 경찰서 출입경력 등 모든 조건이 A급 관심병사가 되기에 충분했다. 입대 1년 후, 직업군인(부사관)이 되어 내무생활에서 벗어났다. 청소년기에 만들어진 그릇된 습관은 직업

군인을 하는 동안에도 계속되었다. 퇴근 후 생활은 유흥이 전부였다. 매일 노래방, 다방, 단란주점, PC방을 전전했다. 업무는 열심히 했지만, 퇴근 후의 생활은 유흥업소에서 알바하던 때와 특별히 다르지 않았다.

점점 욕망의 늪에 깊이 빠져들었다. 너무도 깊이 빠져들어 넘지 말아야 할 선을 넘기도 했다. 돈은 늘 부족했고, 여성과의 부적절한 관계 때문에 법적 시비에 휘말렸다. 가정을 지키지 못했다. 한 해에 어머니와 아버지가 연이어 세상을 떠났다. 같은 해 믿었던 동료에게 수천만 원을 빌려주고 받지 못했다. 그런 일들이 반복되고 쌓이니까 내 삶은 엉망진창이 되었다. 친구들도 자주 볼 수 없었다. 군인으로서의 자부심, 동료들과의 관계, 친구들과의 우정, 돈 등 모든 것이 나와 점점 멀어지고 있었다. 2011년 12월, 근무지를 경기도에서 대구로 옮겼지만, 일상은 바뀌지 않았다. 무엇이 중요한지 몰랐다. 내 삶은 점점 무너지고 있었다. 안정적인 직업과 별개로 자기경영이 되지 않으면 삶이 무너지는 것은 순식간이다.

대구에서 만난 지금의 아내 덕분에 변화를 결단했다. 그는 내가 하는 모든 행동을 받아주고, 이해해줬다. 무엇을 선택해도 나를 지지하고 기다려줬다.

2013년 성탄절 밤, 내 인생을 변화시켜야겠다고 생각했다.
'이대로는 안 된다. 더 이상 이렇게 살지 않겠다.'
변화에 대한 열망이 가슴에 가득 차올랐다.
'내가 할 수 있는 것은 무엇일까?'
'내가 원하는 것은 무엇일까?'
'나은 인간이 되기 위해 무엇을 해야 할까?'
질문에 질문을 거듭한 끝에 '동기부여 강사'가 되기로 다짐했다. 대구에 살면서 서울, 대전, 부산 등에서 다양한 공부를 했다. 그런 시간이 나를 변화시켜 줄 거라 믿었다. 즐기던 유흥을 끊었다. 연락하던 여성들과 결별을 통보했다. 부대 동료들과의 회식과 모임을 줄였다. 기존에 내 일상을 구성했던 모든 것을 버렸다. 가는 곳마다 간절함을 말과 표정, 몸짓으로 표현했다. 퇴근 후에 책을 펴고 읽었다. 밤이 새도록 일기를 쓰고, 내 삶과 생각을 기록했다. 점심 식사 후 차를 마시면서 대화를 하던 동료들과도 거리를 두었다. 홀로 사무실에 틀어박혀 책을 읽고, 글을 썼다.

"열정적이에요."

"간절해 보여요."

이런 긍정적인 반응을 보이는 사람도 있었지만, 대부분 무관심하거나 냉소적이었다.

"너무 뜨거워서 옆에 있는 사람이 데일 수도 있어요."

어떤 강사는 미친 듯이 질주하는 나를 향해 이런 우려를 표현했다.

"꿈, 그런 건 없어."

"지금 있는 자리에서 성실하게 살면 그만이야."

"이런 직장을 어디서 구할 수 있겠어."

"너나 해, 나는 이대로 살래."

"저러다가 곧 제자리로 돌아올걸."

변화의 시기에 나를 응원해주는 사람은 거의 없었지만 앞만 보고 달렸다. 2016년 4월 30일. 21년의 군대 생활을 마감하고 전역장을 받았다. 그날부로 육군 상사가 아닌, 강사 이대성이 되었다. 장애인 기초 생활 수급자의 아들 20년, 직업군인 21년을 했으니, 이제 강사로 20년을 살아 보겠노라고 다짐했다. 뜨겁게 달렸던 2년 덕분에 내 일상은 변화했다. 거울 속의 나를 본다.

예전보다 나아졌다. 점잖아졌다. 맑아졌다. 밝아졌다.

　간절한 변화를 위해 결단하는 사람이 있다. 그들은 지금까지 했던 생각과 행동 양식을 모두 바꾼다. 하다못해 양말 한 켤레마저 바꾸려 노력한다. 그런 사람이 자신과 세상을 좀 더 좋게 만드는 사람이다. 결단했다고 모두 변화하는 것은 아니다. 애벌레가 고치의 시간을 견뎌냄으로써 나비가 되었듯, 외롭고, 어둡고, 좁은 길 한가운데서 홀로 견뎌낼 때 진정한 자기혁명이 가능하다. 그 인내의 시간을 견뎌내지 못한다면 원래 상태로 돌아가는 건 시간 문제다. 괴롭고, 힘들고, 고달픈 일상을 운명으로 받아들이는 태도도 중요하지만, 운명을 내 손으로 변화시키겠다는 결단이 필요할 때도 있다. 세상에서 가장 신비한 생명체인 나비는 이렇게 우리에게 말하고 있다.

　"변화하라, 살아 있음을 증명하라."

① 자기 변화를 위해 결단하고 행동하는 사람은 존경스럽다.
② 모든 사람은 존중받을 권리가 있지만, 모든 사람이 존경받을 수는 없다.

변화의 순간

내 의도와 다르게 문제가 생기고, 이유 없이 내 자신이 한심하고, 초라하게 느껴지는 시기가 있다. 이때가 바로 변화의 순간이다. 원하는 대로 일을 해내기 위해 갖가지 방법을 동원하고, 시간과 열정을 쏟아부어도 뜻대로 되지 않으면 답이 없다. 조류독감이 유행할 때 치킨집과 오리집이 장사가 안 되는 것은 어쩔 수 없다.

코로나 같은 호흡기 전염병이 유행하면 사람을 대하는 일을 하는 사람은 오도 가도 못하는 신세가 된다. 기가 막히게 유튜브나 온라인 회의 프로그램으로 전환해서 위기를 기회로 만드는 사람도 있지만, 극히 일부에 불과하다. 인류 역사에서 시대의 변화를 미리 읽고 앞서가는 사람은 늘 존재했다. 솔직히 말하면 나는 그런 부류는 아니다. 내 삶이 그다지 좋아 보이지 않고, 의도치 않게 발생된 일로 인해 절망감에 사로잡혀 있을 때 어떻게 해야 할까? 멍하니 하늘만 바라보고, 눈물을 흘린다고 해서 문제가 해결되는 것은 아니다. 무기력하다고 느껴질 때는 뭔가를 해야 한다. 변화가 필요할 때다.

코로나 사태로 외부 일정이 모두 취소되거나 연기되면서 한동안 아무것도 하지 않았다. 매일 TV를 보고, 영화를 봤다. 강사의 꿈을 가졌을 때에는 메모 하면서 시청했지만, 그 기간에는 소파에 기대어 넋을 잃고 있었다. 끼니때마다 식사를 하고, 산책을 하는 것이 전부였다. 시간이 갈수록 가슴이 답답하고, 무기력해졌다. 아무것도 하지 않으니까 아무 일도 일어나지 않았다. '이대로 있을 수는 없다.' 뭔가를 해야겠다는 간절한 기운이 가슴에서 꿈틀거렸다. '뭐라도 해야 한다. 이렇게 시간을 허비해서는 안 된다.' 사무실과 강의실을 리모델링하기로 했다. 이름하여 '셀프 리모델링'이다. 사무실과 강의실 내부, 외부 간판을 정비하기로 마음먹었다. 기존에는 메인 현관문을 열자마자 강의실이 있었다. 우측으로 돌아서면 출입문이 사무실 출입문이었는데, 강의나 모임이 진행될 경우 현관문을 여닫는 것 때문에 시선이 분산되는 문제가 있었다. 아내는 내게 파격적인 제안을 했다.

"사무실과 강의실 위치를 바꿔 버려요."

"헉"

"혼자서는 힘들겠죠?"

그날부터 사무실과 강의실의 위치를 바꾸는 작업이 시작되었다. 불필요하게 공간을 차지하는 소파와 책장 등 비품을 버리는 것부터 시작했다. 성인 남성 둘이서 들어야 되는 가구들을 혼자서 2층에서 1층으로 내렸다. 가구에 발등이 찍히고, 손가락에 상처도 났다. 사무실 책상을 현관 쪽 공간으로 옮기고, 책장의 위치를 바꾸기 위해 책과 바인더를 박스에 담아서 옮겼다. 사무실은 순식간에 전쟁터가 되었다. 매일 작업 현장을 사진으로 찍어서 아내에게 전송했다.

"정말 대단하네요. 이걸 혼자서 어떻게 옮겼지?"

아무리 힘들고, 어려워 보여도 매일 조금씩 하는 것은 누구나 할 수 있다. 작은 것이 쌓이면 큰 것이 되는 것은 삼라만상의 원리다. 한 달 동안 작업을 한 결과, 사무실과 강의실의 위치를 맞바꿀 수 있었다. 카페 공간을 만들고, 테이블과 의자를 구매해서 비치했다. 카페 공간에는 레일 등을 구매해서 설치했다. 휴대폰 충전 코너를 별도로 제작했다. 전선은 케이블 타이와 몰딩을 이용해서 정리했다. 강의실 내부에 부착되어 있던 액자와 부착물을 제거해서 깔끔함을 유지했다. 집에서 사용하던 사운드바를 강의실 PC에 연결했다. 천정형 빔프로젝터를 떼어내어 옮겼다. 천정을 뚫고 기계를 떼었다 붙이는 작업을 하기 위해서는 전문가 수준의 기술이 필요했다. 유튜브 영상을 천천히 보면서 혼자서 해냈다. 강의실은 아늑해졌고, 사무실과 카페 공간은 넓고 쾌적해졌다. 목표를 정하고 매일 뭔가를 하는 것은 성취감을 느끼게 해줬다. 이쯤되면 코로나가 끝날 줄 알았는데, 여전히 매스컴에서는 확진자 소식을 전하며 사회적 거리두기를 강조하고 있었다. 또 다른 변화가 필요했다. 공교롭게도 집과 사무실의 계약이 만료되는 날이 다가오는 시기였다.

"이사를 하자. 새로운 곳으로 옮기자."

마침 사무실의 위층이 비워진다는 소식을 들었다. 편리할 것 같다는 생각이 들었다. 아내는 정색을 했다.

"일단 집 상태 좀 보고요. 낡고, 지저분하면 싫어요."

"그래, 알았어. 확인해 보자."

아니나 다를까, 3층 집의 모든 것이 아내의 마음에 들지 않았다. 건물이 완공된 지 오래 되어서 문짝, 창틀, 방충망, 욕실과 주방의 수전, 세탁실의 배관 등 모든 시설이 낡아 있었다. 도시가스가 들어오지 않았다. 옥상에 임시로 설치된 LPG가스통에서 공급되는 가스로 조리를 하고, 난방과 온수는 기름보일러를 이용해야 했다. 아내는 이사를 반대했다.

"요즘 시대에 LPG와 기름을 사용하는 곳이 어디에 있어요. 이 집으로 이사하는 건 반대에요."

몇 번의 실랑이를 벌였지만, 마음을 돌리기 쉽지 않았다. 집은 여자 마음에 들어야 한다는 말이 있다. 내 입장에서는 사무실이 있으니 집은 잠만 자면 되는 곳이지만, 아내에게는 특별하다. 요리와 식사, 빨래와 청소, 휴식이 모두 이루어지는 소중한 곳이기 때문이다. 아내의 마음을 돌리기 위해 고심 끝에 제안을 했다.

"집을 최대한 편리하고, 아늑하게 리모델링 해줄게."

사무실과 강의실 작업을 힘겹게 하고 나니, 집 정도는 가뿐하게 할 수 있을 것 같은 자신감이 있었다. "어떻게요? 욕실의 바닥, 샤워기는 어떻게 할 건데요? 어두컴컴한 욕실 조명도 교체해주고, 안방 창문도 잘 열리게 해주세요. 세탁실에 세탁기 2대를 설치해야 하는데, 배수관 연결도 해줄 수 있어요?"

아내의 요구는 끝없이 이어졌다. 이사를 하고 싶다는 간절함 때문에 아내가 원하는 것을 최대한 해주기로 약속했다. 그때부터 이사하기 전날까지 대청소를 했다. 아내가 출근하고 나면 이사할 집으로 출근해서 쓸고 닦았다. 닦아도 닦아도 먼지가 나왔다. 스팀 청소기를 이용해서 다섯 번 정도 돌리니까 바닥이 반짝거렸다. 이사를 하고 난 후, 본격적인 리모델링 작업을 시작했다. 필요한 자재들을 인터넷에서 검색해서 구매했다. 욕실 조명은 형광등에서 LED로 교체했다. 세탁실의 조명은 자동으로 켜지고, 꺼지는 센서등으로 교체했다. 세탁실과 욕실 바닥은 맨발로 들어갈 수 있는 푹신한 바닥재를 깔았다. 세탁실의 배관은 이중으로 연결하는 소켓을 구매해서 설치했다. 주방의 조명은 아늑한 황색 LED등으로 교체했다. 안방 창문에는 손잡이를 부착해서 여닫기가 수월하도록 했다. 거실에는 강의실에서 사용하던 홈씨어터를 설치했다. 3개월 동안 매일 작업을 했다. 매일 변화되는 집을 보면서 아내의 표정은 점점 밝아졌다. 셀프 리모델링이 끝난 지금 아내는 이제껏 살

왔던 집 중에 가장 편리하고, 아늑한 공간으로 인정하고 있다. 리모델링 작업을 했던 3개월간의 시간은 코로나로 인해 중단된 착잡한 마음을 되돌리는 계기가 되었다.

상황이 뜻대로 풀리지 않는다면 '변화의 순간'이 온 것이다. 이때 과감하게 결단해야 한다. 그 어떤 것이라도 변화시키겠다는 각오를 하고, 행동해야 한다. 거창한 것이 아니라도 좋다. 새로운 사람 만나기, 새로운 장소에 가기, 취미 바꾸기, 가구 위치 바꾸기, 옷장 정리하기, 헤어스타일 바꾸기, 피트니스에 등록하기, 낯선 곳으로 여행 떠나기 등 개인의 여건에 따라 다양한 방법이 있다. 뭔가를 변화시키는 것은 혼란스러운 마음을 정리하고, 답답한 가슴에 생기를 불어 넣어준다. 그런 변화의 기운이 새로운 아이디어를 탄생시키고, 식었던 열정을 뜨겁게 달아오르게도 한다. 나는 '셀프 리모델링'한 사무실에서 글을 쓰고, 강의실에서 강의를 한다. 오랜만에 온 사람들은 말한다.

"언제나 변화를 추구하시는군요."

열버 tip

① 4차 산업혁명시대라고 해서 인공지능만 변화의 대상은 아니다.
② 간단한 작업만으로도 기분을 전환시킬 수 있다.

③ 변화의 조건

변화하기 위해서는 세 가지 조건이 필요하다.

첫째, 자극이다. 가끔 수제간식을 직접 제조한다. 간식 이름은 '고구마 스틱'이다. 내가 지어낸 이름이다. 아내와 함께 영화나 드라마를 볼 때 팝콘 대신 먹는다. 우리가 먹는 간식이지만, 함께 지내는 반려견들에게도 좋은 간식이다. 고구마는 인터넷에서 주문해서 받는데, 고구마 박스를 보는 순간 뽀삐와 해피의 반응은 그야말로 열정 그 자체다. 꼬리를 살랑 살랑 흔들고, 낑낑거리며 고구마가 담긴 박스 주위를 맴돈다. 집에서 가장 큰 찜솥 바닥에 받침대를 넣고, 물을 채운다. 그 위에 고구마를 가지런하게 쌓는다. 가스렌지 위에 올려놓고 찌기 시작한다. 5분정도 지나면 물이 끓기 시작한다. 그때부터 고구마가 익는다. 불세기를 낮추고, 뚜껑을 열어 젓가락으로 고구마를 찔러본다. 젓가락이 잘 안 들어가면 다시 뚜껑을 덮고 좀 더 찐다. 그렇게 완성된 고구마를 집게로 꺼내서 그릇에 담는다. 씽크대에서 찬물을 틀어놓고, 고구마 껍질을 벗긴다. 이렇게 하면 뜨거운 고구마를 식히면서 쉽게 껍질을 벗길 수 있다. 쟁반 위에 수북히 쌓인 고구마를 보는 것만으로도 배가 부르다. 이제부터가 진짜 작업이다. 고구마를 도마 위에 올려놓고 손가락 길이로 잘게 자른다. 칼을 찬물에 수시로 적셔준다. 칼에 묻은 고구마 자국이 끈적해서 고구마가 잘 썰리지 않기 때문이다. 정성껏 자른 고구마를 식품 건조기에 가지런히 담는다. 여기까지 하고 나면 어깨가 뻐근하다. 그렇게 하루를 꼬박 말리면 '고구마 스틱'이 완성된다. 한 개씩 떼어 내어 간식통을 가득 채우면 성취감을 느낀다.

"고구마 줄까?"

우리집 반려견들을 흥분시키는 말이다. 자다가도 벌떡 일어난다. 검은 눈동자를 반짝이며 꼬리를 흔들어댄다. 고구마를 그만큼 좋아한다. 고구마 2개 (우리집 반려견은 두 마리다.)를 손에 들고 이 방 저 방으로 도망 다녀도 끝까지 쫓아온다. 고구마를 달라는 거다. 그 순간만큼은 작은 고구마 간식 한 개가 간절한 소망이자 꿈이 된다. 그것은 결코 포기할 수 없는 것이다. 고구마를 반드시 얻어먹어야겠다는 간절함이 잠도 달아나게 한다. 그렇게 간절하게 따라 다니는 그들에게 주지 않을 수 없다. 끝내 그들은 원하는 것을 얻는다.

반려견들이 낮잠을 자고 있다가 고구마를 보는 순간 돌변하는 것처럼 가슴을 요동치게 하는 명확하고 구체적인 목표가 생기는 순간이 있다. 원하는 것이 명확해지면 가슴이 뛴다. 간절하게 원하는 것이 생기면 뜨거운 에너지가 끓어오른다. 그것은 말로 표현할 수 없고, 제어할 수 없다. 오로지 그것만 생각하게 되고, 뭐든지 버릴 수 있는 용기마저 생긴다. 40대 초반에 그런 기분을 느꼈다. 좋지 않은 사건들에 휘말리면서 지옥 같은 하루하루를 보냈다. 지금 생각해도 아찔하다. 충격적이었고, 절망스러웠다. 강사가 되고 싶다는 간절함은 그때 찾아왔다. 절망적인 자극이 없었다면 간절한 마음이 생기지 않았을지도 모른다. 어쩌면 지금도 군대 생활을 하고 있을지 모르겠다. 가슴에 불꽃이 튀어 끓어오르는 순간이 모든 사람이 동일한 시기에 찾아오는 것은 아니다. 어떤 사람은 청년 시절에 만나지만, 어떤 사람은 백발이 되어서야 간절한 꿈을 꾸는 경우도 있다. 이것을 '자극'이라고 한다. 충격적인 사건을 경험했을 때, 매우 좋아하는 무언가를 만나게 되었을 때 자극을 느낀다. 다양한 경험을 하는 것, 다양한 사람을 만나는 것이 좋은 이유다. 그런 과정을 통해 내가 진정으로 원하는 것을 만날 가능성이 높아진다.

변화의 두 번째 조건은 열정이다. 강사의 꿈을 꾸게 되면서 나는 광기에 사로 잡혀 있었다. 내 눈빛은 야생 들개의 그것이었다. 나의 모든 생각과 관심은 강의밖에 없었다. 아침에 눈을 떠서 늦은 새벽에 잠이 들 때까지 책과 노트, 펜을 손에서 놓지 않았다. 의무감으로 하는 것이 아니었다. 자연스럽게 그런 생각과 행동을 하게 되었다. 동기부여 강사가 되겠다고 달려드는 40세의 직업군인을 누구도 말리지 못했다. 그런 열정이 나를 변화시켰다. 물은 불의 열기가 없으면 수증기로 변화할 수 없다. 변화하기 위해서는 열정이 필요하다. 열정적인 사람은 잠이 부족해도 피곤한 줄 모른다. 여지껏 누렸던 것을 아무렇지 않게 포기한다. 열정이 생기면 계산하지 않는다. 과감하게 행동한다. 그런 이유로 주변 사람들로부터 미쳤다는 소리를 듣는다. 그런 소리를 자주 들을수록 열정적인 사람일 가능성이 매우 높다. 그러니 미쳤다는 말은 칭찬이다. 진정으로 원하는 것을 찾으면 그 외의 것은 눈에 보이지 않는다. 내가 원하는 분야가 아닌 것에 대한 이야기는 들리지 않는다. 의미 없게 느껴지기 때문이다. 미친 듯이 몰입하고, 뜨겁게 돌진한다. 주변의 시선과 평가, 조언, 상식, 계산에 설득되지 않는다. 열정 없이는 그 어떤 것도 변화시킬 수 없다.

셋째, 지속성이다. 찐 고구마를 만들려면 일정 시간동안 열을 가해야 한다. 불을 붙이자마자 고구마가 익지는 않는다. 차가운 물이 데워져서 수증기로 변해 찜기 안에서 고구마를 뜨겁게 자극해야 한다. 어느 정도 시간이 지나면 딱딱하고, 건조했던 고구마가 촉촉하게 익는다. 사람도 마찬가지다. 처음에 가졌던 자극과 열정이 제아무리 강렬해도 지속되지 않는다면 결코 변화하지 못한다.

동기부여 강사는 공부를 많이 해야 하는 직업이다. 국어, 영어, 수학 공부를 이야기하는 것이 아니다. 자신만의 철학을 갖고 있어야 한다. 개인과 조직이 원하는 강의를 할 수 있는 역량을 갖춰야 한다. 그러기 위해서는 다양한 능력이 요구된다. 자신만의 자기 관리 방법, 독서, 글쓰기, 파워포인트, 동영상 편집, 자신감, 에너지, 표현력, 강의 스킬, 이미지 관리 등이 그것이다. 그런 공부와 경험이 쌓여 내공이 되어야 어린이부터 중장년층에 이르기까지 다양한 계층의 다양한 직업을 가진 사람들의 마음을 움직일 수 있다. 그러니 동기부여 강사는 하루, 이틀, 몇 개월 만에 될 수 없다. 조급한 사람을 노리는 '단기간' '속성' 다이어트, 운전면허, 사업, 투자, 강사 양성, 독서 교육, 책 쓰기 교육 등이 성행하고 있다. '단기간' '속성'이 들어간 것들은 욕망을 자극하는 마케팅일 뿐이다. 조급하게 빠른 시간에 원하는 것을 얻어낸 사례를 본 적이 없다. 있더라도 극소수에 불과하다. 뭐든지 완성하고, 얻기 위해서는 조급함을 버리고, 끝까지 계속해야 한다. 멈추지 말아야 한다.

변화하기 위해서 세 가지 조건이 필요하다. 자극, 열정, 지속이다. 아무런 자극이 없는 삶은 변화하지 않아도 되는 삶이다. 그 이후에 열정을 갖고 멈추지 않아야 변화할 수 있다.

① 변화가 귀찮다면 간절하지 않은 것이다. 변화할 필요가 없다.
② 간절하지 않은 사람에게 변화하라고 다그치는 것은 바람직하지 않다.

4 변화의 주체

"왜 자기는 매번 데이트할 때마다 늦는 거야?"

"너 지난 주말에 누구 만났어?"

"어젯밤에 왜 전화 안 받았어?"

"잠들었지, 늦은 밤에 전화를 왜 해?"

"너는 내 꺼니까, 나 말고 아무도 만나면 안 돼!"

"더 이상 연락하지 마!"

연인이 상대를 변화시키려 할 때 '이별'과 '데이트 폭력'이 발생한다.

"제발 일찍 좀 들어와요!"

"집안 꼴이 이게 뭐냐?"

부부가 서로를 변화시키려 할 때 '부부싸움' '별거' 이혼'이 발생한다.

"10시 이전에 귀가해."

"엄마, 아빠는 도대체 왜 그렇게 살아?"

"교복 치마가 왜 그렇게 짧은 거야?"

"반찬이 왜 이 모양이야!"

"이제부터 말 안 할 거야."

부모가 자녀를 변화시키려 할 때 '소통단절', '아동학대', '가출'이 발생한다.

'학교 폭력' 역시 학생들이 상대를 변화시키려는 욕심으로 비롯된다. 내가 시키는 대로 해야 한다는 '권위 의식'이 폭력으로 이어진다. 어른이 보기에는 아무것도 아닌 것처럼 보이지만, 실제 학교생활을 하는 학생들의 세상은 생각보다 촘촘하다. 아침부터 오후까지 함께하는 관계이기 때문이다. 학원이라도 같이 다니면 더욱 가깝다. 가까운 관계 속에서 갈등이 생기는 것은 자연스럽다. 국가 간의 폭력 사태를 전쟁이라고 말한다. 전쟁이 발발되면 국토가 폐허가 된다. 산업 시설과 가옥이 파괴되고, 수많은 사상자가 발생한다. 전쟁은 인류의 역사에서 가장 큰 비극이다. 전쟁의 원인은 무엇일까? 상대 국가를 우리 국가가 원하는 대로 변화시키려는 욕심 때문이다. 종교, 이념, 자원 등 상대가 가진 생각과 자원을 내 것으로 만들기 위해 전쟁을 일으킨다.

가장 유명한 명언은 무엇일까? 강의 현장에서 물어보면 열이면 열, 모든 사람이 아는 명언이 있다.

"너 자신을 알라."

서양 철학의 아버지 소크라테스가 남긴 말이다. 소크라테스는 4대 성인 중 한 명이다. 수천 년 동안 인류의 스승으로 인정 받아온 사람이다. 그런 사람의 말은 진리일 가능성이 높다. 인문학을 공부하는 사람들이 그의 말에 귀를 기울이는 이유다. 철학과 교수뿐 아니라 수많은 사업가와 작가, 강사들이 그의 사상을 존중한다. 그렇다면 '내 자신을 아는 것'은 매우 중요한 문제다. 세상에서 가장 먼저 해야 할 것은 나 자신을 아는 것이다. 변화시켜야 할 주체는 당연히 나 자신이어야 한다. 많은 사람들이 이 사실을 깨우쳐 자신을 변화시키기 위해 노력한다면 우리 사회는 더욱 건강하고, 평화로워질 것이다. 영어는 문장의 앞글자만 대문자를 쓰지만, 유일하게 문장 중간에도 대문자를 쓰는 단어가 있다. 그것은 'I'다. '나'란 뜻이다.

　나는 돈이 많은 사람, 박사 학위를 가진 사람을 맹신하지 않는다. 내가 존경하는 사람은 자신을 변화시킨 경험이 있는 사람이다. 그런 사람은 타인을 변화시키려 애쓰지 않는다. 언제나 평화롭다. 그런 사람 옆에 있으면 마음이 편해지고, 나도 할 수 있을 거라는 믿음이 생긴다. 반대로 자기 자신 하나도 제대로 변화시키지 못했으면서 타인을 변화시키려 안달난 사람도 있다. 딱 보면 티가 난다. 그들은 늘 가르치려 한다. 책 좀 읽고, 글 좀 썼다고 다른 사람을 가르치려 한다. 그런 사람들이 가장 자주 쓰는 단어가 '여러분'이다. 이 단어 속에는 '나는 여러분과 급이 다른 사람입니다.'라는 의미가 깔려 있다. 수많은 강사와 작가가 그런 태도를 취하고 있다. 내가 진행하는 리더십, 강사교육에서는 '여러분'이라는 단어를 쓰지 못하게 한다. 처음에는 어리둥절했던 교육생들이 시간이 지나면 깨닫게 된다. 내가 무대에서 말을 하는 이유는 나를 변화시킨 사례를 이야기하기 위함이요, 내 생각을 전달하기 위해서다. 강사와 작가는 자기 삶을 변화시키는 사람이다. 강의 하는 대로 살아야 하고, 글 쓴 대로 살아야 한다. 말과 글, 삶이 일치하지 않는 강사와 작가가 타인을 변화시키려 하는 것은 어불성설이다. 깨달음도 없고, 감동도 없다. 사람들이 열광한다 해도 모두 포장지요, 껍질일 뿐이다. 원래 포장지가 화려하고, 껍질이 두꺼운 법이다. 우리가 진정으로 해야 할 것은 포장지를 뜯어내는 일이요, 껍질을 뜯어내는 일이다.

　타인을 변화시키려 애쓰는 것을 멈춰야 한다. 그것이 진정한 자기 혁신의 시작점이다. 남편은 아내를, 아내는 남편을 변화시키려 하지 말자. 부모는 자녀를, 자녀는 부모를 변화시키려 하지 말자. 애인을 변화시키려 하지 말

자. 친구를 변화시키려 하지 말자. 다른 나라를 변화시키려 하지 말자. 다른 종교인을 선교하지 말자. 다른 사업자를 변화시키려 하지 말자. 나의 변화만 생각하자. 우리는 다른 사람의 변화를 강요할 권리가 없다. 다른 사람에게 나의 변화를 맡기는 것은 내 권리를 포기하는 일이다. 세상 누구도 나를 변화시킬 수 없다. 변화의 주체는 오직 '나'다. 모든 사람이 개인의 변화를 추구할 때, 세상의 모든 갈등과 폭력의 원인을 제거할 수 있다고 믿는다. 이때부터 성장과 변화, 평화가 찾아온다.

대구 수성구에 위치한 '대성열정 아카데미' 현관 입구에 이런 현수막이 붙여져 있다.

"내가 변하면 모든 것이 변합니다."

① 변화의 주체는 첫째도 나, 둘째도 나, 셋째도 나다. 나만 변하면 모든 것이 변한다.
② 타인을 변화시키려는 것은 세상에서 가장 어리석은 선택이다. 그것은 그냥 시간 낭비다.

5 변화의 변질

유아 시절부터 청소년기에 대부분의 가치관이 만들어진다. 청소년의 뇌는 지어지는 건물의 전선처럼 엉켜 있다. 교육은 그런 전선을 정돈하는 과정이다. 어린 시절에 겪었던 경험이 쌓여 성격이 되고, 성향이 된다. 성인이 되고 난 후에 그것을 변화시키는 것은 쉽지 않다.

얼마 전 서울에서 사업을 하는 친구들이 대구에 찾아왔다. 그들은 초등학교, 중학교 시절부터 30년 이상 친구로 지내는 녀석들이다. 누구보다 서로에 대해 잘 안다. 가끔씩 오며 가며 얼굴을 보며 식사를 하고, 차를 마신 적은 있었지만 1박 2일 동안 놀기 위해서 만나는 것은 7년 만이었다. 술 한 잔을 기울이며 한 친구가 말한다.

"너는 변한 척 거야, 너는 변하지 않았어. 원래의 너로 돌아와."

"너답게 살아, 예전의 이대성으로 돌아와."

"나답게 살지 않는 것처럼 보이는구나."

"쪽팔림 없이 길거리에서 춤추던 이대성은 어디 가고, 선비가 되어버렸냐."

나답게 사는 것을 삶의 목적으로 삼고 산 지 7년이 되었는데, 그 친구가 보기엔 나답게 살고 있지 않은 것처럼 보였나 보다.

"예전의 우리 패거리의 대장은 어디 간 거야? 왜 선비가 된 거야? 어울리지 않아."

"너는 들개야, 애완견이 아니야."

흥미진진한 사건을 만들기 위해 불철주야 고민했던 청소년 시절이 떠올랐다. 그때는 노는 것이 삶의 전부였다고 해도 과언이 아닐 정도로 춤과 노래, 이성 교제에 몰입했다. 언제나 그들 앞에 서서 이끌었다. 내가 가는 곳은 언제나 즐거움이 넘쳐났다. 길거리에서 춤을 추고, 노래를 불렀다. 여학생들과 어울려 밤을 새워 놀았다. 유흥의 중심에 내가 있었다. 40세가 될 때까지 그렇게 살았다.

40대 후반이 된 지금은 그런 문화와 상관없는 삶을 살고 있다. 강의가 없는 날에는 책을 읽고, 강의 준비를 한다. 아내와 산책을 하고, 영화와 뮤지컬, 드라마를 본다. 온라인 게임을 즐긴다. 실컷 자고 싶은 날엔 잠을 잔다. 그게 최근 7년간 내 일상이다. 그런 생활이 익숙해지다 보니 친구들과 밤문화를 즐긴다는 것이 어색했다. 수십만 원짜리 양주를 먹는 것도 어색했고, 그곳에서 일하는 여성들과 대화를 나누는 일도 쑥스러웠다.

다른 친구는 다른 말을 했다.

"착한 아저씨가 되었네, 보기 좋아."

"너는 또 그렇게 생각하는구나."

"아내가 너 만나러 간다고 해도 괜찮다고 했어. 이젠 너를 신뢰하는 것 같아."

친구의 아내는 만났다 하면 밤새 나이트, 노래방을 전전했던 나와의 만남을 싫어했다. 그런 이유로 한동안 친구들을 만날 수 없었다. 지금은 그렇지 않다고 말해주니 순간 울컥했다. 무엇이 진짜 나의 모습일까?

화려한 포장지는 선물이 될 수 없다. 선물은 포장지에 가려져 있다. 포장지는 잠시 시선을 사로잡아 주는 껍질에 불과하다. 선물도 과일도 소중한 것은 껍질 안에 존재하는 법이다. 그 어떤 포장지도 선물을 대체할 수 없다. 제아무리 두껍고, 화려한 껍질이라도 알맹이를 능가할 수 없다. 우리가 소중하다고 여기는 풍요로운 돈, 황홀한 쾌락, 빛나는 명예, 건강하고 아름다운 외모가 인생 자체의 목적이 될 수 없다. 개인의 변화는 그런 부수적인 것들을 더 많이 누리는 것만을 의미하지는 않는다. 부수적인 포장지만을 얻기 위해 나를 소모하는 것처럼 어리석은 일도 없다. 자칫 잘못하다가는 삶의 변화는커녕 변질될 수도 있다. 부수적인 것은 부수적으로 따라올 뿐이다. 그 이상도 그 이하도 아니다. 세상에서 가장 빈곤한 사람은 자신을 잃어버린 사람이다. 내가 무엇을 좋아하고, 어떤 가치가 있는 사람인지 모르고 살면 생을 마감할 때 즈음에 후회가 남을지도 모른다. 세상은 빛의 속도로 변화하지만, 인간의 본성은 변하지 않았다. 그 옛날 인간답게 사는 것이 어떤 것인지 가르쳤던 철학자들의 사상이 수천 년이 지나도 변하지 않는 데는 다 이유가 있다. 인간의 본성은 변하지 않았고, 앞으로도 그럴 것이다. 시대가 변할수록 인간답게 사는 것은 더욱 중요해진다. 인간답게 산다는 것은 풍요와 쾌락만을 의미하지 않는다. 인간다움은 마음과 표정이 밝은 것을 의미한다. 스스로 옳다고 생각하는 가치를 실천하는 것이다. 사람을 대할 때 표정이 어둡고, 말과 행동이 거칠다면 그것은 인간답다고 보기 어렵다. 그런 모습은 인간다움을 잃어가는 것이다.

우유가 변화하면 치즈가 되지만, 변질되면 썩은 액체가 된다. 치즈의 향기는 매력적이지만, 썩은 우유는 악취를 풍긴다. 변질은 오염이다. 사람의 변화는 '좋은 사람'이 되어가는 과정이다. 진취적인 사람, 세상이 원하는 대로 살지 않고, 내가 원하는 대로 살기 위해 노력하는 사람이다. 인생에서 무엇이 소중한지 깨닫고 멈춤 없이 나아가는 사람이다. 편안한 사람, 평화로운 사람이 되어가는 과정이다. 변화는 긍정적이고, 바람직하다. 변화는 성장이다. 춤추고 노래하던 청년 이대성은 강의 현장에서 춤추고, 노래하고 있다. 연애를 위해 옷을 차려입고, 향수를 뿌리고, 친절했던 청년 이대성은 강의 현장에 여전히 존재하고 있다. 지금도 사소한 일에 상처받고, 드라마를 보며 눈물을 쏟아낸다. 나는 변화되었으나, 변질되지 않기 위해 노력한다. 어린 시절 자유롭고, 유쾌하고, 친절했던 나는 변하지 않았다. 매순간 내가 옳다고 믿는 것을 믿는다. 부러질지언정 휘어지지는 않으려는 근성이 있다. 지금도 변함없이 친구들을 신뢰하고, 존중한다. 사람을 욕망의 도구로 여기지 않기 위해 애쓴다. 말과 글, 삶을 일치시키기 위해 노력한다. 삶의 변화가 필요한 사람들에게 에너지를 나누는 동기부여 강사다.

어떤 식당에 이런 글귀가 붙여져 있었다.

"변화는 하되 변함은 없기를!"

① 변화해야하는 요소는 기술, 지식, 태도, 철학이다.
② 본성과 기질은 바뀌지 않는다. 억지로 변화시키면 변질될 수도 있다.

6

물과 수증기

사람이 변화한다는 것은 전혀 다른 사람이 되는 것을 의미한다. 변화하는 사람은 습관과 가치관, 표정과 몸짓 등 모든 것이 바뀐다. 심지어 인간관계와 직업, 사는 곳까지 바꾸는 사람도 있다.

섭씨 100도가 되면 물은 수증기가 된다. 99도와 100도는 얼핏 보면 비슷한 온도 같지만, 전혀 다르다. 99도의 물은 엄밀히 따지면 변화한 것이 아니다. 상온의 차가운 물과 99도의 따뜻한 물은 본질적으로 같은 물질이다. 99도의 온도를 가진 물은 뜨거운 상태지만 여전히 물이다. 100도가 되면 완전히 다른 물질로 변화한다. 수증기로 바뀐다. 수증기는 물이 담겨 있던 곳을 떠나 공기 중으로 흩어진다. 수증기의 열과 힘은 폭발적이다. 1800년대 산업혁명을 이끌었던 증기 기관차는 물을 끓여서 나오는 수증기의 힘으로 달렸다. 물은 그 일을 해낼 수 없지만, 수증기는 거대한 열차를 움직일 만큼 강한 힘을 가진다. 진정한 변화와 혁신은 100도 이상을 의미한다.

물이 수증기로 변화하기 위해 가장 먼저 해야할 일은 끓일 준비를 하는 것이다. 냄비나 주전자에 물을 담는 일이다. 사람도 마찬가지다. **변화를 위해 먼저 할 일은 변화하기로 결심하는 일이다.** 지금 내 모습에 만족하지 않는다면 변화를 결심해야 한다. 외적인 모습의 변화도 변화로 볼 수 있으나, 장기적인 관점에서 생각해 보면 외적인 모습의 변화는 진정한 변화는 아니다. 얼굴이 마음에 들지 않아서 성형수술을 하고, 몸매가 마음에 들지 않아서 다이어트를 하는 것은 그 효과가 일시적이다. 진정으로 소중한 변화는 내적 변화다. 마음과 정신의 변화다. 수증기처럼 강한 힘은 인간에게 내적 변화를 이루었을 때라야 비로소 생성된다. 스스로 생각했을 때 좋은 사람이 되는 것, 나로 인해 주변 사람들이 유익함을 얻게 되는 사람이 되는 것을 의미한다.

인간의 욕구는 두 가지다. 원하는 것과 원하지 않는 것. 이 두 가지로 욕망을 구분할 수 있다. 원하는 것은 갖고 싶은 것, 먹고 싶은 것, 가고 싶은 곳, 되고 싶은 모습 등 내가 긍정적으로 생각하는 사물이나 사건을 갖거나 경험하고 싶어 하는 것이다. 이런 욕구를 충족하기 위해서 오늘도 열심히 일하고 있다. 원하지 않은 것은 위험한 일과 불안한 일을 하기 싫어하고, 상처받기 싫어하는 것을 의미한다. 일반적인 경우, 평온함을 깨는 변화를 원하지 않는다. 그래서 사람은 원래 변화하기 싫어한다.

나도 변화하고 싶은 생각이 없었다. 고교 졸업 후에 했던 유흥업소 알바보다 군대 생활은 만족스러웠다. 좀 과장하면 100배 이상 쉬웠다. 좋아하는 운동을 하고, 행정 업무를 배우는 일도 재미있었다. 교육 성적이 좋아서 부대에서 인정받았고, 진급도 빨랐다. 매월 안정적으로 나오는 봉급도 만족스러웠다. 안정적인 삶을 영위하기에 직업군인이나 공무원만한 직업도 없다. 2009년부터 2012년 사이에 겪은 사건 사고들은 나로 하여금 변화하지 않고는 견딜 수 없게 만들었다. 갑작스런 이혼과 부모의 사망, 금전사기, 징계, 소송 등의 일들이 줄줄이 발생되었다. 목숨을 내어놓을 만큼 간절했다. 이처럼 절체 절명의 위기를 겪거나, 충격을 받았을 때, 변화하고 싶은 욕망이 끓어오른다.

'유흥업소 종업원 출신.'

'기초 생활 수급자, 장애인의 아들'

'자기 관리가 엉망인 망나니'

삶을 바꾸고 싶었다. 스스로 날개를 달고 세상 밖으로 날아오르고 싶었지만, 세상은 나의 변화에 그다지 큰 관심을 가져주지 않았다. 변화는 위험하고, 불필요한 것이라고 말해주는 사람이 압도적으로 많았다. 변화가 간절하다고 여겼던 시기에 내 주변에 있던 사람들은 도움이 되지 않았다. 스스로 당당하지 못했고, 부끄러웠다. 매일 아침 거울 속에 비친 내 얼굴이 보기 싫었다.

'얼마나 잘못 살았으면 이 정도까지 망가지니……'

한숨을 내쉬며 혼자 중얼거린 적이 많았다. 새로운 인간이 되기 위해서는 펄펄 끓어야 했다. 99도는 부족했다. 100도가 되어 전혀 다른 사람이 되어야 했다. 이제껏 내가 살아온 세상과 전혀 다른 세상으로 달려 나가야 했다. 2년 동안 주변 사람들과의 소통을 멈추고, 오로지 나의 변화에만 몰입했다. 거침없이, 쉼 없이, 미친 듯이 열정을 쏟아 냈다. 펄펄 끓는 물처럼 뜨겁게 끓어올랐던 2년이 지나고 난 후, 전역지원서를 냈다. 그날 이후, 지금까지 나는 강사로 살고 있다. 세상은 나를 군인이 아닌, 동기부여 강사로 부른다.

최근에 만난 사람들은 내가 과거에 무엇을 하며 지냈는지, 어떤 경험을 했는지 모른다. 사무실 근처의 식당 주인 중 한 분은 내가 종교 지도자(목사)인 줄 알았다고 했다. 긍정적인 표정과 따뜻한 인사말이 그렇게 느껴졌다고 했다. 이분뿐만 아니라 나를 처음 만나는 사람들 대부분이 목회자 같다고 말한다. 내가 목사님 같다는 소리를 듣다니! 이 얼마나 영광스럽고, 감사한 일인가. 나를 바꾸기 위해 쏟아부었던 2년의 뜨거운 시간이 없었다면 직업을 바꾸고, 새로운 삶을 사는 일은 불가능했을 것이다.

변화 하고 싶으면 기존의 모든 것과 결별해야 한다. 최소한 2년 이상 미친 듯이 집중해야 한다. 만나던 사람들을 계속 만나고, 해왔던 취미와 여가 활동을 모두 다 즐기면서 변화하는 것은 불가능하다. 그것은 어리석은 욕심이다. 변화하고 싶지 않다는 것이다. 세미나 몇 번 듣고, 자격증 몇 개 취득하고, 책 몇 권 읽고, 썼다고 인생이 바뀌는 것도 아니다. 완전히 끓을 때까지 그 과정을 반복해야 한다. 같은 방법을 반복해도 안 되면 다른 방법을 시도해야 한다. 인생이 바뀐다는 것은 지금까지 삶의 패턴과 완전히 달라지는 것이다. 내면의 힘이 강해지는 것이다. 내 가족과 직장 동료와 세상을 바꾸겠다는 헛된 꿈은 금물이다. 나 자신부터 바꾸겠다는 결심을 해야 한다. 이전의 잘못된 내 모습이 사라질 때까지 뜨겁게 끓어야 한다. 딱 봐도 미친 것 같은 느낌이 들 정도로 모든 것을 끊고, 열정을 쏟아 내야 한다. 내가 생각했을 때 괜찮다고 여겨질 때까지 끝까지 식히지 말고, 끓여야 한다. 그렇게 해야 새로운 세상에서 새로운 일상을 만날 수 있다.

열버 tip

① 간절하게 달려들면 하늘이 돕는다.
② 딱 봐도 미친 것처럼 모든 것을 바꿔야 변화한다.

7

매일 3시간

눈이 시리도록 파란 하늘 아래에서 상쾌한 공기를 마시며 자연과 호흡하는 캠핑은 매력적인 취미다. 장비와 준비물을 점검하고, 마트에서 장을 보면서 캠핑의 재미가 시작된다. 떠나는 당일 짐을 차에 싣고 낯선 길을 따라 달리는 국도의 경치를 보는 것도 운치가 있다. 캠핑장에 도착하면 차량에 실린 짐을 옮긴다. 주차장과 캠핑하는 장소가 가까우면 복권에 당첨된 것처럼 기쁘지만, 그렇지 않을 경우에는 땀을 뻘뻘 흘리며 짐을 옮겨야 한다. 텐트와 타프를 설치한다. 요즘은 캠핑장에 데크(목재로 만들어진 바닥)가 있지만, 내가 캠핑을 즐기던 시절에는 데크가 설치된 캠핑장이 많지 않았다. 텐트와 타프를 설치하고, 배수로를 파면 80% 이상 숙영 준비가 완료된다. 이때부터는 섬세한 정리 정돈이 필요하다. 휴대용 버너와 코펠, 가스, 숯 등을 박스에서 꺼내 정리한다. 캠핑장에 머무르는 동안 잠자는 것과 먹는 것을 해결해야 하기 때문에 정리 정돈을 잘해야 한다. 어디에 무엇이 있는지 숙지해야 편하다.

정리가 끝나면 배가 슬슬 고파온다. 수돗가에 가서 쌀을 씻어서 밥할 준비를 한다. 어지간한 캠핑장에는 수돗가와 샤워장이 구비되어 있다. 그곳에서 만나는 낯선 사람들과 인사를 나누는 것만으로도 괜히 기분이 좋아진다. 첫 끼니는 김치찌개와 밥, 김치 정도로 해결한다. 낮 시간대에 캠핑장의 분위기는 특별한 것이 없다. 뒷산에 잠깐 다녀오고, 낮잠을 자는 사람도 있다.

차량을 타고 인근의 관광지를 둘러보고 오는 경우도 있다.

캠핑의 하이라이트는 야간이다. 해가 뉘엿뉘엿 지기 시작하는 초저녁부터 캠핑장의 분위기는 무르익어 간다. 캠핑을 다니는 사람들에게 가장 소중한 순간이다. 숯불에 구워 먹는 고기 맛은 캠핑장에서만 맛볼 수 있는 별미중에 별미다. 자연의 바람을 맞으며, 나무가 남긴 흔적인 숯과 육류가 만나환상의 분위기를 연출한다. 자글자글 익어가는 고기 위에 고인 육즙을 보기만 해도 침이 꼴깍 넘어간다. 주로 목살을 많이 먹지만, 삼겹살, 등심도 갖고간다. 숯불에 고기를 굽기 위해 가장 먼저 해야 할 일은 숯에 불을 붙이는 것이다. 바베큐통에 숯이나 장작을 넣는다. 토치에 가스를 연결해서 불을 붙인다. "쒸이이이익." 가스에 불이 붙어서 강력한 불꽃이 뿜어져 나온다. 숯에 불을 붙이기 위해 열을 가한다. 토치를 대다가 멈추면 숯에 붙었던 불씨는 이내 사라진다. 지속적으로 가스불을 갖다 대야 숯이 벌겋게 달아오르기시작한다. 그렇게 10분 정도 불을 붙이면 모락모락 연기가 피어오른다. 순식간에 텐트 주변을 가득 메운다. 캠핑장 곳곳에서 그런 작업을 하기 때문에연기가 자욱하다. 바베큐통 양 옆에 있는 공기 구멍을 열어주면 화력이 지속된다. 캠핑장에서 맛있는 숯불 바베큐를 먹기 위해서는 숯을 시뻘겋게 달궈야 한다. 숯의 화력을 유지하기 위해 공기구멍을 열어줘야 한다. 불꽃이 사그라지면 부채질을 한다. 공기 공급이 멈추면 숯의 화력도 약해지기 때문이다. 일정 시간 부채질을 해주면 숯이 온전히 시뻘게진다. 그때부터는 굳이부채질을 하지 않아도 화력을 유지한다.

대성열정 아카데미에서 진행하는 DRI열정리더십에서는 '매일 3시간'을강조한다. 뭔가를 바꾸고 성장시키고 싶다면 최소한 하루 3시간 이상 뭔가를 해야 한다. 직장 생활, 사업 등으로 바쁜 사람들도 가질 수 있는 변화와 성장의 시간이다. 최소한 매일 3시간 뭔가를 해야 한다. 직장 생활을 하지 않고, 사업을 하지 않는 사람이라면 더 많은 시간을 확보할 수 있다. 나는 2년 동안 자기계발서 100권을 읽었다. 눈으로만 읽는 것이 아니라 특별한 방법으로 읽었다. 책의 여백에 메모 하고, 중요한 내용은 손으로 베껴 썼다. 좋은 책이라 여겨지면 독서 노트를 만들고, 교안을 만들면서 읽었다. 그렇게 만든 독서노트가 10권이다. 10권에는 약 100권에 해당되는 책 내용이 요약되어 있다. 강사가 되기 위해 다양한 곳에서 교육을 받았다. 매주 교안을 만들고, 연습했다. 강의 연습은 일주일에 한 번이지만, 준비는 일주일 내내 했다. 일주일에 한 권 읽으라고 하면 세 권을 읽었다. 퇴근 후 시간은 오로지 강사와 관련된 일에만 몰입했다. 짧게는 3시간, 길게는 8시간 이상 집중했다. 새벽까지 피곤한 줄 모르고 몰입했다. 그렇게 2년을 쉼 없이 달리고 나니, 동기부여 강사가 되어 있었다.

자극이 지속되면 익숙해지고 편해진다. 잘하게 된다. 프로그래머가 되고 싶으면 매일 3시간 이상 프로그램을 만들어 봐야 한다. 완벽하지 않아도 뭐든 만들어 봐야 한다. 화가가 되고 싶으면 매일 3시간 이상 그림을 그려야 한다. 근사한 풍경화나 정물화는 아니더라도 이면지에 졸라맨이라도 그려야 한다. 가수가 되고 싶으면 매일 노래를 불러야 한다. 노래방이나 집에서 부르는 것이 생활화되어야 하고, 보컬학원에도 다녀야 한다. 공무원이 되고 싶으면 공무원 시험공부를 매일 3시간 이상 해야 한다. 부사관이 되고 싶으면 부사관과 관련된 사이트에 접속해서 정보를 얻고, 이론과 면접에 관련된 공부를 해야 한다. 매일 3시간이면 일주일에 20시간이다. 1년이면 1,000시간, 2년이면 2,000시간이다. 2,000 시간을 한 분야에 집중하면 완벽하진 않아도 해당 분야에 대한 흐름을 대충은 읽어낼 수 있다. 작든 크든 성취감을 느낄 수 있다. 몰입의 강도에 따라 직업도 바꿀 수 있다. 변화하고 싶다면 매일 3 시간 이상 2년 이상 해당 분야와 관련된 책을 읽고, 연습해야 한다. 매일 세 시간을 투자하는 것이 귀찮다면 변화에 대한 열망이 부족하기 때문이다. 하기 싫다는 것은 간절하지 않은 것이다. 아직 간절함이 무엇인지 모르는 것이다. 간절히 원하는 대상을 못 찾은 것이나. 하는 척하는 것만으로는 오래 할 수 없고, 오래하지 않으면 변화할 수 없다.

안젤리나 졸리가 출연했던 영화 〈원티드〉의 남자 주인공은 직장에서 구박당하는 찌질이 청년이다. 회사에서 뚱뚱하고 포악한 여성 상사에게 무시당하고, 직장 동료에게 여자 친구를 빼앗긴다. 통장 잔고는 10달러(한화 약 10,000원)밖에 없다. 다람쥐 쳇바퀴처럼 반복되는 하루하루가 괴롭기만 하다. 그러던 어느날, 전문 킬러였던 아버지가 속한 조직에 불려간다. 조직에서 원하는 것은 그도 아버지처럼 전문 킬러가 되는 것이었다. 매일 혹독한 훈련을 한다. 맷집을 키우기 위해 매일 맞는다. 살인 기술을 습득하기 위해 칼과 총을 사용하는 방법을 배운다. 훈련을 하고 나니 어느새 찌질이 청년은 강력한 킬러가 되었다. 여자 친구에게 통쾌한 이별 통보를 하고, 자신을 괴롭히던 직장 상사에게 사이다 발언을 하고 회사 문을 박차고 나온다. 영화의 마지막 장면에 이런 대사가 나온다.

"내 인생을 변화시키기 위해 지금 무엇을 하고 있는가?"

① 산책, 독서, 글쓰기, 일기 쓰기, 강의연습은 내적 성장에 큰 도움이 된다.
② 스스로 만족한 삶이라 여겨지면 아무 것도 안 해도 된다.

8 설렘의 함정

"입을 옷이 없어."

아내는 늘 이렇게 말한다. 그렇다면 옷장에 넘쳐나는 옷은 뭐라는 말인가?

"지금 옷장에 있는 옷은 뭔데?"

"몸에 맞지 않아요."

"몸에 맞지 않다니? 살이 찐 것 같지도 않은데?"

"천도 낡았고, 스타일도 별로에요. 시내에 한번 다녀와야 할 것 같아요."

"혼자 다녀와요."

"같이 가줘요."

세상에서 가장 지루한 일은 아내와 함께 옷을 사러 가는 일이다. 한 벌의 옷을 사기 위해서 수십 개의 매장을 들러 수십 벌의 옷을 만져 보고, 입어 본다. 보다 지친 나는 아내에게 한 마디 한다.

"이거 괜찮은데, 이걸로 사지?"

"가만히 있어 보세요. 다른 데 보고 올게요."

몇 바퀴를 돌다가 끝내 이렇게 말한다.

"나갑시다."

"어지간하면 여기서 사."

"여기는 비싸네요."

"어디로 가려고?"

"지하상가에 가면 이쁜 옷이 많을 거예요."

지하상가는 백화점보다 매장이 2~3배는 많다. 지하철과 연결된 대구 반월당역 지하상가에는 평일에도 사람들이 북적인다. 백화점에서 그랬듯이 옷을 만져보고, 입어보고 다른 가게로 가자고 말한다. 몇 바퀴를 돌고 나서야 옷 몇 벌을 산다. 아내와의 쇼핑은 서너 시간이 지나서야 끝이 난다. 그렇게 사온 옷은 짧으면 며칠, 길면 몇 달이 지나면 장롱 속으로 잠수를 탄다.

집에서 영화와 드라마를 즐겨보는 나는 화질 좋고, 크기가 충분한 TV를 갖는 소망이 있었다. 어느 날, 가전제품 매장에 진열되어 있는 대형 TV를 봤다. 초록빛 들판을 배경으로 피어 있는 알록달록한 꽃과 나비를 정밀하게 촬영한 다큐멘터리가 재생되고 있었다. 실제로 들판에 서 있는 것 같은 착각을 불러일으킬 정도로 화질이 훌륭했다. 한동안 넋을 잃고 화면을 바라봤다. 지금 집에 있는 TV는 그날 구매한 것이다. TV가 배송되는 날, 밤새 영화를 시청했다. 그렇게 한동안 TV를 보는 것만으로도 기분이 좋았다. 새로 산 TV가 내 관심 밖으로 멀어지는데 그리 오랜 시간을 필요로 하지 않는다. 몇 주가 지나면 TV화면이 그다지 커 보이지 않았다.

어느 나이트클럽 화장실에서 이런 글귀를 본 적이 있다.

"이 세상에서 가장 아름다운 여인은 오늘 새로 만난 여인이다."

새로움은 설레임을 느끼게 해준다. 사람, 물건, 환경이 바뀌면 설레거나 긴장한다. 이런 가벼운 설렘은 좋은 기분을 느끼게 해준다. 백화점에서 쇼핑을 즐기는 이유다. 화려한 옷, 화장품, 액세서리는 여인의 마음을 설레게 한다. 백화점에는 1년 365일 여성들로 북적인다. 가전제품 매장에 가보면 최신 IT기술이 융합된 TV, 다리미, 세탁기, 냉장고, 에어 드레서, 인공지능 스피커, 컴퓨터 등이 우리를 유혹한다. 깎아지른 절벽 어귀의 난간에 기대어 하늘과 맞닿은 넓은 바다는 우리에게 설렘을 느끼게 해준다. 그런 멋진 풍경을 보기 위해 여행을 떠난다. 새로운 풍경, 새로운 사람, 새로운 음식, 새로운 문화를 경험하는 것은 여행하는 사람들로 하여금 설렘을 느끼게 해준다. 새로운 경험을 통해 설레임을 얻는 것은 여행의 중요한 목적 중 하나다. 평소에는 생각하지 못했던 것을 여행지에서 깨달은 사람도 있다. 새로운 사람과의 만남은 늘 설렌다. 낯선 사람들이 모이는 곳에는 늘 이런 설렘이 존재한다. 새로운 모임에서 만난 사람 중에 누가 나에게 설렘을 느끼게 해줄지 모른다. 새로운 교육은 색다른 정보와 아이디어를 얻도록 도와준다. 새로운 사람과 교육을 만나는 순간 뭔가 좋은 일이 생길 것 같고, 엄청난 변화가 있을 것 같다. 새 학기가 되면 새로운 선생님과 친구를 만난다는 설레임에 잠 못 이룬 적이 있었다. 가방, 노트, 필통, 신발주머니와 도시락 가방을 새 것으로 구매한다. 동네 문구점과 백화점, 마트에는 신학기 상품들이 산더미처럼 쌓여 있다. 여러 가지 색상의 펜으로 노트를 예쁘게 꾸민다. 매년 새 학기는 설렘 그 자체다.

설렘은 행복과 동의어라고 해도 과언이 아닐 만큼 긍정적인 감정이다. 낯선 경험을 하면 가슴이 두근 두근거린다. 일상이 바쁜 사람들에게 설렘은 새로운 열정과 동기부여를 선물해준다. 이 쇼핑, 맛집 탐방, 여행 등의 소비를 즐기는 이유다. 소비를 통해 설렘을 쉽게 구매할 수 있다. 돈이 많으면 설렘을 쉽게 많이 구매할 수 있다. 많은 사람이 설렘을 돈으로 구매하고 있다. 변화와 성장의 필요성을 느끼지 못하는 사람들은 설렘을 구매한다. 그런 방식으로 삶의 만족도를 높이려 안간힘을 쓴다. 이렇게 구매한 설렘의 유통기한은 얼마일까? 그리 길지 않다. 기가 막히게 환경에 적응을 잘하는 우리는 순식간에 그 모든 것에 익숙해진다. 좋은 교육이라 여겨졌던 것도 익숙해지면 시시해진다. 백화점에서 구매한 옷은 순식간에 옷장 깊숙이 처박힌다. 학교 친구들과 친해지면 설레이는 감정은 물거품처럼 사라진다. 예쁘게 꾸며질 뻔한 노트는 금세 책꽂이로 숨거나 낙서장이 된다. 구매한 지 1년도 채 안 된 스마트폰은 슬슬 지겨워져 신제품 광고에 시선이 멈춘다. 차를 좋아하는 사람은 수시로 신차로 갈아탄다. 새로운 곳으로 여행을 떠나고, 새로운 사람들과 색다른 골프장과 승마장을 찾는다.

인생은 즐기는 것이라고 말하며 너도나도 설렘을 소비한다. 지금 이 순간에도 적지 않은 사람들은 설렘을 소비하고 있다. 기업은 소비자에게 팔아먹을 '설렘 아이템'을 연구하고 있다. 돈 많은 사람이 행복해 보이는 이유다. 설렘의 함정에 빠지면 영원히 빠져나오지 못할 수도 있다. 소비하지 않으면 행복한 감정을 느낄 수 없기 때문이다.

나는 그런 소비에서 한발자국 떨어져 지내고 있다. 맛집을 찾아다니지 않는다. 먹는 것은 배를 채우면 그만이다. 정장은 소매가 닳아서 구멍이 날 때까지 입는다. 단정하고, 깨끗하면 그만이다. 세상의 모든 간판과 광고는 설렘을 팔기 위해 혈안이 되어 있다. 그런 현상을 조금만 이해하면 설렘을 소비하는 욕망이 사그라진다. 그럼에도 불구하고 소비할 계획을 갖고 있다. 업무의 효율성을 높이기 위한 사무실 PC 교체, 드라마나 영화의 재미와 감동을 더 많이 느끼기 위한 거실 TV와 홈시어터 교체, 25만Km이상 주행한 12년 된 노후 차량 교체가 그것이다.

소비하지 않아도 설렘을 주는 변화가 진정한 변화의 시작이다. 가슴에 열정 에너지가 충만한 사람은 물건, 사람, 환경 때문에 마음이 이리저리 바뀌지 않는다. 보상이 없어도 열과 성의를 다해 그 일을 한다. 열정적인 사람은 매순간 설렘을 느낀다. 소비하지 않아도 설렘을 느낀다. 사랑하기 때문이다. 사랑하면 아무리 오랜 시간이 흘러도 소중하게 여긴다. 하는 일, 만나는 사람, 친구, 가족, 모든 것이 소중하기 때문에 지겹지 않다. 고장 나고, 낡아도 버리지 않는다. 힘들어도 포기하지 않는다. 모든 에너지가 방전되어 쓰러지는 순간까지 계속한다. 소비만을 부추기는 설렘의 함정에서 빠져나와 진정한 자기혁명을 해야 한다.

① 물건 소비보다 여행, 교육 같은 '경험 소비'가 바람직하다.
② 시대의 소비 트렌드를 좇아가지 말고, 내 삶의 트렌드를 창조하는 사람이 되자.

욕심과 열정

내 취미는 PC로 즐기는 축구 게임이다. 온라인상에서 만난 낯선 사람들과 즐기는데, 고수들이 꽤 많다. 처음에 배울 때는 큰 점수 차이로 패배하는 경우가 많았다. 대부분 학생들이 많았는데, 중년의 내가 따라갈 수 없는 손놀림이다.

"너 왜 이렇게 못하냐? 손가락이 부러진 거야?"

"나가라, 너처럼 못하는 애랑 하기 싫다."

채팅창을 통해 나를 비웃는 사람도 많았다. 그런 소리를 들으면서 배웠는데, 지금은 두 번 하면 한 번은 이기는 실력이 되었다. 이때부터 승리에 대한 욕심이 꾸물꾸물 올라온다. 반드시 이겨야겠다는 생각을 하고 게임에 임한다. 지면 괜히 기분이 안 좋아진다. 어쩔 땐 중간에 게임을 포기한다.

"살살해 주세요."

"너무 잘하시네요."

"저는 그냥 즐기는 거예요."

"재미로 하는 건데, 스트레스 받으면 안 되죠."

게임 자체를 즐기는 학생도 있다. 대량 실점을 당해도 포기하지 않고 끝까지 한다. 채팅창을 통해 즐거운 대화를 이어간다.

전방에서 18년 근무하다가 대구 인근 부대로 근무지를 옮겼다. 새로운 부대에 첫 출근하는 날, 지휘관에게 보직 신고를 했다.

"충성! 상사 이대성은 2011년 12월 1일부로 ○○○부대로 전입을 명받았습니다. 이에 신고합니다. 충성!"

새로운 부대에서 인정받는 간부가 되어야겠다는 다짐을 하고 야심차게 전입신고를 했다. 지휘관은 새로 보직된 나에 대한 기대를 표현했다.

"이대성 상사, 앞으로 기대가 크다. 교육 성적도 좋고, 우렁찬 목소리와 매서운 눈빛도 마음에 든다. 우리 부대의 군수 업무를 잘 수행해 주길 바란다."

지휘관의 격려에 힘을 얻은 나는 씩씩하게 대답했다.

"네, 알겠습니다. 최선을 다하겠습니다!"

지휘관은 내 대답이 마음에 들지 않았는지 한쪽 입 꼬리를 올리며 이렇게 말했다.

"최선을 다하는 것만으로는 안 돼. 잘해야지."

"네…… 알겠습니다!"

근무 기간 내내 지휘관의 시선과 평가가 부담스러웠다. 보고서를 들고 지휘관실에 들어갈 때마다 발걸음이 무거웠다.

열정적인 사람은 매사에 주인 의식을 갖고 능력과 에너지를 집중하는 사람이다. 그는 최선을 다하고, 과정을 소중하게 여긴다. 함께 일하는 동료들과 자유롭게 소통한다. 일이 서투른 사람에게는 격려를, 잘하는 사람에게는 칭찬을 아끼지 않는다. 과정을 즐기는 사람이 많아질수록 직장은 즐거운 놀이터가 된다. 욕심이 많은 사람은 결과가 좋은 사람이다. 매사에 성과 위주로 분석하고, 업무를 수행한다. 딱딱하고, 건조하고, 계산적이다. 가끔 수단과 방법을 가리지 않을 때도 있다. 아랫사람을 닦달하고, 다그친다. 책임을 지려 하기보다 전가시킨다. 덕분에 그들의 자력표는 깔끔하다. 어떤 징계나 처벌 기록도 존재하지 않는다. 이런 사람이 진급도 잘한다. 겉은 좋아 보이지만, 속은 어둡고 칙칙하다.

네트워크 마케팅은 자연스러운 소비와 합리적인 보상 플랜으로 많은 사람들이 하는 사업이다. 예전에는 '다단계', '피라미드'라는 프레임과 선입견이 있었다. 그런 일을 하는 사람은 사기꾼이라는 생각을 했지만, 지금은 그렇지 않다. 공정거래 위원회 홈페이지에 등록된 합법적인 회사가 140개가 넘는다. 직업이 동기부여 강사라서 네트워크 마케터들과 자주 만난다. 언젠가 젊은 청년이 사무실에 찾아왔다. 30대 중반의 남성인 그는 회사의 비전과 CEO의 마인드가 매우 훌륭하다고 자랑했다. 회사와 제품에 대한 이야기를 다 듣고 난 후, 질문을 했다.

"왜 이 사업을 하시는 건가요?"

"돈을 많이 벌기 위해서입니다."

"돈은 왜 많이 벌려고 하는 건가요?"

"가난한 아이들에게 공부할 수 있도록 돕는 장학 재단을 만들고 싶어서입니다."

"굳이 왜 사장님이 그들을 도우려 하시나요? 다른 분들도 이미 많이 돕고 있는데요."

"……."

그의 표정은 차가웠고, 건조했다. 그 표정만으로도 그가 가진 욕심의 크기를 가늠할 수 있었다. 그에게 이렇게 말해주고 싶었다.

"욕심을 내려놓는 연습부터 하시고, 사업을 하세요. 표정이 그렇게 욕심으로 가득한데, 저 같은 사람이 사장님을 믿을 수 있겠습니까?"

우리나라에서 가장 많은 사람들이 믿는 종교는 기독교, 불교, 천주교다. 그 외에도 다양한 종교가 있지만, 이 세 개가 영향력이 가장 크다. 어두운 밤에 대도시 상공을 드론으로 찍으면 붉은 십자가가 넘쳐날 정도로 교회가 많다. 국토의 70%를 차지하는 산마다 절이 있다. 최근에는 도시에도 절이 생겨나고 있다. 많은 사람들이 예수님과 부처님을 존경한다. 그 덕분에 그들의 사상을 대신 전해주는 종교 지도자도 존경을 받는다.

부처님은 왕국의 왕자로 태어났다. 좋은 집에서 좋은 옷과 음식을 누릴 수 있었다. 신하와 하인들에게 무엇이든 시킬 수 있는 권력도 가질 수 있었지만, 모두 버리고 수행의 길을 나섰다. 어떻게든 권력을 쟁취하고, 돈을 많이 벌어서 초호화 빌라에서 살면서 외제차를 타고, 양주를 마시고 싶어 하는 사람들과 반대되는 삶을 살았다.

예수님은 가장 낮은 계층이었던 여성 노예에게 무릎을 꿇고 발을 씻겨 주었다. 내가 아는 예수님의 인맥은 열 두 제자밖에 없다. 자기 이야기를 글로 쓰지 않았다. 제자들이 예수님이 하는 말과 행동을 옆에서 지켜보며 메모해서 정리한 것이 신약성서다. 댓글, 구매후기, 구독과 좋아요를 구걸하는 사람들과 정반대되는 삶을 살았다. 예수님과 부처님은 학교를 다닌 적이 없다. 그들이 한 것이라고는 자신이 옳다고 생각하는 가치를 실천한 것뿐이었다. 그 덕분에 수천 년이 지나도 훌륭한 사람으로 인정받고 있다.

둘의 공통점은 무엇일까? 그들은 욕심을 내려놓았다. 학교 성적을 올리기 위해 열정을 쏟는 학생과 학부모가 많다. 코인, 주식, 부동산 투자를 하느라 시간과 열정을 쏟아내는 사람도 많다. 학생이 학교 성적을 높이고, 자본주의 사회에서 돈을 벌기 위해 노력하는 것은 당연한 현상이다. 문제는 과도할 때 발생한다. 욕심을 채우기 위해 열정적으로 행동하는 것에는 부작용이 따를 수 있다. 바랐던 결과를 얻지 못하면 절망하기 때문이다.

　욕심과 열정은 다르다. 욕심은 채워지지 않으면 화가 나고, 답답하다. 쉽게 주저앉는다. 표정이 어두워진다. 눈빛이 칙칙해진다. 욕심 많은 사람에게서 좋은 에너지를 발견할 가능성은 거의 없다. 열정적인 사람은 과정을 즐긴다. 승부니 결과에 연연해하지 않는다. 매순간 최선을 다한다. 사람을 도구로 이용하지 않는다. 실패하더라도 절망하지 않고, 다시 일어난다. 표정이 밝다. 맑고, 투명한 눈빛을 갖고 있다. 나는 욕심이 많은 사람보다 열정적인 사람이 좋다. 언젠가 인터넷에서 이런 글귀를 본 적이 있다.

　"세상의 모든 불행은 욕심으로부터 시작된다."

① 욕심을 과하게 가지면 불필요한 에너지를 낭비하게 된다.
② 대가를 지불할 용의가 있는 것은 욕심이 아니라 목표다.
③ 버려야 할 욕심은 무엇인가? 대가를 지불할 만한 가치가 있는 목표는 무엇인가?

(10) 곰과 호랑이

"인간이 되고 싶다면 컴컴한 동굴 속에서 100일 동안 쑥과 마늘을 먹으며 견뎌라."

인간이 되고 싶었던 호랑이와 곰은 차갑고, 어두운 동굴 속에서 쑥과 마늘을 먹으며 버틴다. 동굴 밖에 나가면 먹을거리가 넘쳐 나는데, 그것을 포기했다. 동굴에 웅크리고 앉아 마늘과 쑥으로 끼니를 해결한다는 것은 여간 힘든 일이 아니었다. 호랑이는 포기했고, 곰은 끝까지 견뎌내어 인간이 되었다. 고조선의 건국을 다룬 '단군신화'에 나오는 이야기다.

시작부터 호랑이에게 불리한 경쟁이었다. 곰은 잡식성이다. 꿀, 꽃, 생선, 토끼 등 다양한 동식물을 섭취한다. 호랑이는 육식 동물이다. 육지에서 동물을 사냥하며 산다. 그런 호랑이에게 풀을 먹으며 견디라는 것은 격투기 선수에게 발레를 하라는 것과 다를 바 없다. 호랑이는 인간이 되는 것을 포기하고, 육식 동물의 삶을 선택했다. "널리 인간을 이롭게 한다."라는 숭고한 홍익인간 정신까지는 잘 모르겠지만, 이 이야기의 교훈은 명확하다. "하기 싫어도 해야 한다." "어떤 어려움도 견뎌내면 반드시 좋은 일이 생긴다." 인간이 된 곰, 웅녀는 인내심이 있는 훌륭한 존재로, 호랑이는 인내심이 없는 어리석은 동물로 평가된다. 정말 호랑이는 어리석고, 곰만 옳은 것일까? 인간이 되기를 포기한 호랑이의 삶은 불행하기만 했을까? 호랑이에게는 창고나 냉장고가 없었다. 인터넷 쇼핑으로 배송시켜 먹을 수도 없다. 허기진 배를 채우기 위해서 할 수 있는 것은 열정적으로 사냥 하는 것이다. 사냥하는 삶, 그게 호랑이의 삶이다. 호랑이는 호랑이다운 삶을 선택했을 뿐이다. 간절한 변화를 꿈꾸고 그 것을 이뤄낸 곰도 훌륭하지만, 강요된 변화를 거부하고, 자기다운 삶을 선택한 호랑이도 훌륭했다. 곰과 호랑이 모두에게서 배울 수 있다. 곰에게서는 어려운 상황을 견뎌내는 인내를, 호랑이에게서는 원하지 않는 것을 거부하는 용기를 배울 수 있다.

동기부여 강사가 되기 위해 안정적이고 명예로운 직업 군인의 삶을 포기 했다. 평소에 좋아하던 취미와 여가 생활을 포기했다. 여행, 버스킹, 캠핑, 축구, 족구, 피트니스, 탁구, 테니스를 끊었다. 동료들과의 친목 활동을 포기 했다. 삼겹살에 소주, 호프집에서의 맥주 한 잔, 노래방, 단란주점 출입을 끊 었다. 그런 포기가 모여 도전이 되었다. 여가시간에 강사 교육을 받고, 자투 리 시간에 독서와 필사, 글쓰기를 했다. 수시로 교안을 만들었다. 동기부여 강사가 될 수 있었던 것은 수많은 포기 덕분이었다. 동기부여 강사가 된 후 에도 포기해야 할 것은 많았다. 나는 성공의 기준이라 여기는 인맥을 관리 하지 않는다. 사람은 관리의 대상이 아니라고 생각하기 때문이다. 모든 것은 물이 흘러 바다로 가듯이 자연스럽고, 자유로워야 한다라고 강의하면서 인 맥을 관리하는 것은 말과 삶이 일치하지 않는 것이다. 사무실에 찾아오는 사 람들을 거부하지 않지만, 찾아오라고 조르지도 않는다. 변화와 성장, 열정이 필요 없는 사람에게 나처럼 공부하라고 강요하지 않는다. 내가 있는 곳에서 내가 할 일을 하며 기다린다. 나를 필요로 하는 사람이 올 때까지 기다린다. 그렇게 기다려도 오지 않는다면 그때 가서 변화를 고민할 생각이다.

<u>무모한 도전과 인내보다 과감한 포기와 용기가 필요할 때도 있다.</u> 해야 하는 일을 하는 것보다 하고 싶은 일을 해야 할 때도 있다. 도전하기 위해 용기가 필요하지만, 포기할 때도 용기가 필요하다. 소중한 것을 포기해야 소중한 것을 얻을 수 있다. 모든 것을 다 할 수 없고, 모든 것을 다 가질 수 없다. 우리의 시간과 열정은 무한하지 않기 때문이다.

① 곰의 결단력과 인내심, 호랑이의 나답게 살려는 의지 둘 다 옳은 선택이다.

② 어리석은 사람은 곰이어야 할 때, 호랑이처럼 객기를 부리고, 호랑이어야 할 때, 곰처럼 비굴하다. 지혜로운 사람은 곰이어야 할 때, 묵묵히 견뎌내고, 호랑이어야 할 때, 과감하게 달려 나간다.

③ 열정은 상황에 따라 후회 없는 선택을 하는 것이다.

빛나는 열정

"하나의 촛불이 되어 주변을 밝게 비추어 준다."라는 말이 있다.

촛불이 필요한 시대가 있었다. 가로등이 없었던 시절, 밤늦게 귀가하는 골목길은 칠흑같이 어두웠다. 그나마 있던 가로등은 전기 공급량이 부족해서 켜졌다 꺼졌다를 반복하며 깜빡거렸다. 밤 9시가 되면 어지간하면 자라는 방송이 나왔다. 1980년대만 하더라도 해가 지면 거리는 한산하고, 어두웠다. 밤늦게까지 공부를 하거나, 바느질을 하기 위해서는 촛불을 켜놓는 집이 많았다. 그 시절에는 어두움을 밝히는 촛불 같은 사람이 필요했다. 남들보다 더 많은 지식을 습득하고, 더 능숙한 기술을 갖는 것이 훌륭한 사람의 기준이었다. 요즘에는 밤 12시가 지나도 거리가 밝다. 대로변은 물론 변두리의 골목에도 24시간 CCTV가 작동한다. 밤늦은 시각까지 배달 오토바이가 도로를 질주한다. TV에서는 일찍 자라고 하기는커녕, 1년 365일 24시간 수백 개의 채널에서 방송을 하고 있다.

얼짱, 몸짱, 외제차, 멋진 옷을 입은 사람들이 넘쳐난다. 고급 승용차를 운전하고, 최신 유행하는 가방을 둘러메고, 타투를 하고, 최신 헤어스타일을 뽐내며 다니는 거리의 멋쟁이들은 빛나는 사람들이다. 그들은 멋진 옷을 입고, 좋은 음식을 먹고, 좋은 화장품을 사용한다. 빛나는 것을 소중한 가치로 여기는 사람들이 점점 더 많아지고 있다. 학교에서는 성적이 좋은 학생이 빛난다. 타고난 아름다운 미모를 가진 사람은 늘 주변의 시선을 한 몸에 받는다. 아름다운 몸매를 위해 오늘도 러닝머신에 올라탄다. 먹고 싶은 음식을 먹지 않으며 체중 관리를 한다. 그들은 다른 사람보다 빛나는 삶을 꿈꾼다. 남들보다 더 아름다워지고, 더 좋은 집에서 살고, 더 좋은 차를 타고 싶어 한다. 1인 미디어의 시대, 유튜브에는 연예인 못지않은 입담과 재치로 주목을 받는 사람들이 많다. 보통의 몸매와 얼굴, 보통의 입담으로는 명함도 못 내민다. 우리는 그들을 보면서 즐거워하고, 한편으론 부러워한다. 조금만 둘러보면 우리 주변에는 빛나는 존재가 많다. 대다수의 사람들은 빛나는 삶을 동경한다.

빛을 내는 전구의 소비 전력량은 20~100W, 전기 라디에이터나 전기장판, 헤어드라이어처럼 열을 내는 전열기구는 600W에서 3,000W가 넘는 것도 있다. 빛보다 열을 발생시키기 위해 더 많은 에너지가 필요하다. 한겨울에 따뜻한 물을 공급하고, 꽁꽁 얼은 손과 발을 녹여주는 것은 빛나는 전구가 아니라 열을 내는 보일러다. 신호등과 네온사인이 빛날지언정 추위를 녹여주지는 못한다. 주변을 따뜻하게 하기 위해 필요한 것은 빛이 아니라 열이다.

한두 편의 영화에 출연한 후에 사라지는 배우는 불꽃 축제에서 한번 터지고 사라지는 불꽃처럼 우리 기억 속에 오래 남지 않는다. 잠깐 유명세를 타다가 결혼이나 사업을 이유로 연기 생활을 그만두는 배우가 있다. 그들에게 배우는 돈벌이 수단이다. 다른 돈벌이 기회가 생긴다면 언제든지 갈아탈 준비가 된 사람들이다. 돈 많은 배우자를 만나면 미련 없이 연기생활을 접는다. 그런 배우는 연기의 깊이가 얕다. 연기를 사랑한 것이 아니라 인기와 돈을 사랑하기 때문이다. 최근 영화 〈미나리〉로 아카데미 여우조연상을 받은 윤여정 씨는 일흔이 넘었다. 이렇게 평생 연기에 몸담는 배우도 있다. 배우

전도연 씨는 결혼식을 가족끼리 조촐하게 하고, 곧바로 영화촬영 현장으로 달려갔다고 한다. 굳이 윤여정, 전도연 같은 유명한 배우가 아니더라도 단역, 조연, 주연을 넘나들며 수십 년간 드라마와 영화에서 꾸준하게 활약하는 배우들이 있다. 그들에게는 연기에 대한 뜨거운 열정이 있다. 이런 배우들의 연기는 남다르다. 마치 숙성된 김치 같은 깊이가 느껴진다. 잠깐 뜨고 사라지는 빛나는 스타보다 오랫동안 대중들에게 얼굴을 보여주는 열정적인 배우가 진짜 배우다. 나는 그런 배우가 좋다.

겉보기에 화려하고, 눈부신 성취를 한 사람만 열정적인 사람이 아니다. 내면에서 우러나오는 따스하고, 뜨거운 에너지를 가진 사람이 열정적인 사람이다. 그런 사람은 빛나지 않아도 뜨거운 열정을 갖고 있다. 탁월한 성과가 없더라도 그 일을 사랑하는 마음이 식지 않는다. 빛나는 것만으로는 부족하다. 아니 이제 빛나는 것이 위대한 것이라는 생각을 바꾸어야 한다.

빛나지 않더라도 따뜻하고, 뜨거운 열정이 진짜 열정이다.

① 빛나려고 애쓰지 말자, 내가 하는 일에 따스함을 유지하자
② 화려한 조명보다 따뜻한 난로가 추위에 지친 내 몸을 녹여준다.

12 불변의 가치

"인연은 소중합니다. 인연은 만들어 가는 것입니다."

"사람은 의리를 지켜야 합니다."

상대방의 기분과 욕구에 맞춰서 변화하라는 말로 들린다. 나는 이런 말들이 진리라 여기며 살아왔다. 정말 모든 인연은 소중할까? 인연은 만들어 가야 할까? 의리는 반드시 지켜야 하는 것일까? 인연은 물이 흘러가듯 이곳저곳으로 흘러간다. 그렇게 두어야 각자의 삶이 만족스럽다. 자유롭다. 하산해야 할 때 하산하지 않으면 영원히 제자로 남는다. 대부분의 스승은 자신을 뛰어넘는 것을 바라지 않는다. 대부분의 상급자는 부하가 나보다 유능하면 싫어한다. 그러니 의리를 지키라는 말은 엉터리다. 의리는 지키고 싶을 때 지키는 것이다. 어제의 동지가 오늘의 원수가 될 수 있고, 어제의 연인이 오늘은 남남이 될 수도 있다. 어제까지 전혀 몰랐던 사람이 운명처럼 내 삶의 등불이 되어주고, 우연히 만난 사람이 배우자나 운명의 동지가 될 수도 있다. 인생은 어찌될지 아무도 모른다.

초등학교 때부터 지금까지 30년 이상 우정을 쌓아온 친구가 세 명 있다. 중년이 된 지금도 친구로 지내고 있다. 청소년기에 미팅에 함께 나가고, 거리에서 춤을 췄다. 각자의 삶을 살면서 우정이 쌓였다. 결혼한 이후로는 사업과 가정을 돌보느라 1년에 한 번 보는 것도 어렵다. 그럼에도 불구하고 우리는 친구다. 우리의 우정은 그렇게 자연스럽게 각자의 길을 걸으며 이어져 왔다. 굳이 만들려고 노력하지 않아도 이어지는 인연은 따로 있다. 나와 너의 길을 찾고, 그 길을 쉼 없이 행복하게 걷는 것은 인생에서 가장 중요한 일이다. 그 길을 찾지 못해서, 가지 못해서 방황하는 사람이 넘쳐난다. 막는다고 막히는 것도 아니고, 막아서도 안 된다. 변심은 누구나 할 수 있고, 당할수 있다. 사람의 마음은 늘 흔들리고, 변하기 때문이다.

얼마 전까지만 해도 카세트테이프나 CD로 듣던 음악을 저장매체나 인터넷을 이용해서 듣는다. 비디오 테이프와 카메라 필름도 사라진 지 오래다. 10원짜리 몇 개로 즐길 수 있었던 오락실의 게임기는 500원짜리 동전이나 지폐를 넣어야 즐길 수 있다. 인공지능 스피커에게 날씨를 물어 보고, 휴대폰으로 가스밸브, 커튼, 콘센트, CC-TV를 통제할 수 있다. 대한민국은 건국 이래 가장 편리하고 풍요롭다. 기술과 트렌드의 변화가 상상을 초월할 정도로 빠르다. 앞으로 그런 기술은 더 많이 더 빠르게 발전할 것이다. 지금 사용 하고 있는 최신형 스마트폰과 자동차는 머지않아 폐기물이 된다. 물건이나 건물, 돈은 시간이 지나면서 가치가 변화한다. 기업은 쉼 없이 변화하며 우리의 지갑을 열게 한다.

내 키는 159cm다. 군 입대할 당시에는 164센티미터였다. 나이가 들면서 키가 줄어든다는 말은 사실인 것 같다. 어릴 때부터 키가 작다는 사실은 열등감의 원인이었다. 바지를 사면 언제나 줄여서 입는다. 옷가게에서 내 다리 길이에 맞는 바지를 본 적이 없다. 옷 매장에 갈 때마다 한마디 한다.

"옷이 왜 이렇게 크게 나와요?"

대부분 내 질문에 당황하지만, 위트있게 받아치는 사람도 있다.

"그러게요. 고객님 다리 길이가 표준인데, 이 바지는 농구선수들에 맞춰서 제작한 것 같네요."

친구들은 이렇게 말했다.

"대성이가 키만 조금 더 컸으면 정말 멋진 녀석인데……"

결론은 키가 작아서 멋지지 않다는 말이다. 잘 생긴 얼굴도 아니다. 못생 겼다고 말해도 할 말이 없는 외모다. 피부도 좋지 않다. 나이에 비해 늙어 보 인다는 말을 자주 들었다. 부모는 장애인, 기초생활수급자였다. 키 작고, 못 생기고, 가난한 내 모습은 내가 선택할 수 없는 불변의 상황이었다.

언젠가 나이트클럽에서 만난 아가씨가 이렇게 말했다.

"제 이상형은 세 가지를 갖춘 남자에요. 잘 생기고, 돈 많고, 키 큰 남자가 제 이상형이에요."

하마터면 한 대 때릴 뻔했다. 어렸을 때부터 TV에 나오는 연예인들의 화 려한 모습을 보면서 부러워했고, 길을 걷다 마주치는 늘씬한 남성의 모습에 어깨가 움츠러 들 때가 많았다. 가난과 외모로 인한 열등감은 언제나 마음 한 켠의 흉터처럼 남아 있다. 다시 태어날 수 있다면 부유한 부모를 만나고, 키 크고, 잘생긴 사내가 되고 싶다는 바람을 가져보지만, 그것은 불가능하다.

아무리 긴 시간이 지나도 변하지 않는 가치가 있다. '용기, 도전, 희망, 신 뢰, 꿈, 사명, 비전, 웃음, 성실, 감사, 용서, 자유, 사랑'이 그런 것들이다. 이런 가치들은 일상에서 의미를 찾을 수 있도록 도와준다. 매순간 에너지를 불어 넣어 준다. 인간의 성장은 가치를 소중하게 여기는 내적 성장을 의미한 다. 이런 가치를 소중하게 여기고, 실천하는 사람에게서는 향기가 난다. 그 들은 누가 봐도 절망스러운 상황에서도 희망을 잃지 않는다. 세상에는 이런 가치를 위해 사는 사람이 많다. 우리가 위대하다고 여기는 사람들은 하나같 이 이런 가치를 실천했다. DRI열정리더십 교육은 이 주제들에 대한 사색과 토론, 발표로 이루어진다. 교육생의 마음이 변화한다. 일상을 대하는 태도가 변화한다. 사람의 표정이 어두운 이유는 가치에 대한 생각을 잃어 버렸기 때문이다. 행복하고 싶다면 시간이 지나도 변하지 않는 삶의 소중한 가치에 대한 관심을 가져야 한다. DRI열정리더십 교육을 진행한 후로 인문학 강의 요청이 늘었다. 인문학은 변하지 않은 인간의 내적 가치에 대한 학문이다. 인문학적 가치도 나도 변하지 않는다. 변하지 않는 것을 소중하게 여기면 삶은 반드시 변화한다.

변하지 않는 것을 사랑하고, 변하는 것을 놓아줄 때 마음이 편안하다. 변하지 않는 것을 변화시키려 하고, 변하는 것에 집착할 때 괴로움은 시작된다. 삶의 태도, 마음, 업무 습관, 기술과 지식은 변화시킬 수 있지만, 국적, 부모, 작은 키, 피부색, 가난 같은 것들은 내가 어찌할 수 없다. 내면에 자리 잡아야 하는 소중한 가치도 변하지 않는다. 변하지 않는 것을 변하게 하려고 애쓰는 것과 변하는 것을 변하지 않게 하려고 안절부절 하는 것은 어리석다.

변하는 것은 좋은 방향으로 변화시키고,
변하지 않는 것을 소중하게 여겨야 한다.

열버 tip

① 내가 선택하지 않은 부모, 가정환경, 외모, 타고난 기질은 변화시킬 수 없다.
② 삶의 소중한 가치에 대해서 생각해보는 시간을 가져보자.

13 ─── 혼자 있는 날

삶의 대부분은 사람들과 관계하며 지낸다. 태어나자마자 가족이 나를 맞이한다. 할아버지, 할머니, 엄마, 아빠가 나의 일거수일투족에 주목한다. 울면 젖을 주거나 달래주고, 웃으면 함께 웃는다. 말을 하고 걷기 시작하면 어린이집에 입학한다. 그곳에서 처음으로 가정을 벗어나 새로운 관계를 시작한다. 초등학교, 중고등학교, 대학교에서 친구를 사귄다. 교사와 교수를 만나 스승과 제자라는 관계를 맺고, 학원에서는 강사를 만난다. 취업하면 아침부터 밤늦은 시각까지 동료들과 함께 지낸다. 퇴근하면 동료나 친구와 식사를 하고 여가 생활을 즐긴다. 결혼 하면 배우자와 함께 퇴근 후의 시간을 함께 보낸다.

우리 삶의 대부분은 사람들과 함께 있다. 잠자는 시간 빼고 늘 누군가와 함께 있다 해도 과언이 아니다. 이런 환경과 문화 때문에 우리는 혼자 있는 것을 싫어한다. 혼자 있는 것은 외롭고, 쓸쓸하다고 여긴다.

부대의 지휘관실은 1인실이다. 중대장, 대대장, 연대장, 사여단장, 군단장에 이르기까지 모든 지휘관실은 혼자 쓰는 사무실이다. 지휘관은 홀로 사무실에서 근무한다. 혼자 뭐하는 것일까? 생각한다. 지휘관은 홀로 그곳에서 전투준비와 부대관리를 잘하기 위한 복안을 수립한다. 지휘관실에는 언제나 펜과 메모지가 비치되어 있다. 순간순간 떠오르는 아이디어를 적기 위해서다. 리더는 홀로 생각하는 시간을 많이 갖는다. 영화나 드라마의 주인공도 혼자 있는 시간이 많다. 절체절명의 순간에 주인공은 옥상에 자주 올라간다. 캔맥주를 마시며 하늘을 바라본다. 어쩔 땐 홀로 여행을 떠난다. 바닷가를 거닐며 생각에 잠긴다. 그러다가 문제 해결을 위한 실마리를 찾아낸다. 혼자 있는 시간은 문제 해결의 시간이다.

변화가 필요할 때마다 혼자 있는 날이 많았다. 중학교 2학년 때 초등학교 때 같은 반이었던 친구를 만났는데, 〈라밤바〉라는 곡을 연주했다. 기타줄을 튕기며 노래하는 그의 모습이 멋져 보였다. 나도 그렇게 해 보고 싶었다. 그 사건이 계기가 되어 기타를 처음 배웠다. 〈라밤바〉를 연주하기 위해 혼자 기타를 만지작거리며 연습을 했다. 6개월 동안 쉼 없이 연습했더니 〈라밤바〉를 연주할 수 있게 되었다. 군대 교육을 받을 때 혼자 공부하는 시간이 많았다. 덕분에 교육 성적이 좋았다. 프린터 오류로 실습 점수가 낮게 나왔던 초급반을 제외한 모든 군 정규 교육에서 1등을 했다.

강사가 되기로 마음먹었던 2년 동안 혼자 있는 날이 많았다. 동료들과 어울리는 날을 혼자 있는 날로 만들었기 때문이다. 그 시간에 책을 읽고, 글을 썼다. 일기를 쓰고, 살면서 겪었던 특별한 경험을 글로 정리했다. 유명 강사들의 강의 영상을 시청했다. 그렇게 2년을 보내고 나니 강사가 될 수 있었다.

전역한 지 2년째 되던 해에 '대성열정아카데미'라는 사무실과 강의실을 오픈했다. 사무실 로고 디자인과 카페, 블로그 작업은 혼자 있을 때에만 가능했다. 혼자 있는 날 새로운 아이디어를 찾을 수 있었다. 내가 진행하고 있는 DRI열정리더십, 독서포럼 〈나무〉, DRI행복포럼, 엣지독서리더십, 셀프 제본, 자료 관리 등의 콘텐츠와 모임의 매뉴얼은 혼자 있는 날에 만들었다. 사람들과 함께 있을 때는 그런 생각을 할 겨를이 없다. 혼자 있는 날에만 그런 생각을 할 수 있다.

변화가 간절하다면 혼자 있는 날을 자주 만들어야 한다.

① 더불어 사는 것도 좋지만, 혼자 있는 날은 더욱 중요하다.

② 혼자 있는 날은 변화하는 날이다.

오랜만이야

"안 본 사이에 선비가 되어버렸어!"

"점잖아졌네."

"착한 아저씨가 되었어."

30년 지기 친구들이 7년 만에 대구에 왔다. 1박 2일 동안 함께했다. 친구들은 내가 변화된 모습을 신기하게 생각했다. 노는 것도 예전 같지 않고, 말투와 표정, 헤어스타일도 변했다고 했다. 내가 지금까지 들었던 친구들의 인사말 중에 최고의 인사말이었다.

내적 변화와 성장을 추구하는 강사에게 이보다 더 기분 좋은 칭찬이 어디에 있을까?

"하나도 안 변하셨네요, 한결같으십니다."

젊은 사람, 꿈을 향해 나아가는 사람에게 이 말은 칭찬이 아니다.

예전에도 표정이 우울했는데, 지금도 그렇다면 문제가 있는 것이다. 변화를 추구한 사람은 오랜만에 보면 티가 난다. 그동안 변화를 추구했기 때문이다. 심한 경우 다른 사람처럼 느껴지기까지 한다. 의도하든 의도하지 않든, 자기 변화를 게을리 하지 않은 사람은 체중, 피부 톤, 말투, 표정, 복장, 메이크업, 체중 등이 바뀌어 있다.

오랜만에 만난 사람으로부터 긍정적으로 변화했다는 이야기를 듣는 것은

좋은 일이다. 오랜만에 만났는데, 별다른 반응이 없다면 내 자신을 돌아봐야
한다. 변화를 시도한 적이 없거나 잘못된 방향으로 변질된 것이다.

① 한결같이 변함없다는 칭찬은 꿈을 이룬 사람에게만 해당되는 말이다.

② 사람 앞에 서는 사람은 체중과 표정부터 바꿔야 한다.

이미지 관리

"제가 사업이 잘 안 되는데요, 이럴 때일수록 더 깔끔하게 옷을 입고 다닙니다."

어떤 사장님이 내게 해준 말이다. 일반적으로 사업을 하는 사람들은 국가나 금융기관, 또는 투자자로부터 투자를 받는다. 투자를 받아야 사업을 진행할 수 있고, 위기를 극복할 수 있다. 사무용 종이를 제조하는 회사를 경영하는 그 사장님은 최근 디지털 기록 기술의 발전으로 관공서와 기업의 종이 사용량이 급격하게 줄어들어 사업이 힘들다고 말했다. 갖고 있던 공장의 일부를 매각해야 할 정도로 시장 상황은 좋지 않았다. 그는 직원들을 챙겨야 하는 부담감, 평생 동안 열정을 다했던 사업의 위기 속에 불안감으로 마음은 무겁지만, 옷차림은 늘 신경 쓰고 있다고 말한다.

대구 동성로 지하상가에는 많은 가게들이 줄지어 서있다. 의류, 카메라, 네일아트, 액세서리, 식당 등 취급하는 품목과 서비스도 다양하다. 어느 날, 아내의 콘택트렌즈를 구매하기 위해 매장을 방문했다. 세 명이 서 있으면 좁다고 느껴질 정도로 작은 렌즈 가게였다. 일하는 사람의 복장이 인상적이었다. 한쪽은 짧게 밀어 올리고, 한쪽은 길게 늘어뜨렸으나 단정하게 정돈된 헤어, 감색 양복은 칼처럼 다림질 되어 있었고, 넥타이와 커프스 버튼(와이셔츠 소매를 고정시키는 고급 액세서리)도 착용하고 있었다. 구두는 파리가 앉으면 미끌어질 것처럼 반짝반짝 광이 났다. 비비크림인지 메이크업인지는 모르겠지만, 뽀얀 얼굴에서는 광이 났다. 콘택트렌즈에 대해서 설명을 하며 손짓을 할 때마다 향긋한 향기가 코를 자극했다. 손님도 그리 많지 않은 작은 콘택트렌즈 매장에서 일하는 청년은 왜 그렇게 외모에 신경을 쓰는 것일까? 편한 운동화에 청바지를 입어도 충분할 텐데 말이다.

"헤어, 메이크업, 의상, 구두 등 패션이 장난이 아니시네요? 관리에 신경을 많이 쓰시나 봐요?"

그의 모습을 특이하게 느꼈던 나는 자연스럽게 칭찬과 호감을 표현했다. 그 청년은 이렇게 말했다.

"사람을 대하는 일을 하니까요."

외적 이미지를 관리하는 것은 상대에 대한 예의다.

"배부터 집어넣어라."

동기부여 강사가 되기 위해 다양한 공부를 했다. 강사양성과정과 리더십 교육을 받았다. 여러 세미나에 참석했다. 인터넷 영상과 책을 통해 강사가 되기 위해 무엇이 필요한지 파악했다. 다양한 교육에서 공통적으로 강조한 것이 있었다. 사람들 앞에서 서는 사람에게 가장 중요한 것은 이미지 관리라는 것이다. 어떤 교육회사의 대표는 누군가에게 좋은 영향력을 주는 사람이 되고 싶다면 배부터 집어 넣으라고 말했다. 책에서도 그런 내용은 공통적으로 포함되어 있었다. 모든 교육에서 이미지 관리의 중요성을 강조하고 있었다. 짧은 시간에 호감도를 높이는 방법은 외적 이미지를 변화시키는 것이다. 스티브 잡스는 애플에서 근무하면서 청바지와 검정 티셔츠를 입었다. 마크 주커버그도 동일한 복장을 즐겨 입는다고 말했다. 그들은 복장을 선택하는데 에너지를 소비하는 것이 아깝다고 여긴다고 말한다. 우리는 스티브 잡스도,

마크 주커버그도 아니다. 그들은 IT분야에서 세계적으로 인정받은 최고의 기술자다. 그들이 가진 기술 그 자체가 그들의 이미지다. 나는 평범한 사람은 이미지 관리부터 변화시키라고 강조한다. 헤어, 피부 톤, 걸음걸이, 의상, 신발 등의 변화는 쉽게 할 수 있다. 교육 현장에서 늘 이렇게 강조한다.

"내일 대통령을 만나러 갈 때 입을 옷과 신발이 준비되어 있는가?"

"사람에게는 보이지 않는 에너지가 있다."

이 말을 믿는가? 나는 믿는다. 이유 없이 비호감인 사람이 있고, 괜히 끌리는 사람이 있다. 특별한 이유는 없다. 이유 없이 싫은 사람에게서는 칙칙한 에너지가 있고, 끌리는 사람에게서는 좋은 에너지가 있다. 그런 에너지는 헤어, 피부 톤, 걸음걸이, 의상, 신발만으로는 커버할 수 없다. 비호감이 느껴지는 사람은 잘 생기고, 예쁘고, 키가 크고, 늘씬하고, 멋진 복장을 챙겨 입어도 칙칙한 에너지를 감출 수 없다. 여기에 외적 이미지마저 관리하지 않는다면 비호감도는 최고조에 이른다. 이 지경이 되면 그 사람을 생각만 해도 기분이 안 좋아진다. 그러니 가장 바람직한 변화는 좋은 에너지를 가진 사람이 되는 것이다. 그러기 위해 내적 이미지를 관리해야 한다. 내적 이미지는 '내공'이라고도 표현한다. 내공이 느껴지는 사람은 눈빛이 다르다. 친근하면서도 권위가 느껴진다. 유머러스하면서도 진지함이 있다. 내공을 가진 사람은 철학을 가진 사람이다. 외적 이미지가 아무리 훌륭해도 내적 이미지를 관리하지 않으면 비호감이 되는 건 시간문제다. 그러므로 외적 이미지보다 내적 이미지가 더욱 중요하다.

내적 이미지는 하루아침에 바꿀 수 없다. DRI열정리더십 교육에서는 내적 이미지를 관리하기 위해 다섯 가지를 강조하고 있다.

첫째, 독서다.

"한 권의 좋은 책은 위대한 정신의 귀중한 활력소이고, 삶을 초월하여 보존하려고 방부처리하여 둔 보물이다."-존 밀턴

내적 변화와 성장을 원한다면 독서는 필수다. 독서의 장점은 끝이 없다고 해도 과언이 아닐 정도로 대단하다.

둘째, 사색이다. 사색은 인간의 삶과 자연에서 의미를 찾고, 업무의 아이디어를 찾아내는 창의적인 습관이다. 개인의 입장과 철학을 가진다는 것은 개인적으로 위대한 성과중 하나다.

셋째, 실천이다. 다양한 경험을 많이 해야 한다. 많은 경험은 숙달된 자신감으로 표출된다. 자신감 넘치는 표정과 말투가 내공의 핵심이기 때문이다. 다양한 경험을 통해 깨달음을 얻을 수 있다. 이런 깨달음이 쌓이면 내공이 된다. 내공은 품격 있는 표정과 강렬한 카리스마다. 공자는 배운 것이 있으면 목숨을 걸고 실천했다고 한다. 수천 명의 제자들이 그를 따랐던 이유는 그의 미친 실행력 덕분이었다. "실천하지 않는 지식은 쓰레기다."라는 말이 있다. 실천하는 사람이 내공을 갖는 것은 당연한 이치다. 실천해본 것을 이야기하고, 공유할 때 열정적으로 말할 수 있고, 타인에게 좋은 영향력을 줄 수 있다.

넷째, 정리다.

"방이 더러운 사람은 불행한 느낌이 강하고, 방이 깨끗한 사람은 행복감이 강하다."(《청소력》 중에서)

방이 더러운 사람에게서는 좋은 정서를 기대하기 어렵다. 내면의 변화를 이끌어 내고 싶다면 방 정리부터 해야 한다. 침대, 책상, 옷, 신발 등 내가 사용하는 가구와 물품, 공간을 정리하면서 내면의 변화가 시작된다. 정리정돈을 통해 심리적인 안정감을 얻을 수 있다. 이외에도 인간관계 정리, 시간 정리, 지식 정리도 중요하다. 그런 정리가 잘 되면 일상이 가벼워지고, 업무에

대한 자신감도 생긴다.

다섯째, 몰입이다. 몰입은 완전한 집중이다. 내가 목표로 하는 것에 온 몸과 정신이 흠뻑 빠져 있는 상태다. 이 상태가 되면 다른 어떤 것도 눈에 들어오지 않고, 들리지도 않는다. 세상의 모든 성취와 기쁨은 올바른 목표를 향한 몰입으로부터 비롯된다.

"네가 이같이 미지근하여 더웁지도 아니하고, 차지도 아니하니 내 입에서 토하여 내치리라." (《성경》요한계시록 3장 15절~16절)

한마디로 **"하려면 제대로 하고, 안 하려면 때려 치워라."** 라는 말이다. 자기변화를 위해 진행하는 DRI 열정리더십 교육에서 10주 동안 몰입하라고 강조한다. 지금까지의 취미와 관계, 여가 생활을 멈춰야 한다. 과제 수행에 몰입하고 매일 글을 쓰고, 교안을 만든다. 일주일동안 쉬지 않고 책을 읽고, 강의 준비를 하고, 교육 당일 강의를 한다. 그렇게 해야 변화가 일어난다. 어설프게 하는 둥 마는 둥 하면 10주가 아니라 50주를 해도 자기변화를 이뤄내지 못한다. 외적 이미지와 내적 이미지를 긍정적으로 변화시키는 사람은 멋있다.

① 대통령을 만나러 갈 때 입을 수 있는 옷을 준비하자.
② 거울을 보며 미소 짓는 연습을 하자.

양순모 (50대/남성/네트워크 마케터)

이대성 강사를 처음 만난 곳은 내가 근무하던 기관이었다. 그날 강의 주제는 직원들의 자신감과 강의 스킬 향상이었다. 그의 강의는 재미있었고, 에너지가 넘쳤다. 강의 시간 내내 모든 직원들은 적극적으로 호응했다. 그날 처음 봤던 이대성 강사의 느낌은 강의가 끝난 후에도 여운으로 남아 있었다.

나는 28년 동안 소방공무원으로 근무했다. 시민의 안전과 구조를 위해 일하는 소방공무원의 사명을 가슴에 품고 살았다. 직장에서 동료들과 좋은 관계를 맺으며 지냈고, 아내와 두 자녀를 둔 가장으로서의 내 삶은 완벽했다. 내 삶은 안정적이었고, 평화로웠다. 하지만, 그게 전부가 아니었다. 아내의 권유로 네트워크 마케팅 사업에 관심을 갖게 되었다. 새로운 세상이었다. 네트워크 마케팅 사업은 전혀 생각해 본 적이 없던 새로운 길이었다. 무엇보다 꿈, 도전, 용기, 변화, 열정, 자유 사랑이 넘치는 교육문화에 매료되었다. 매주 팀 미팅과 세미나를 통해 새로운 삶을 만들어야겠다는 동기부여를 얻었다. 그곳에서 지금까지 알고 지냈던 사람들과 다른 성향의 사람들을 만났다. 그들은 안정과 편안함만을 추구하지 않았다. 새로운 도전을 향해서 거침없이 질주하는 사람들이었다. 삶에 대한 긍정적인 마음과 도전 의식으로 가득한 그들의 반짝이는 눈빛은 만날 때마다 놀라웠다. 어느 순간 이런 생각을 하게 되었다.

'이 좋은 사업을 통해 힘들게 사는 사람들을 돕고 싶다.'

'새로운 삶에 도전하자. 더 넓은 바다로의 항해를 시작해보자.'

무슨 일이든 처음에는 낯설고, 두렵다. 학교 신입생은 학교에 대해서 잘 모른다. 신입생 오리엔테이션을 통해 최대한 학교생활에 대한 안내를 해주지만, 신입생은 신입생이다. 학교생활에 적응하기 위해서는 어느 정도의 경험이 필요하다. 나 역시 그랬다. 난생 처음 해보는 네트워크사업자라는 직업을 경험하는 것은 쉽지 않았다. 무엇보다 모든 것을 내려놓고 해야 했기에 두려움이 컸다. 아내는 그런 내 모습을 물가에 내놓은 어린아이를 바라보듯 불안해했다.

그 시기에 생각난 사람이 이대성 강사였다. 그날 강의 현장에서 느꼈던 남다른 에너지에 매료된 것일까. 그를 만나야겠다고 생각했다. 퇴직하기 1년 전에 이대성 강사를 처음 만났다. 처음 만나자마자 그가 했던 이야기가 지금도 생생하다.

"양손에 뭔가를 움켜쥔 상태에서는 아무것도 집을 수 없습니다. 내가 원하는 것을 얻기 위해서는 손에 쥔 것을 내려놓아야 합니다. 사장님은 곧 결단해야 할 것 같습니다."

"인간의 욕망은 끝이 없습니다. 새로운 사업 기회가 욕망의 도구가 아니라, 누군가의 삶을 일으켜 세우는 것이라면 훌륭하다고 생각을 합니다."

2주에 한 번 2시간 정도 만나서 대화를 나누었는데, 그의 남다른 가치관과 에너지에 매료되었다. 특히, 그의 저서 〈DRI열정〉을 읽고 난 후, 그에게서 나의 결핍을 채울 수 있을 거라는 확신을 갖게 되었다. 그 책을 통해 '변화'의 동기부여와 열정, 삶에서 소중한 가치가 무엇인지를 흐릿하게나마 깨닫게 되었다. 그때부터 그가 진행하는 'DRI열정리더십' 교육에 참여해야겠다는 생각을 했다.

2021년 4월, DRI열정리더십 24기에 등록했다. DRI열정리더십은 총 10주 과정으로 진행되는데, 매주 한 가지의 주제에 대한 강의를 한다. 내가 다루었던 주제는 도전, 자존감, 신뢰, 사명과 비전, 유머, 성실, 감사, 자유였다. 주제에 대한 사색과 강의준비를 통해 내적 성장이 어떤 것인지 알게 되었다. 특히, 새로운 일에 대한 동기부여가 절실했던 내게는 가뭄의 단비 같았다. 무엇보다 리더로서 갖추어야 할 내면의 성장을 얻을 수 있었다. 인생의 가치에 대한 생각을 나누면서 나도 모르게 내면의 힘이 강해지고 있었고, 매주 주제에 대한 사색과 실천 경험을 강의를 하다 보니 말하는 능력이 향상되었다. 이제는 어떤 무대에 서더라도 당당하게 말 할 수 있는 자신감을 갖게 되었다. DRI열정리더십 교육의 효과는 지난 수 십 년 동안 다양한 교육을 경험해본 나로서도 놀라울 정도였다. 교육 받는 기간 내내 아내를 포함해서 내가 소중하게 여기는 사람들을 청강생으로 초청했다. 그들은 한결같이 이렇게 말했다.

"이런 교육이 대구에 있었다니, 놀라워요."

"저도 교육을 받고 싶은데, 할 수 있을지 모르겠어요."

"열정과 에너지가 넘치는 곳이었어요."

"오늘 덕분에 좋은 시간이었어요. 힘이 납니다."

무엇보다 일상의 변화가 필요한 사람, 일에 대한 동기부여가 부족한 사람에게 큰 위로와 동기부여가 되었다. DRI열정리더십에 대한 확신이 있었기에 25기에 하나뿐인 아들을 등록시켰다.

"세상을 변화시키기 위해 가장 먼저 해야 할 일은 나 자신을 변화시키는 것이다."

세상에서 가장 소중한 존재가 나라면 나를 좋은 사람으로 변화시키는 일은 가장 중요하고, 너무나도 당연한 일이다. 더 많은 사람들이 DRI열정리더십 교육을 받는다면 우리나라가 더 행복한 나라가 될 수 있을 거라는 확신을 갖고 있다. 나의 바람은 주변에 있는 사람들이 DRI열정리더십을 경험하는 것이다.

나는 2021년 4월 30일 28년 10개월의 소방공무원 생활을 마무리하고, 본격적으로 네트워크 마케팅 사업을 하고 있다. 여전히 낯설고, 힘든 길이지만 DRI열정리더십 교육을 통해 배운 것을 가슴에 품고, 순간순간 최선을 다하면서 버텨내고 있다. 만나면 기분 좋은 사람, 만나면 하나 이상의 깨달음을 얻게 해주는 사람. 이런 사람을 알고 지낸다는 사실은 내 삶의 축복이다. 내 삶의 열정은 끝까지 멈추지 않을 것이다.

시련
Test

"나를 죽이지 못하는 고통은
나를 강하게 해줄 뿐이다."

- 니체

Summary

① 지금 내가 하고 있는 경험 때문에 힘들고, 아프다면 성장하고 있다는 증거다.

② 어려움을 견뎌냈을 때 감동이 있다.

③ 돈과 쾌락만을 위해 살면 한방에 훅 가는 수가 있다.

④ 무슨 일이든지 처음에는 누구나 낯설고, 불편하다.

⑤ 아무것도 하지 않아도 되는 시간이 준비의 시간이다.

⑥ 잠깐 멈추기는 감정의 주인이 되는 방법이다.

⑦ 세상에 올 때, 아무것도 안 가져온 주제에 너무 많은 것을 가지려 하지 말자.

⑧ 굴곡 있는 삶이 바람직한 삶이다.

⑨ 힘겨운 삶을 버티는 힘은 근육과 체력이 아니다. 내면의 힘이다. 그것은 마음의 힘
   이다.

⑩ 신의 테스트는 누구나 볼 수 있지만, 아무나 통과하는 것은 아니다.

⑪ 고난은 좋은 것도 아니고, 나쁜 것도 아니다.

⑫ 외로움과 고독은 같은 상황이지만, 받아들이는 태도의 차이다.

⑬ 잡초는 어디서나 생존하고, 아무리 짓밟혀도 되살아난다.

⑭ 주인공의 삶은 원래 힘들다.

⑮ 포기는 소중한 일을 끝까지 하기 위해 쓸데없는 것을 하지 않는 것이다.

⑯ 노인에게 물어보면 이구동성으로 말한다. "지나고 나면 별거 아니야."

⑰ 어려운 운동이 몸을 변화시킨다

1 ──────────
성장의 조건

《자유론》의 저자 존 스튜어트 밀은 성장에 대해 이런 말을 남겼다.

"인간의 성장은 자유로운 토론과 경험을 통해 가능하다."

자유로운 토론은 다른 생각을 나누는 과정이다. 다른 사람의 생각을 듣고, 내 생각을 표현하는 것이 중요한 이유다. 토론은 갈등의 표현이다. 내가 느끼는 관점과 상대가 느끼는 관점이 다를 수 있다. 현명한 사람은 그런 갈등을 개인과 조직의 성장을 위해 활용한다.

경험은 연습이다. 어떤 분야에서 능력을 갖추기 위해서는 많은 경험을 해야 한다. 전문가는 해당 분야의 경험을 축적한 사람이다.

초등학교 4학년 때 어머니의 야채 리어카를 끌고 함께 야채를 팔았다. 처음에 리어카에 올라갔을 때는 어색했다.

"대파 한 단에 500원!"

이렇게 한 번 외치고 나니 시동이 걸렸다. 지나가던 사람들은 나를 보며 신기해했다. 순식간에 리어카에 가득 실려 있던 대파를 모두 팔아 치웠다. 유년 시절에 다녔던 교회는 성장의 밑거름이 되어줬다. 그곳에서 만난 어른들의 모습은 내 부모와 이웃과 달랐다. 친절하고, 다정했다. 예배를 마치고, 국수를 끓여주는 여성 신도들의 표정에 배려와 사랑이 넘쳤다. 교회는 삶의 고단함에 지쳐 서로를 믿지 못하고, 폭언과 폭력이 난무했던 우리 집과 달랐다. 나는 그런 교회가 좋았다. 학교를 마치면 교회로 곧장 달려가곤 했다. 방학 기간 중에는 교회에서 살다시피 했다. 초등학생 때부터 성가대 활동을 했다. 매주 토요일마다 2층 성가대 연습실에 모여서 합창연습을 했다. 소프라노, 알토, 테너, 베이스 등 성악의 파트가 있다는 사실을 그때부터 알았다. 노래를 부를 때 배에 힘을 줘야 하고, 음을 정확하게 찍어서 불러야 한다는 것을 알게 되었다. 청소년기에는 기타를 메고 찬양을 인도하는 리더를 맡았다. 학생들과 박수치고 노래하며 분위기를 한껏 끌어 올렸다. 고등학교 졸업 후 락카페에서 길 가는 사람에게 말을 걸어 가게로 데리고 오는 호객행위를 하는 아르바이트를 했다. 속칭 '삐끼'다. 오후 5시 경부터 새벽 6시까지 낯선 사람에게 말을 걸었다. 아무나 붙잡고 말을 거는 것도 어렵지만, 설득하는 일은 더욱 어려웠다. 처음에는 낯설고 힘들었다. 늦은 오후나 초저녁에는 락카페를 찾는 사람이 거의 없다. 대부분 쇼핑, 커피숍이나 식당을 찾는 사람들이었다. 그들은 내가 말을 걸면 싫어했다.

"옷 사러 왔어요. 다음에 갈게요."

"커피숍 왔습니다."

"해도 안 떨어졌는데, 무슨 락카페예요."

이런 식으로 몇 시간동안 거절만 당했다. 몇 개월 하다 보니 익숙해졌다. 거절했던 사람들이 나중에 찾아올 때도 있었다. 당시 화양리 카페 골목에서 손님 잘 데려오기로 꽤 유명했다. 그 일을 2년 이상 했다. 나중에는 DJ를 했다. 턴테이블이 놓여진 무대에 올라가서 음악을 틀고, 춤을 췄다. 신나는 음악을 틀 때에는 신나는 멘트를, 조용한 음악을 틀 때에는 차분한 목소리로 손님들과 소통했다. 그런 과정을 통해서 사람을 만나는 것, 무대에 서는 것에 대한 두려움을 떨치게 되었다. 군대 생활을 21년 했다. 그곳에서 선후배

장병들과 부대끼며 지냈다. 장병들 앞에서 구령조정을 하고, 점호 행사를 주관했다. 군대 행정업무를 하면서 문서작성과 파워포인트가 능숙해졌다. 전역 후, 비교적 짧은 시간에 동기부여 강사가 될 수 있었던 것은 어린 시절부터 했던 경험이 쌓였기 때문이다.

인간의 성장은 외적으로 빛나고, 부피가 커지는 것만을 의미하지 않는다. 나는 돈을 많이 벌고, 유명해지는 외적 성장만을 성장이라고 생각하지 않는다. 키가 크고, 나이를 먹는 것도 단순한 자연 현상일 뿐이다. **성장은 깨달음이다. 생각의 성장, 가치관의 성장이야말로 진정한 성장이다.** 깨달음은 경험을 통해 얻을 수 있다. 경험 하면서 겪는 성공과 실패, 갈등과 고민을 해결하는 과정을 통해 깨달음을 얻는다.

"성장의 조건은 경험을 통해 취득하는 깨달음이다."

① 지금 내가 하고 있는 경험 때문에 힘들고, 아프다면 성장하고 있다는 증거다.
② 성장은 사색과 경험을 많이 하는 것이다.

시간의 농도

"그와 나의 시간은 그 농도가 너무나도 달랐다."

드라마 〈이태원 클라쓰〉에 나오는 대사다. 주인공 박새로이는 음주 운전으로 아버지를 죽음에 이르게 한 회장 아들이 다른 사람에게 죄를 뒤집어씌우고, 반성하지 않는 모습에 분노했다. 아버지의 장례식을 치르던 중에 분노를 참지 못해 회장 아들이 입원해 있던 병원에 달려가서 폭행했다. 그 사건으로 교도소에서 3년을 복역한다. 출소해서 취업하기 위해 이곳저곳 다녀봤지만, 전과자라는 이유로 받아주는 곳이 없었다. 박새로이는 원양어선에 올라탄다. 망망대해 바다 위에서 6년을 보냈다. 중학교 졸업 후, 9년을 감옥과 원양어선 노동으로 보내고, 이태원에 포차를 오픈한다. 감옥에서 알게 된 조직 폭력배가 포차를 찾아왔다. 그는 박새로이가 포차를 경영하는 모습을 보며 적지 않은 충격을 받는다. 감옥에 함께 있었던 사람이 자신과 다른 삶을 사는 것이 믿어지지 않았던 것이다. 해맑게 웃으며 술병을 정리하고, 요리와 서빙을 하는 박새로이를 보면서 스스로에게 이렇게 말한다.

'분명 시간은 누구에게나 공평하게 흐른다. 하지만, 그와 나의 시간은 그 농도가 너무나도 달랐다.'

그날 이후, 조직 폭력배는 홀로 포차를 자주 찾는다.

"요즘 부쩍 혼자 자주 오네."

"형님 일하는 거 보면 좋아서, 나 형님 팬이야. 멋있잖아요, 원하는 거 하면서 살고, 나도 형처럼 제대로 살고 싶네."

"제대로가 뭔데?"

"나쁜 짓 안 하고, 착실하게 일하고."

"처음 만났을 때 생각나네."

감옥에서 자신의 멱살을 잡은 조폭에게 박새로이는 이렇게 말했다.

"자기 값어치를 헐값에 넘기는 호구 새끼야."

술잔을 기울이며 박새로이가 한마디 던진다.

"아직도 호구 새끼냐?"

드라마의 주인공 박새로이의 최종학력은 중학교 졸업이다. 자신의 의지와 상관없이 청소년기에 부모를 모두 하늘나라로 보냈다. 엎친 데 덮친 격으로 감옥에 갇혀 3년을 보냈다. 세상이 자신을 버린 거라 여기며 절망할 수도 있었겠지만, 그는 원양어선 6년 노동을 선택했다. 박새로이가 멋있어 보이는 이유는 절망적인 시간을 견뎌냈기 때문이다. 감옥 3년, 원양어선 6년. 그는 지옥처럼 고통스러운 9년의 세월을 변화와 성장의 기회로 만들었다. 그의 9년은 아무 생각 없이 보내는 사람의 9년과는 비교되지 않는 소중한 시간이다. 시간은 누구에게나 공평하지만, 특별한 사람은 특별한 변화를 만들어낸다.

모든 사람이 변화할 필요도 없고, 그럴 수도 없다. 대다수의 사람은 변화할 필요가 없다고 생각하며 산다. 변화가 필요한 사람인지 아닌지는 본인이 제일 잘 안다. 일상이 만족스럽다면 변화할 필요가 없고, 그렇지 않다면 변화가 필요하다. 변화해야 하는 줄 알면서도 변화하지 않는 사람이 호구다. 쉬운 길을 선택해서 아무 변화 없이 되는대로 사는 사람에게서는 감동을 찾을 수 없다. 그가 보내는 시간의 농도는 맹물처럼 밍밍하고, 심심하다. 절망적인 상황에서도 무릎 꿇지 않고, 담대하게 나아가는 사람에게서 감동을 느낀다. 그가 원하는 그곳에 끝내 도달하지 못한다 해도 박수를 보내고 싶어진다. 눈물 나고, 주저앉고 싶을 때에도 다시 일어서는 모습은 언제 봐도 멋지다. 그가 사는 시간의 농도는 그 어느 것보다 짙고, 선명하다.

① 한번 하겠다고 마음먹었으면 끝까지 흔들리지 말고 견뎌내자.

② 어려움을 견뎌냈을 때 감동이 있다.

③ 혹독한 훈련

1966년 미국의 빈민가에 흑인 아이가 태어났다. 두 살 때 아버지가 가출했다. 제대로 된 교육을 받지 못했던 어머니는 수시로 폭력과 폭언을 행사했다. 어린 시절 내내 그는 어머니의 트라우마에서 벗어나지 못했다. 12세가 되던 해에 흑인 갱단에 가입해서 폭력과 절도를 일삼던 소년은 경찰에 30회 이상 체포될 정도로 정상적으로 성장하지 못했다. 소년원에 수감 중이던 어느 날, 무하마드 알리의 강연을 들은 소년은 복싱선수가 되기로 결심한다. 수차례 교도관을 조른 끝에 운명적인 멘토 커스 다마토를 만난다. 복싱 체육관을 운영하던 70대 노인은 그의 후견인이 되어준다. 커스 다마토는 교도소에 수감된 14세의 소년을 집으로 데려온다. 소년은 그때부터 운명을 바꾸기 시작한다. 뼈가 으스러질 정도로 고통스러운 훈련을 시작했다. 매일 04시 30분에 기상, 10~14km를 뛴다. 오전에 실전 스파링을 3분씩 10회를 한다. 이때 헤비급 복서 10명과 번갈아가며 실전처럼 경기를 한다. 스파링이 끝나면 자전거를 한 시간 탄다. 오후에는 윗몸 일으키기 2,000개, 푸시업 500회, 딥스 500~800회, 데드 리프트(30kg)를 500회 이상 한다. 흑인 소년은 말도 안 되는 훈련을 5년간 단 하루도 쉬지 않고 수행했다. 어린 시절 어머니로부터 받았던 폭언과 폭력, 경찰에 체포되는 것보다는 낫다고 생각한 걸까? 소년은 복싱 선수가 되기 위해 혹독한 훈련을 기꺼이 견뎌낸다. 19세가 되던 해 그의 키는 178cm였다. 헤비급 복서로서는 작은 키였다. 작은 키를 보완하기 위해 양 손으로 가드를 올린 채 허리를 현란하게 흔들며 접근해서 펀치를 날리는 '피커부 스타일'을 완벽하게 구현했다. 5년의 훈련을 마친 소년은 지칠 줄 모르는 무한 체력에 플라이급의 스피드와 헤비급의 파워를 동시에 가진 괴물로 변화했다. 19세에 프로에 데뷔하자마자 세계 복싱계를 뒤집어 놓는다. 누구도 그의 상대가 되지 못했다. 1년 동안 19전 19승(19KO)이라는 대기록을 세웠다. 매월 한 번 이상 경기를 뛴 셈이다. 프로 데뷔 1년, 20세가 되던 해에 헤비급 세계 챔피언에 등극한다. 세계 복싱 역사상 최연소 기록이다. 그가 마이크 타이슨이다. 흑인 빈민가의 가여운 소년은 그렇게 세계 최고의 복싱 선수가 되었다. 소년이 강해질 수 있었던 이유는 혹독한 훈련이었다.

국가대표 선수들이 모여서 올림픽 준비를 하는 태릉선수촌의 체력훈련은 강도가 세기로 유명하다. 모래주머니를 양쪽 발목에 달고, 동료를 업은 채 오르막 계단과 등산로를 전력 질주로 이동한다. 체육관 천장에 달린 밧줄을 붙잡고 손아귀 힘만으로 오르내리기를 반복한다. 종목에 맞는 근육을 강화시키기 위해 쉬지 않고 무거운 기구를 들어올린다. 올림픽을 준비하는 선수들의 체력 단련은 종목을 불문하고 그런 식이다. 그렇게 해야 세계적인 선수들과 승부를 벌일 수 있다. 이런 훈련을 해도 금메달을 못 따는 선수들이 많다.

신체를 강하게 만들어주는 것은 혹독한 체력훈련이다. 이것 외에 신체를 강하게 할 수 있는 방법은 없다. 숨을 헐떡거리며 움직여야 체력이 강해진다. 이를 악물고 무거운 기구를 들어 올려야 근육이 만들어진다. 그런 훈련을 통해서 인간의 신체는 강해진다.

2009년에 결혼한 지 5년 만에 이혼을 했다. 가정을 지키지 못했던 나는 어떤 변명도 할 수 없었다. 어릴 때부터 갖고 있었던 잘못된 가치관으로 인해 생긴 일이었다. 이혼 후, 나의 일상은 고삐 풀린 망아지처럼 어디를 가야 할지 모른 채 방황했다. 혼자 사는 아파트에는 술병과 쓰레기가 쌓여 있었고, 주말마다 벌어지는 광란의 파티로 이웃 주민의 항의가 빗발쳤다. 친구들도 나와 거리를 두었다. 그렇게 2년을 보냈다. 2011년 봄, 60대의 젊은 어머니가 대장암 말기 판정을 받은 지 3주 만에 세상을 떠났다.

오로지 나를 위해 삶을 헌신했던 어머니는 보통 사람이 누리는 편리함과 평화조차 누리지 못했다. 젊었을 때는 술을 마시면 폭력적으로 변하는 아버지 때문에 힘들어 했다. 젖먹이였던 나를 안고 야반도주를 했지만, 몇 년 되지 않아 장애인이 되어 다시 나타났다. 몸이 불편해도 술을 마시면 폭언과 욕설, 폭력은 여전했다. 오른손밖에 사용하지 못하는 아버지의 세면세족, 식사를 챙겨야 했다. 단칸방에는 요강이 있었다. 종교재단의 도움으로 요양시설에 보낸 뒤 자유로워졌지만, 여전히 생활은 궁핍했다. 아들 노릇이라고 해봐야 매월 몇 십만 원의 생활비를 보태는 것뿐이었다. 평소에 자주 찾아뵙질 못해서 어머니의 건강상태를 챙기지 못했다. 이런저런 이유로 어머니의 갑작스런 죽음은 절망적인 사건이었다.

같은 해 12월, 꽃동네에서 요양하던 아버지의 죽음을 통보 받았다. 생전에 평범한 일상을 영위하지 못한 채 세상을 떠난 아버지를 더 이상 미워할 수 없었다. 이혼과 부모의 죽음으로 나의 멘탈은 끝없이 추락했다. 엎친 데 덮친 격으로 같은 사무실 상급자에게 돈을 빌려주고 받지 못했다. 그 덕분에 징계위원회에 회부되었다. 군대에서 상호간에 금전거래를 하면 안 된다는 지침을 어겼기 때문이다. 돈은 돈대로 날리고, 내 자력표는 징계로 얼룩지게 되었다. 2012년에는 인터넷에서 특정인을 모욕했다는 이유로 군사 재판에 회부되었다. 헌병대와 군사법원에서 피의자 조사를 받았다. 40세가 될 때까지 그렇게 살았다. 하루하루가 분노와 절망, 후회로 가득했다. 어리석게도 그런 경험을 겪고 나서야 무엇을 해야 하고, 무엇을 하지 말아야 할지를 깨달았다. 돌아보면 그런 경험들은 혹독한 훈련이었다.

"걱정 안 돼요?"

코로나로 인해 모임이 금지되고, 외부강의가 줄지어 취소되자 아내는 나에게 걱정스러운 듯 물었다.

"버티는 거지 뭐."

여유 있는 내 모습에 아내는 의아해 한다. 모든 것을 잃은 것 같은 절망에 빠져 허우적대던 그때에 비하면 지금의 어려움은 별거 아니라고 생각하기 때문이다. **힘들고 절망적인 상황은 혹독한 훈련이다.** 그 훈련이 힘들면 힘들수록 우리는 더욱 강해진다.

① 마이크 타이슨은 커스 다마토가 사망한 후 돈과 쾌락의 유혹에 빠져 오랜 시간 방황했다.
② 돈과 쾌락만을 위해 살면 한방에 훅 가는 수가 있다.

4 ──────── 잘하는 방법

　고등학교 1학년 수학여행 장기자랑에서 〈라밤바〉를 불렀다. 현란한 기타 연주와 신나는 노래에 학생들이 열광했다.

　"너는 가수를 해도 되겠다."

　장기자랑 심사위원장이었던 음악 선생님이 극찬했다. 〈라밤바〉는 중학교 2학년 때부터 매일 연습하던 곡이다. 장기자랑에서 1등을 할 수 있었던 이유는 연습이었다. 처음에 기타를 배울 때 손가락이 시뻘겋게 달아올랐다. 기타 줄에 손가락을 댈 때마다 고통스러웠다. 비명을 지르며 기타연주를 했다. 좀 더 지나니까 오기가 생겨서 아픈 손가락을 과감하게 기타 줄에 갖다 댔다. 며칠 지나자 물집이 생겼고, 또 며칠 지나자 물집이 굳은살이 되었다. 그때부터는 손가락이 아프지 않았다.

　고등학교 3학년 때, 학교 축제의 하이라이트인 '덕수가요제'에 도전했다. 참가곡은 '봄여름가을겨울'의 〈사람들은 모두 변하나봐〉라는 노래였다. 60분 짜리 테이프 앞뒤로 한 곡만 녹음했다. 휴대용 카세트 플레이어를 들고 다니며 쉼 없이 들었다. 일어나자마자 들고, 밤에는 이어폰을 귀에 꽂고 잠이 들었다. 그렇게 2주정도 들었더니 테이프가 늘어졌다. 준비 기간 중에 테이프를 대여섯 번 교체했던 것 같다. 하교하면 가방을 던져 놓고, 기타를 잡았다. 목이 터져라 반복해서 불렀다. 그렇게 3개월 가량 연습했다. 그해 덕수가요제에서 1등을 했다.

직업군인 시절 슈퍼스타K4에 도전했다. 당시 내 나이는 39세였다. 참가곡은 임재범의 〈비상〉. 음정과 박자는 물론이요, 노래 속에 담긴 가사가 주는 감동을 제대로 느끼고 전하기 위해 노력했다. 매일 목이 터져라 불렀다. 퇴근하면 기타를 메고 야외에서 연습을 했다. 주말에는 수성못, 두류공원, 영남대학교 등에서 버스킹을 했다. 당시 두류공원에는 나를 알아보는 사람들도 꽤 있었다. 예선 당일 대구 엑스코에 9만 명이 운집했다. 9만 명 중에 15팀이 3차 예선에 진출했는데, 나도 포함되었다. 그 덕분에 하루 종일 촬영하고, 이승철 씨도 만났다. 최선을 다해서 불렀지만, 이승철 씨는 이렇게 말했다.

"노래는 프로가 아니시네요."

"프로면 내가 여기에 왜 나왔겠어요!?"

라고 외치고 싶었지만 그러지 못했다. 최종 결과는 불합격. 가수가 되진 못했지만, 임재범의 〈비상〉은 내가 가장 자신 있게 부르는 노래가 되었다.

전역한 지 2년 만에 책 쓰기에 도전했다. 책 쓰기의 핵심은 목차다. 목차가 완성되는 순간 책 쓰기의 80%가 끝났다 해도 과언이 아니다. 목차는 책 쓰기의 심장과 혈관이다.

'내가 책을 쓸 수 있을까?'

어떤 경험도 처음에는 낯설고, 어렵다. 목차를 PC모니터 앞에 붙였다. 목차를 보면서 글을 썼다. 처음 쓸 때는 3시간 이상 고민만 했다. 내용이 떠오르지 않았다. 며칠째 자판에 손을 올려놓고, 멍하니 모니터를 바라보았다. 분량을 채우기에 급급했다. 다시 읽어보면 오글거릴 정도로 엉터리였다. 매일 책상에 앉아 자판을 두드렸다. 그렇게 몇 주가 지나니까 글 쓰는 일이 수월해졌다. 내 경험과 생각을 글로 옮기는 과정이 그렇게 통쾌하고 시원할 수 없었다. 35일 동안 쉬지 않고 매일 글을 썼더니 책 한 권 분량보다 더 많은 양의 원고가 완성되었다. 출판사와 분량과 편집 조율과정이 쉽지 않았지만 결국 책은 완성되었다. 내 인생 최초의 단독 저서 《DRI열정》은 35일 동안 반복해서 글을 쓴 덕분에 세상에 나올 수 있었다. 35일간의 쉼 없는 글쓰기는 나에게 글쓰기에 대한 자신감과 '저서'라는 선물을 안겨 주었다. 글의 힘과 테크닉은 아직 턱없이 부족하지만, 처음보다 나아진 것만은 분명하다.

"안녕하세요, 강의 기술을 배우고 싶어서 연락드렸습니다."

중년 여성이 DRI열정리더십 교육에 대한 상담을 받으러 오셨다. 그녀는 공무원을 하다가 퇴직 후, 자격증을 취득해서 전문직에 종사하고 있었다. 법규, 지침, 방침, 질의응답으로 구성된 강의를 하는데, 재미가 없어서 고민이라고 했다.

"살면서 강의를 잘하는 방법에 대해서 공부해 본 적이 없었어요. 강의하는 나도 재미없는데, 듣는 분들은 오죽 하겠어요? 내 분야에 대한 공부만 해서 강의 기술이 부족하다는 것을 알게 되었어요. 그래서 연락을 드렸어요."

그녀는 강의를 재미있게 하고 싶어 했다.

"다른 스피치 학원이나 강사 학원에는 가보셨어요?"

"가봤어요."

"어땠나요?"

"원고 읽는 속도, 발음과 자세를 교정시켜 주더라구요. 큰 도움이 되지는 않았어요."

한 시간여의 상담을 한 후, 그녀는 DRI열정리더십 교육에 참여하기로 했다. 10주 동안 글을 쓰고, 교안을 만들고, 매주 무대에 서서 강의 연습을 했다. 놀랍게 바뀌었다. 매주 수업을 받을 때마다 그녀는 이렇게 말했다.

"진즉에 여기에 올 걸 그랬어요."

DRI열정리더십은 철저하게 연습을 하는 교육이다. 처음에는 표정도 굳어 있고, 목소리도 떨었던 사람이 몇 주 지나지 않아 당당하고, 재미있게 말한다. 강의를 잘하려면 강의 연습을 해야 한다. 강의를 재미있게 하려면 재미있는 사람이 되어야 한다. 레크이에이션, 웃음 교육을 듣는다고 내가 재미있어지는 것은 아니다. 재미없는 사람에게 그런 기술은 무용지물이다. 오히려 어색하고, 억지스럽다. 재미있는 교안과 영상을 모은다고 해결되지 않는다. 인터넷에 찾아보면 재미있는 영상과 교안, 글은 차고 넘친다. 자료를 갖고 있는 것만으로는 재미있는 강사가 될 수 없다. 교육을 받지 않고, 동영상을 보면서 배우는 것은 어떨까? 최근 코로나 때문에 화상시스템으로 교육을 진행하는 강사가 많아졌다. 다른 건 몰라도 온라인 교육으로 강의력을 높이는 것은 불가능하다. 수영을 배우기 위해서는 물속에 들어가야 하고, 자전거를 배우려면 자전거 위에 올라타야 한다. 몸으로 배우는 분야는 몸으로 경험하지 않으면 내 것이 될 수 없다. DRI열정리더십 교육을 온라인으로 하지 않는 이유다.

무슨 일이든 처음부터 잘하는 사람은 없다. 많이 해야 잘하게 된다. 잘 할 때까지 연습해야 한다. 중간에 포기하면 잘하는 건 불가능하다. 잘하는 사람은 그 일을 많이 한 사람이다. 잘하는 방법은 딱 한가지다. 그것은 '많이 해보는 것'이다. 그 외의 방법은 없다. 그 외의 방법이 있다고 말하는 것은 대부분 사기다.

말을 잘하는 사람은 말을 많이 한 사람이다.

글을 잘 쓰는 사람은 글을 많이 쓴 사람이다.

요리를 잘하는 사람은 요리를 많이 한 사람이다.

강의를 잘하는 사람은 강의를 많이 한 사람이다.

연애를 잘하는 사람은 연애를 많이 한 사람이다.

공부를 잘하는 사람은 공부를 많이 한 사람이다.

운동을 잘하는 사람은 운동을 많이 한 사람이다.

그림을 잘 그리는 사람은 그림을 많이 그린 사람이다.

　잘하는 사람은 많이 해본 사람이다. 많이 하기 위해서는 노력이 필요하다. <u>노력은 언제나 고통을 준다. 노력에는 고통이 따르게 마련이다. 간절하다면 그 고통마저 기회로 느껴진다.</u> 어려운 경험이 쌓일수록 인생을 많이 알게 되는 것이라고 믿는다.

열버 tip

① 무슨 일이든지 처음에는 누구나 낯설고, 불편하다.
② 익숙해지고, 숙달될 때까지 계속 연습해야 한다.

준비의 시간

강사에게 최고의 성과는 강의를 많이 하는 것이라고 생각했다. 강의 요청을 많이 받기 위해 블로그, 페이스북, 인스타그램 등 SNS에 나를 홍보하는 일에 매진했다. 블로그, 인스타그램, 페이스북, 카카오스토리, 다양한 밴드에 매일 글과 사진을 올렸다. 어떤 날은 3개 이상 올리기도 했다. 내가 올린 글을 읽고, 강의를 요청하는 업체가 많았다. 삶의 변화가 간절한 사람들로부터 연락이 왔다. 평일에는 외부 강의, 주말에는 DRI열정리더십 교육과 독서 모임을 진행했다. 그런 성과들을 SNS에 올렸다. 더 이상의 변화는 필요 없다고 생각했다. 강의 내용은 매번 똑같았다. 그렇게 몇 년을 보냈다. 오만했고, 나태했다. 일하느라 바쁜 시간은 내게 성장의 시간, 자기 성찰의 시간을 빼앗아 갔다. 몇 년간 내면의 성장이 멈췄다.

코로나 같은 전염병은 사람을 상대로 일을 하는 강사에게는 치명적이다. 대면 모임이 금지되거나, 제한되기 때문에 교육은 후순위로 밀려나게 마련이다. 그런 위기를 극복하기 위해 많은 강사들이 온라인 강의를 한다. 비대면 시대에 온라인 강의 콘텐츠가 봇물을 이룬다. 위기를 극복하기 위해 변화에 능동적으로 대응하는 것도 좋지만, 자신을 돌아보는 시간도 필요하다는 생각을 했다. 너도 나도 달려드는 온라인 강의 콘텐츠보다 내가 하고 있는 대면 교육 내용을 보완했다. SNS에 성과를 올리고, 영혼 없는 댓글을 쓰는 시간을 아내와 함께 보내는 시간으로 바꿨다. 틈나는 대로 홀로 글을 썼다. 지금 이 책은 그런 준비의 시간 덕분에 완성되었다.

무슨 일이든 준비의 시간이 필요하다. 학생은 취업과 진학을 위한 준비의 시간을 보낸다. 학과 공부에 매진하고, 자격증을 취득한다. 취업을 위해 공부하는 학생의 시간은 직장인으로서 갖춰야 할 실력과 태도를 습득하는 시간이다. 더 나은 학자가 되기 위한 준비의 시간이다. 초기 사업자는 리더가 되기 위해 준비의 시간을 보낸다. 더 많은 사람을 만나고, 업무 능력을 향상시키기 위해 노력한다. 신규로 임용된 교사는 노련한 교사가 되기 위해 준비의 시간을 보낸다. 신입사원의 시간은 중견간부와 CEO가 되기 위한 준비의 시간이다. 격투기 선수는 한 번의 매치를 위해 수년, 수개월의 준비하는 시간을 보낸다.

준비의 시간에 매치는 없다. 결혼식 당일에는 결혼식 준비를 할 수 없다. 결혼식 준비는 결혼식이 치러지지 않는 시간에만 가능하다. 책을 쓰는 작가에게는 책을 쓰는 시간이 있다. 독자들은 볼 수 없는 준비의 시간이 있어야 책이 완성된다. 강사에게 강의가 없는 날은 돈을 못 벌고, 성과가 없는 날이 아니다. 더 나은 강사가 되기 위한 준비의 시간이다. 강의가 없는 날에만 강의 준비를 할 수 있다. 강의를 하면서 강의 준비를 하는 것은 불가능하다. 강사는 강의를 많이 할수록 준비 시간이 줄어든다. 가수는 공연이 없는 날에 노래 연습을 하고, 배우는 촬영이 없을 때 대사를 외우고, 연기 연습을 한다. 장사 준비는 장사를 하고 있을 때에는 불가능하다. 일이 많은 것이 무조건 좋은 것도 아니다. 준비는 아무것도 하지 않을 때에만 가능하다.

세상 모든 일에는 보이지 않는 준비의 시간이 있다.

그것은 신의 선물이다.

열버 tip

① 아무것도 하지 않아도 되는 시간이 준비의 시간이다.

② 아무것도 하지 않아도 되는 시간에 뭔가를 하면 성장의 시간이 된다.

6 ── 잠깐 멈추기

2020년 2월 코로나 - 19로 인해 세상이 멈추었다. 이 전염병은 침방울에 의해 감염된다. 식사를 하거나 대화를 하는 것만으로도 전염이 되는 지독한 전염병이다. 뉴스에서 모임과 행사를 자제하라는 브리핑이 매일 쏟아져 나왔다. 자가 격리를 지키지 않은 한 명의 확진자로 인해 대구는 확진자가 폭발적으로 발생했다. 대구에서 사람을 상대로 강의를 하고, 모임을 하는 나에게는 치명적인 문제가 되었다.

"소나기는 피해 가야 해요."

아내는 모임과 교육을 중지하라고 말했다. 내부 모임과 교육뿐 아니라 계획되어 있던 외부 강의도 모두 연기, 또는 취소되었다. 한줄기 빛도 없는 어두운 터널 안에 갇힌 느낌이었다. 내가 할 수 있는 것은 아무것도 없었다.

'곧 괜찮아질 거야. 준비를 해야 해.'

처음에는 이런 생각을 하면서 새로운 교육 콘텐츠를 만드는데 시간을 보냈다. 약 1개월간의 과정을 거쳐 '엣지독서리더십'을 완성했다. 독서의 중요성, 독서습관 만들기, 독서방법 등이 총망라되어 있다. 독서를 통한 삶의 성장과 변화를 원하는 사람들에게 유익할 거란 기대를 갖고 야심차게 준비했다. 교재를 제작하고, 카페에 과제를 올리는 난도 만들었다. 모든 준비가 끝났다. 한 달이 지나도 '코로나 사태'는 잠잠해질 기미가 보이지 않았다. 오히려 더 많은 뉴스가 쏟아져 나왔다. 상황은 점점 심각해졌다. 모임이나 교육이 불가능한 분위기가 되었다.

지난 7년간 매일 뭔가를 하면서 보냈다. 책을 읽고, 글을 썼다. SNS에 생각과 일상을 올렸다. 독서모임과 DRI열정리더십, 바인더 교육을 준비했다. 외부 강의 요청 전화를 받고, 준비를 했다. 단 하루도 그냥 저냥 보낸 적이 없었다. 그런 일상이 모여 좋은 삶을 만들어줄 거라 믿었기 때문이다. 한 달간 열과 성의를 다해 독서 코칭 교육 프로그램을 만들었지만, 무용지물이 되니 의욕이 떨어졌다. 책상에 앉아 유튜브 영상을 보고, 책을 읽었지만 흔들리는 마음이 제 자리를 찾지 못했다. 그런 내 모습을 보던 아내는 이렇게 말했다.

"그냥 기다려요. 아무것도 하지 마세요."

"그래도 뭔가를 해야지."

"꼭 뭔가를 해야 한다는 강박 관념을 버리세요. 아무것도 하지 않는 시간도 필요해요."

"그런가?"

생각해 보니 코로나는 내 잘못으로 생긴 상황이 아니었다. 코로나 때문에 일과 일상이 멈춰버린 것이 내 책임은 아니었지만, 해결할 수 있는 방법이 떠오르지 않았다. 아내의 말을 듣고, 아무것도 하지 않았다. 아무것도 하지 않았다기보다 생각의 방향을 바꿨다고 표현하는 것이 적절하겠다. 일상은 '잠시 멈춤'이 되었다. 모든 것을 잠시 내려놓았다. 하루 종일 뉴스를 보고, 드라마를 시청했다. 잠이 오면 잠을 자고, 산책을 했다. 그렇게 몇 개월을 보냈더니, 더 가지지 못하고, 더 하지 못하고, 더 만나지 못하는 것을 아쉬워하지 않게 되었다. 코로나 사태가 끝나면 무엇을 할지 생각할 수 있었다. 지금 이렇게 책을 쓰게 된 것도 잠시 멈춤의 시간 덕분이다.

얼마 전까지 세상은 초원이었다. 힘이 센 사자 무리가 초원을 지배하듯, 많이 배우고, 돈이 많은 사람이 세상에 우뚝 서는 시대였다. 그런 사람이 정치, 경제, 사회적으로 우월한 위치에서 만족할 만한 삶을 살았다. 그들에게는 세상에 두려울 것이 없다. 그래서 공부를 잘해야 훌륭한 삶을 살게 된다고 믿는 사람이 많다. 미래는 밀림의 시대다. 밀림에서는 언제 어디서 무슨 일을 당할지 모른다. 제아무리 백수의 왕 사자라 할지라도 밀림 속을 거닐다 늪에 빠지면 악어의 먹이가 될 수 있다. 독사나 작은 모기에 물려 사망할 수도 있다. 강한 발톱과 이빨을 가진 사자도 위험한 상황을 당할 수 있는 곳이 밀림이다. 모든 것을 갖고, 유명세를 떨쳤던 정치인, 재벌, 연예인이 극단적인 선택을 하는 경우도 있다. 지금은 누구나 위기에 몰릴 수 있고, 다칠 수 있다. 그런 위기를 겪지 않을 거라고 생각하는 건 착각이요, 욕심이다. 올무에 발목이 걸린 사슴이 도망치려 저항할수록 더 세게 죄어 오듯 위기의 순간을 극복하기 위해 과도하게 발버둥치면 더 큰 상처를 얻게 된다.

동영상을 재생하다가 '정지(Stop)' 버튼을 누르면 재생이 중지 된다. 보던 시점으로 돌아갈 수 없다. '정지'했다가 다시 시작하려면 처음부터 다시 해야 한다.

멈춤은 아예 그만두는 것이다. 다시 하려면 처음부터 다시 시작해야 한다. 멈추기 전으로 돌아가기 위해 많은 시간과 열정을 쏟아내야 한다. '일시 정지(Pause)'는 잠시 멈춤이다. 멈췄던 시점부터 다시 시작할 수 있다. 잠시 멈춤(Pause)은 멈춤(Stop)과 다르다. 잠시 멈춤은 어느 시점에 잠깐 멈추는 것이다. 언제든지 다시 시작하겠다는 의지가 깔려 있다. 잠깐 멈추기는 많이 애쓰지 않아도 다시 시작할 수 있다. 정지(멈춤)는 포기하는 것이며, 일시정지(잠시 멈춤)는 포기하지 않는 것이다.

<u>스스로 감당할 수 없는 문제에 직면했을 때는 잠깐 멈추기를 해보는 것은</u>
<u>어떨까?</u>

① 분노와 절망 등의 감정이 격해졌을 때 잠깐 멈추기를 하면 이성적인 판단을 할
　수 있다.
② 잠깐 멈추기는 감정의 주인이 되는 방법이다.

⑦ 기대 버리기

전역하자마자 꽤 주목을 받았다. 언론사로부터 '명강사'라는 타이틀과 상패를 받고, 인터뷰도 했다. DRI열정리더십 교육에 20명 넘게 등록하기도 했다. 많은 이들로부터 부러움과 관심의 대상이었다. 더 많이 유명해질 거라는 막연한 기대를 가졌다. 그 기대가 물거품이 되는 것은 순식간이었다. 강의실에 사람들의 발길이 뜸해졌고, 외부 강의도 줄어들었다. 내가 만든 모임과 교육에 사람이 많이 오지 않는 것이 불만스러웠다. 나에게 교육을 받은 사람들이 변화의 동기부여와 에너지를 얻었다고 말하면서 대외적으로는 홍보하지 않았다.

'교육을 받고, 특강을 다녀오면 SNS에 역동적으로 후기를 남기는 것이 당연한 거 아닌가? 왜 그들은 내가 하는 모임과 교육을 외부에 알리지 않는 거지?'

'소극적인 사람들 때문에 모임과 교육에 사람이 안 오는 거 아니야?' 잘되지 않는 원인이 다른 사람에게 있다고 생각했다. 기대만큼 성과를 내지 못하는 것 때문에 실망했다. 힘들었다. 무거웠다. 내 꿈은 바르게 사는 사람으로 변화하는 것이었다. 나아가 동기부여 강사가 되는 것이었다. 두 가지 꿈을 모두 이루었지만 불평불만을 쏟아내고 있었다.

문제의 원인이 다른 사람에게 있다고 생각하는 것은 어리석다. 지혜로운 사람은 스스로 변화해서 상황을 개선한다. 스스로를 허접하게 생각하는 것도 나쁘지만, 너무 대단하다고 여기는 것도 좋지 않다. 프로는 단기간에 될 수 없다. 나는 직업 군인을 하다가 전역한지 5년밖에 안 된 초보강사다. 당연히 부족하다. 이 사실을 깨닫게 된 후, 모든 기대를 버렸다. 누군가 내 이야기를 좋게 해주기를 기대하지 않는다. 소셜네트워크에서 댓글 달아달라고 징징대지 않는다. 담당자들에게 연락해서 강의를 불러달라고 조르지 않는다.

코로나로 위기를 겪고 있는 와중에 삼시세끼 밥을 먹고 있고, 신체와 정신이 건강하다. 일이 줄어든 덕분에 아내와 함께하는 시간이 많아졌다. 이 시간은 휴식과 자아 성찰, 변화의 기회다. 내 꿈은 에너지가 부족한 사람에게 에너지를 나눠주는 동기부여 강사였다. 나는 지금 동기부여 강사다. 강의실에 사람들이 오지 않아도, 외부강의 요청이 오지 않아도 끝까지 강사로 살 것이다. 그게 내 삶의 방향이요, 소명이다. 그것만 꽉 붙잡을 수 있다면 문제될 것이 없다. 나만의 고유한 삶에 어떤 사람도 관여할 수 없다. 업무가 아니라면 나에게 이래라 저래라 할 권리가 없다. 그런 고유한 내 삶이 소중하듯 타인도 그러하다. 소모적인 기대를 버리는 순간 우리는 모두 자유다. 기대는 실망이라는 독을 뿜어낸다. 성취에 대한 막연한 기대, 타인의 말과 행동에 대한 기대가 마음을 어둡고, 무겁게 만든다. 기대와 실망은 정비례한다. 기대가 많으면 실망도 많아지고, 기대가 적으면 실망도 적다. 기대를 줄여 나가는 것이 자유로운 태도다. 열심히 하는 것은 좋지만, 좋건 나쁘건 그 결과를 겸허하게 받아들이는 것은 중요한 태도다. 무조건 잘 될 거라는 희망을 갖는 것도 좋지만, 기대를 버림으로써 자유를 얻어야 할 때도 있다. 인간은 자유로울 때 가장 큰 힘과 가치를 가지기 때문이다. 자유는 생물학적 요인과 환경의 한계 넘어서는 기적을 만들기도 한다. 그러니 우리는 더 자유로워야 한다.

'공수래공수거'라는 말이 있다. 모든 사람은 벌거벗은 채 태어나 벌거벗긴 채 생을 마감한다. 단 한명도 예외 없다. 때론 내려놓는 것도 현명한 선택이다. <u>**삶의 굵은 방향과 소명 이외의 것은 부산물이다.**</u> 돈, 명예, 관계에 대한 기대라는 짐이 무거워 견디지 못할 만큼 힘겹다면 잠시 내려놓는 것도 나쁘지 않다. 의지가 살아 숨 쉬는 한 우리의 삶은 멈추지 않을 것이기 때문이다.

① 세상에 올 때, 아무것도 안 가져온 주제에 너무 많은 것을 가지려 하지 말자.
② 기대 때문에 실망하고, 기대 때문에 부담스러운 것(사람)은 무엇인지 생각해보자.

겨울 컵라면

밤새 부대를 지키는 당직 근무자의 야식 시간은 전투력을 보존시켜 주는 중요한 시간이다. 장병들이 모두 잠든 고요한 새벽, 우리는 야식 먹을 준비를 한다.

"컵라면 꺼내라."

비닐 포장지를 뜯고, 스프와 면을 넣는다. 커피포트에 물을 끓인다. 끓인 물이 담긴 용기 라면을 들고 밖에 나간다. 매서운 겨울바람을 맞으며 뜨거운 라면을 호호 불어가며 먹는 맛은 일품이다. 겨울에 야외에서 발을 동동 구르며 먹어야 하는 어묵집이 인기가 많다. 따뜻한 봄이나 여름보다 겨울에 손님이 많다. 연초에 일출을 보러 가는 사람들 많다. 동네 뒷산에 오르고, 기차를 타고 타 지역으로 떠나기도 한다. 그곳에서 뜨거운 어묵, 국수, 컵라면은 인기메뉴다. 찬바람을 맞으며 먹는 뜨겁고, 구수한 국물 맛은 특별하다. 따뜻한 실내에서는 느낄 수 없다. 뜨거운 국물은 추위를 느끼면서 먹어야 맛있다.

누구나 하나 이상의 고민을 갖고 있다. 재산이 많은 사람은 재산을 지키기 위해서 고민한다. 매월 임대료를 내야 하는 세입자는 빚을 진 것 같은 부담감을 안고 산다. 건물을 가진 사람은 건물을 관리해야 한다. 세입자가 요구하는 건물의 문제를 해결해줘야 한다. 건물주는 세입자가 없으면 백수보다 더 부담스럽다. 대출을 끼고 건물을 매입한 경우에 매월 이자와 원금을 상환하는 것이 빠듯하다. 돈이 없는 사람은 말할 것도 없이 괴롭다.

아직도 우리나라에 먹는 것과 잠자는 것을 제대로 해결하지 못하는 사람이 많다. 결혼한 사람은 일가친척들의 경조사를 챙기고, 자녀를 낳고 돌보느라 힘들어 한다. 가족은 삶의 이유이자 희망이지만, 가끔씩 무거운 짐이 될 때도 있다. 가족이 없는 사람은 외롭다. 그들은 짐이라도 좋으니 가족이 있었으면 좋겠다고 생각한다.

사업가는 피 튀기는 전쟁터의 장수다. 뛰어난 성과를 내는 회사의 리더는 그것을 지켜내기 위해 쉼 없이 노력한다. 기업을 경영하는 CEO는 매일 외롭고 치열한 시간을 보낸다. 산업 현장의 노동자들은 언제 닥칠지 모를 사고의 위험을 안고 근무한다. 비정규직 노동자는 해고당하지 않기 위해 긴장의 고삐를 늦추지 않는다. 앞선 자는 더 앞서 가기 위해, 따라가는 자는 그들을 따라 잡기 위해 지금 이 순간에도 자기가 있는 곳에서 고군분투하고 있다.

어떤 것이 좋은 것이고, 어떤 것이 안 좋은 것인지 모르겠지만, 한 가지는 확실하다. 나만 힘든 게 아니라는 사실이다. 나보다 더 힘든 사람은 생각보다 많다. 힘든 삶의 기준은 돈과 실력만이 전부가 아니다. 모든 사람은 한 가지 이상의 고민을 안고 살아간다.

가장 재미있는 축구 경기는 막상 막하의 전력을 가진 팀들이 맞붙었을 때다. 누가 이길지 예측할 수 없는 상황이 이어질 때 우리는 손에 땀을 쥐며 흥분한다. 내가 응원하던 팀이 역전이라도 하면 세상을 다 가진 것처럼 기뻐한다. 함성을 지르고, 박수를 친다. 승부가 쉽게 나는 게임이나 운동은 재미없다. 롤러코스터가 재미있는 이유는 오르락내리락 하기 때문이다. 천천히 올라 가다가 순식간에 고꾸라지는 짜릿함이 롤러코스터의 매력이다. 롤러코스터의 인기 비결은 상승과 추락의 반복이다. 항상 같은 높이에서 같은 속도로 가는 롤러코스터는 존재하지 않는다.

나무는 겨우내 얼어붙은 땅 속에서 뿌리의 생명을 유지한다. 앙상한 가지로 매서운 겨울바람을 온전히 견뎌낸다. 그렇게 봄까지 버틴다. 추운 겨울이 지나면 봄은 반드시 온다. 봄이 온다는 확신이 있기에 나무는 슬퍼하거나, 절망하지 않는다. 끝내 나무는 다시 싹을 틔우고, 잎과 꽃을 피운다. 나무는 추운 겨울을 온전히 받아들이고, 견뎌냈을 때 봄의 따뜻함을 즐길 수 있다. 매순간 봄이 지속된다면 봄의 따사로움이 주는 감동을 느낄 수 없다.

힘든 상황을 자주 견뎌 낼수록 삶은 재미와 감동으로 채워진다.

고꾸라지면 다시 올라갈 일만 남고, 다 잃었다면 얻는 것만 남았다.

① 굴곡 있는 삶이 바람직한 삶이다.
② 얼어붙을 듯 시린 발끝을 느껴본 사람만이 따스한 햇살의 감동을 느낄 수 있다.

9

맞짱 뜨는 힘

복싱선수는 한 경기를 뛰기 위해 짧게는 수개월, 길게는 수년 동안 뼈를 깎는 듯한 훈련을 한다. 경기를 앞두고 훈련을 게을리 하는 선수는 거의 없다. 링 위의 승부는 두 선수의 눈싸움으로 시작된다. 매서운 눈빛으로 상대를 바라본다. 혹독한 훈련을 견뎌낸 선수들은 눈빛에서 자신감을 느낄 수 있다. 그 눈빛에는 '오늘은 내가 반드시 승리한다.'라는 의지가 깔려 있다.

"이 녀석 눈빛이 살아있네."

드라마 주인공의 눈빛은 특별하다. 또렷하고, 선명하다. 유난히 반짝거린다. 분노로 가득 찬 주인공의 눈빛에서는 살기마저 느껴진다. 그 눈빛으로 상대방을 제압한다. 의지로 가득 찬 눈빛은 시청자들의 가슴을 뜨겁게 한다. 끝내 그는 역경을 극복하고, 자신이 원하는 삶을 산다. 비록 원하는 삶을 살지 못하더라도 힘없이 주저앉지 않는다. 새드엔딩(슬픈 마무리)과 해피엔딩(행복한 마무리)과 별개로 주인공의 모습은 멋있다. 시청자들은 그런 주인공의 모습을 통해 대리만족을 느끼고, 그들의 삶을 동경한다. 배우는 드라마 촬영을 앞두고 눈을 부릅뜨는 연습을 한다. 우리도 거울 앞에 서서 눈을 부릅떠보자. 자신감이 넘치는 사람은 눈빛부터 남다르다. 이런 힘은 어디에서 나올까?

돌머리는 딱딱해서 흡수가 안 된다. 새로운 지식과 지혜, 기술을 흡수하지 못한다. 못한다기보다 안한다고 표현하는 것이 더 적절하겠다. 돌머리는 한번 입력되면 빠져나오지 않는다는 장점도 있지만, 입력 자체가 안 되는 것이 문제다. 입력된 것이 없기 때문에 아무것도 없다. 아무 생각 없이 산다. 생각 없이 살다가 위기에 직면하면 쉽게 좌절하고, 무너진다. 스스로 힘들다고 여기는 삶에 맞짱 뜨는 힘이 없다. 어려운 시기를 이겨내고 극복하는 힘의 원천은 지식과 지혜다. 예전에는 지식이 그 역할을 해줬다. 대부분의 평범한 사람들은 공부를 못했기 때문에 공부를 많이 한 사람은 경쟁력이 있었다. 살림살이가 어려워도 공부를 열심히 해서 좋은 대학을 나와 대기업에 취업하고, 사법고시, 행정고시 등의 시험에 합격하면 팔자를 고칠 수 있었다. 지금은 그때와 다르다. 공부만 열심히 한다고 해서 팔자가 피는 것은 아니다. 공부를 많이 해도 그냥 저냥 사는 사람들이 넘쳐난다. 돈 많고, 지위가 높고, 유명한 것이 행복한 삶의 기준이라고 확정지어 말할 수 없다. 오히려 자유롭게 사는 것은 더 힘들다. 타인의 기준에 맞춰 살아야 돈, 지위, 명성을 얻을 수 있기 때문이다. 세상에 공짜는 없으니까. 그렇다면 학교 공부는 필요 없는 것일까?

세상과 맞짱 뜨는 힘은 내면의 힘이다. 내면의 힘을 키워야 힘든 시간을 잘 이겨낼 수 있다. 이것이 지혜다. 지혜를 얻기 위해 가장 먼저 필요한 것은 두뇌에 뭔가를 입력하는 것이다. 학생은 학교에서 최선을 다해 공부해야 한다.

"공부가 적성에 맞지 않아요."

"공부가 인생의 전부는 아니잖아요."

다짜고짜 공부가 싫다는 학생들이 있다. 그들에게 이런 말을 해주곤 한다.

"적성에 맞는 거 찾을 때까지 만이라도 공부해 보자."

"공부가 인생의 전부는 아니지만, 일부는 될 수 있다."

학창 시절에 열정적으로 공부해본 사람은 사회생활도 열정적으로 한다. 학창 시절에 무기력했던 사람이 사회에서 두각을 나타내기도 하지만 그런 경우는 드물다. 나의 경우 학창 시절에 배웠던 영어, 역사가 강사라는 일을 수행하는데 적지 않은 도움이 되고 있다. 그러니 학생은 일단 공부부터 해봐야 한다.

"졸업은 끝이 아니라 새로운 출발이다."라는 말이 있다. 그 말은 진리다. 진짜 공부, 진짜 시련, 진짜 고생은 학교를 마친 후부터 시작된다. 돈, 관계, 업무 때문에 하루하루 버텨내는 것이 힘든 사람이 많다. 재테크, 요리, 취미, 인간관계, 자유로운 삶의 태도 등 살면서 정말 중요한 것들은 학교에서 가르쳐주지 않는다. 나는 경희대학교 경영학과를 졸업했지만 세상과 맞짱 뜨는 힘을 가질 수 없었다. 40세에 강사 공부를 하면서부터 자신감을 찾을 수 있었다. 습관을 바꾸기 위해 시간관리, 기록관리, 독서, 지식관리를 배우고, 강사가 되기 위해 강의 공부를 했다. 2년간 집중한 결과 강사가 될 수 있었다. 책 쓰기 공부를 통해 내 책을 출간했다. 이런 교육을 받은 덕분에 어려운 시기를 버텨낼 수 있는 힘을 갖게 되었다. 지금도 그때 깨달은 교육의 힘으로 버텨내고 있다.

"세상에서 가장 위대한 투자는 내 가치를 높이는 투자다."라는 말이 있다. 아무것도 하지 않으면 아무 일도 일어나지 않는다. 새로운 것을 성취하고 싶다면 해당 분야에 대한 지식이나 기술을 배워야한다. 배우는 것만으로는 부족하다. 실전과 같은 연습을 해야 한다. 종교 시설에 가서 기도를 하고, 성취를 이뤄낸 사람을 만나서 밥을 먹는 것만으로는 어림도 없다. 현재의 내 모습이 마음에 들지 않는 사람은 변화를 갈망한다. 자기 변화에 성공한 사람은 자신의 문제점과 원하는 것을 안다. 새로운 도전과 성취를 위해 새로운 공부한다. 그들은 거침이 없다. 계산하지 않고 과감하게 행동한다. 돈과 시간, 열정을 투자 하는 것을 아까워하지 않는다. 그들은 세상에서 가장 위대한 투자가 세상과 맞짱 뜨는 힘을 키워주는 공부라는 사실을 안다.

맞짱 뜨는 힘은

새로운 도전을 통해 발생되는 시련을 견딘 결과물이다.

① 힘겨운 삶을 버티는 힘은 근육과 체력이 아니다. 내면의 힘이다. 그것은 마음의 힘이다.
② 마음의 힘을 키우기 위해 어떤 공부를 하면 좋을지 생각해보자.

10 신의 테스트

"이제 그만 만나자."

"왜?"

혈기 왕성한 청년에게 여자 친구의 이별 통보는 충격이었다. 매일 밤 머리가 지끈거렸다. 밥맛이 없고, 의욕도 사라져 아무것도 할 수 없었다. 홧김에 운전면허를 취득하고, 중고 자동차를 구매했다. 생애 최초의 자동차는 여자 친구와의 이별 덕분에 생겼다.

결혼 5년 만에 이혼을 했다. 아내 명의로 되어 있었던 아파트 전세 보증금과 자동차는 아내가 모두 갖고 갔다. 이혼과 동시에 빈털터리가 되었다. 대출을 받아 전셋집은 구했지만, 자동차가 없었다. 당장 출퇴근이 불편했다. 어느 날, 부대 차량을 타고 외부 업무를 다녀오는 길에 차량을 판매한다는 현수막을 봤다.

'SM-5 5년 장기 할부, 월 불입액 40만 원대!'

삼성 자동차는 내가 좋아하는 배우들이 광고 모델로 나왔던 차량이었다. 망설임 없이 현수막 하단에 찍혀 있는 번호로 전화를 했다.

"여보세요, 현수막 보고 연락드렸는데요."

"네, 어떤 차량을 구매하실 건가요?"

"SM-5 검정색이요."

"네, 연락주셔서 감사합니다. 매장에 한 번 방문해 주세요."

"아니요. 매장에 갈 필요 없고요, 지금 한 대 갖다 주실 수 있습니까?"

전화 받은 직원은 자동차를 치킨이나 자장면처럼 배달시키는 내 모습에 당황했다.

"네? 지금이요?"

"지금 갖다 주실 수는 없는 건가요?"

"고객님, 자동차는 이렇게 구매하시는 게 아닙니다."

"그럼 어떻게 해야 하죠? 제가 급해서 그러는데요."

"매장에 오셔서 시승도 해보시고, 옵션과 할부 조건 등을 살펴보신 후 결정하셔야 합니다."

"옵션은 대충 알아서 해주시고요, 저는 오늘 당장 차가 필요합니다."

"고객님, 어디에 계십니까? 제가 지금 당장 그곳으로 달려가겠습니다."

직원은 통화를 끝낸 후, 30분이 채 안 되어 부대에 찾아왔다. 그와 함께 동사무소와 시청 등을 다니며 자동차 할부구매를 위해 필요한 서류를 발급했다. 갖고 있던 현금이 없어서 캐피탈로 대출을 받고, 5년 할부로 계약서를 작성했다.

"오늘은 어렵구요, 내일 저녁까지 출고 해드릴 수 있습니다."

"오늘은 안 되나 봐요? 한 번 더 알아봐 주세요."

영업사원은 다시 몇 군데 전화를 하더니 이렇게 말했다.

"마침 매장에 전시되어 있는 차량이 있다고 하네요. 오늘 저녁에 갖다 드리겠습니다."

그날 저녁, 차량을 인수받았다. 그는 20년 이상 자동차 판매를 해왔는데, 나처럼 자동차를 구매하는 사람은 처음이었다고 말했다. 5년 동안 할부금을 내느라 식겁했지만, 검정색 중형 세단은 이혼이라는 충격 덕분에 얻을 수 있었다.

강사가 되고 난 후, 하루하루 힘겨운 나날이 지속되었다. 내부 교육 수강생은 줄어들고, 외부 교육도 축소, 연기, 또는 취소되는 일이 비일비재했다. 데뷔한 지 얼마 되지 않은 초보강사에게 강사의 세계는 호락하지 않았다. 나름대로 강의공부를 할 만큼 했다고 생각했지만, 여전히 나는 초보강사였다. 더 많은 경험과 성장이 필요했다. 《DRI열정》이라는 책은 그 시기에 완성되었다.

돌이켜 보면 내가 겪었던 어려운 순간은 신이 선물을 주기 위한 테스트라는 생각이 든다.

"너 힘들지? 이제 어떻게 할래?"

"이것만 견뎌 내면 내가 선물을 줄게."

이런 식으로 나를 테스트 하는 것 같았다.

"너 여자 친구랑 헤어졌지? 이제 어떻게 할래?"

"이왕 이렇게 된 거 사고 치겠습니다. 자동차 사서 새로운 곳에서 새로운 사람을 만나러 갈 겁니다."

신은 여자 친구와의 이별로 나를 테스트했다. 그 사건 덕분에 운전을 배우고 자동차도 가질 수 있었다. 그 덕분에 다양한 곳을 다닐 수 있었고, 새로운 인연도 만났다.

이혼했을 때도 신은 나에게 시험문제를 출제했다.

"이혼해서 돈도 없고, 집도 없지? 이제 어떻게 살래?"

"정면 돌파하겠습니다. 또 사고 치겠습니다."

이혼이라는 사건 덕분에 갖고 싶었던 검정색 중형 세단을 구매할 수 있었다. 지금은 몇 군데 찌그러지고, 주행거리 20만km를 넘은 낡은 차가 되었지만, 십여 년의 추억을 고스란히 안고 있는 소중한 친구다.

"군대생활 20년, 이혼, 사기, 징계, 부모 사망 때문에 공무원 생활을 하기 힘들지? 특별하게 배운 것도 없는데, 다른 일을 할 수 있겠어? 두렵지? 두려움을 극복하고 도전할 용기가 있다면 네가 새로운 삶을 살 수 있게 해줄게."

"하겠습니다. 어차피 부모님도 데려가시고, 자녀도 주시지 않으셨잖아요. 용기내어 보겠습니다. 제 모든 걸 걸고 도전해 보겠습니다."

여러 가지 힘든 일들이 1~2년 사이에 동시다발적으로 생겼기 때문에 변화에 대한 간절함은 더없이 강렬했다. 아무 문제없이 군대 생활을 할 수 있었다면 강사가 되어야겠다는 생각을 하지 않았을지도 모른다. 안정적인 직업을 포기하고, 새로운 분야에 도전하는 것은 매우 큰 용기가 필요하다는 것을 신은 알았던 것일까? 결국 신은 나를 강사로 살게 해줬다.

드라마나 영화에서 주인공이 어려움을 극복하고, 복수나 부활의 신호탄을 쏘아 올릴 때 큰 감동을 느낀다. 살다 보면 절제절명의 위기가 찾아오는데, 그것은 신의 테스트다. 이 시험은 드라마틱한 삶을 만들어 주기 위해 신이 준비한 고마운 선물이다. 신은 내가 견딜 수 있는 테스트를 한다. 그 테스트를 버텨 내면 원하는 것을 얻을 수 있다. 지금 겪고 있는 어려움을 신이 내린 테스트라고 생각하면 오기가 생기고, 희망이 생긴다. 시험은 잘 볼 수도 있고, 못 볼 수도 있다. 못 보면 다음에 잘 보면 된다. 대학 진학에 실패했다면 재수하면 된다. 취업이 안 되면 아르바이트하면서 준비해도 된다. 그렇게 생각하면 삶이 가벼워진다. 이리저리 흔들리는 일상은 모든 사람이 비슷하다. 하루에도 오만 가지 생각으로 뒤덮인 일상에서 흔들리지 않는다면 인간이 아니다. 위기의 순간에 고개 숙여 슬퍼하고, 절망하는 것으로는 어떤 문제도 해결할 수 없다. 아무리 어려운 테스트라도 웃으며 감사하고 희망을 잃지 않는다면 상황은 반드시 바뀐다. 신의 테스트를 통과하면 신은 우리에게 기쁨과 자유라는 친구를 보내준다. 그들은 이렇게 말할 것이다.

"내가 너를 지켜봤는데, 너는 아무리 힘든 상황에서도 끝까지 희망을 잃지 않더구나. 그래서 궁금해서 찾아왔다."

① 시험은 잘 볼 수도 있고, 못 볼 수도 있다. 붙으면 좋고, 떨어지면 다시 준비하면 된다.
② 신의 테스트는 누구나 겪을 수 있지만, 아무나 통과하는 것은 아니다.

Test

고난의 기회

(11)

이런 생각을 해보자. 칠흑같이 어두운 밤 산길을 걷고 있다. 한치 앞도 보이지 않는다. 조심조심 천천히 발걸음을 내딛는다. 발을 헛디뎌 낭떠러지에 추락한다. 추락하다가 손을 뻗었는데, 나뭇가지를 움켜잡았다. 이때 어느 정도의 힘으로 나뭇가지를 붙잡을까? 적당한 힘일까? 내가 가진 모든 힘일까? 아마도 후자일 것이다. 그 것은 살면서 한 번도 경험해 보지 않은 간절한 힘이다. 아무것도 생각하지 않는다. 아니, 생각할 수 없다. 오로지 살아야겠다는 간절한 마음만 존재한다. 간절한 힘은 절체절명의 순간에 폭발한다.

대한민국의 근대화 역사는 고난의 역사라고 말한다. 군부가 정권을 장악하고, 일반 시민들의 눈과 입을 틀어막았다. 매춘(SEX), 영화(SCREEN), 스포츠(SPORTS) 등의 3S정책은 그때 절정을 이루었다. 국민은 3S에 열광했다. TV와 신문 등 언론을 이용해서 군사 정권의 정통성을 완성시키기 위해 노력했다. 정권의 통제를 받은 언론사는 1980년에 발발한 '광주 민주화 운동'을 북한의 사주를 받은 자들의 폭동이라는 기사를 쏟아냈다. 대학생들의 독서모임을 국가 보안법 위반을 이유로 금지시켰다. 모임에 참석한 대학생들을 붙잡아 고문하고, 감옥에 가두었다. 죄 없는 사람을 간첩으로 만들기도 했다. 저녁 9시가 되면 '땡전 뉴스'가 시작되었다. '땡전 뉴스'는 9시 땡 하면 전두환 대통령 각하로 뉴스가 시작 된다'라는 뜻이다. 방송국의 저녁 메인 뉴스는 '전두환 대통령 각하'라는 호칭을 쓰며 대통령을 찬양하는 기사로 시작했다. 그 시대에 정부와 대립각을 세운 사람은 쥐도 새도 모르게 붙잡혀 가기 일쑤였다. 1980년대 우리나라의 민주화 열망은 그 어느 때보다 높았다. 위기의 순간에 이런 간절한 힘이 폭발한다. 광주에서 시작된 민주화 운동은 전국으로 퍼져나갔다. 당시 고려대학교 근처에서 초등학교를 다니던 나는 시위 현장을 자주 목격했다. 등하교 시간은 물론, 수업시간에도 최루탄 냄새 때문에 눈물, 콧물을 흘렸던 기억이 있다. 전투경찰은 시위대를 향해 최루탄을 발사했다. 헬멧과 방패, 곤봉으로 무장한 전투경찰은 시위하는 대학생들을 쫓아다녔다. 대학생들은 신나를 넣은 화염병에 불을 붙여 그들을 향해 던졌다. 당시 고려대학교 앞 도로는 전쟁터를 방불케 했다. 전국의 대학교에서 크고 작은 시위가 지속적으로 발생했다. 초등학생이었던 그때, 자유 민주주의를 간절하게 원했던 20대 청년들의 마음을 이해하지 못했다. 민주화 운동에 적극적으로 동참했던 청년들에게는 두려움이 없었다. 무엇이 그들로 하여금 두들겨 맞고, 구속되는 것을 두렵지 않게 만들었을까? 그것은 민주화를 향한 간절한 열망이다. 그들의 용기 있는 행동 덕분에 대통령 직선제를 시작으로 우리나라의 정치는 민주화를 이뤄냈다. 고난은 이렇게 간절한 마음을 끓어오르게 한다. 군부 독재 정권이 너무나도 가혹하게 핍박했기 때문에 반발심이 더욱 강해졌다. 누명, 고문, 납치, 감금 등 인권을 침해하는 통치행위가 없었다면 대학생들이 강의실에서 화염병을 만드는 용기와 열정을 갖지 못했을지도 모른다. 독재의 고난이 민주화의 기회가 된 것이다. 그들의 그런 선택과 행동이 없었다면 나는 지금 어떻게 살고 있을까? 생각해보면 아찔하다. 지금 우리는 공직자와 국가 정책에 대한 의견을 자유롭게 개진할 수 있다.

평화롭고, 안락한 시간 속에서는 변화도 성장이 필요 없다. 그것으로도 충분히 좋기 때문이다. 평화롭지 않고, 안락하지 못한다면 변화가 필요하다. 변화는 역동적이다. 역동적인 힘은 고난으로 비롯되는 간절함에서 시작된다. 지금 겪는 고난이 힘들다면 간절한 시기가 다가오고 있다는 의미다. 어리석은 사람은 고난을 두려워한다. 그는 기회조차 고난으로 본다. 지혜로운 사람은 고난에 당당히 맞선다. 그는 고난이 기회라고 생각한다. **지금 겪는 고난은 성장과 변화의 기회다.**

① 고난은 좋은 것도 아니고, 나쁜 것도 아니다.
② 기왕에 고난을 겪고 있다면 변화의 기회로 생각해보자.

12 외롭지 않다

"기쁨을 나누면 배가 되고, 슬픔을 나누면 절반이 된다."라는 말이 있다. 좋은 일이 생겼을 때 축하받고 싶은 마음은 누구나 갖고 있다. 그건 그렇다 치고, 슬픔을 나누면 정말로 절반이 될까? 나의 슬픔을 다른 사람에게 이야기하면 슬픔은 줄어들까? 감정은 전이된다. 슬픔을 이야기하는 사람의 마음은 조금 가벼워질지 몰라도 듣는 사람은 우울해진다. 신경정신과나 심리 상담센터에 가면 개인의 고충을 이야기할 수 있다. 속마음을 털어 놓는 것만으로도 한결 나아진다. 반대로 상담을 해주는 사람들은 어떨까? 아마도 각자의 치유방법이 있어야 버텨낼 수 있을 것이다. 감정은 전염되기 때문이다.

자기 정체성이 불분명하고, 자기 삶의 대부분을 타인의 자비와 관심에 지나치게 의존하는 사람은 혼자 있는 시간을 견디지 못한다. 외로움을 두려워한다. 그들은 퇴근 후에 동료들과 술잔을 기울이며 이렇게 말한다.

"인생 뭐 있어, 즐겨!"

"역시 너밖에 없어. 너는 진정한 나의 친구야."

"선배님을 위해 충성을 다하겠습니다."

사람들과 관계하는 것이 삶의 유일한 낙인 사람이 많다. 우리 주변에는 늘 그런 사람들이 있다.

드라마나 영화 속 주인공은 문제가 생기면 혼자 생각에 잠긴다. 전면 유리로 된 초고층 사무실이나 옥상에서 화려한 도시의 야경을 내려다본다. 스탠드가 켜진 좌식 책상에 턱을 괴기도 한다. 잠들기 전에 천장을 쳐다보고, 걸으면서 생각에 잠기는 경우도 있다. 그런 시간을 통해 문제를 해결한다. 자기 정체성이 명확하고, 삶을 주도적으로 사는 사람은 혼자 있는 시간을 외롭다고 생각하지 않는다. 그들은 그 시간을 창의적이고, 즐거운 시간으로 만든다.

어릴 때부터 친구들과 어울려 노는 것을 좋아했다. 학교에서 선배, 후배, 친구들, 선생님과 관계를 맺었고, 하교 후에는 친구들과 노느라 정신이 없었다. 일요일마다 교회를 다녔다. 교회에서 많은 사람을 만났다. 사람을 만나지 않을 때에는 TV를 시청하거나 만화책을 봤다. 매순간 자극하는 뭔가가 있어야 마음이 편했다. 누군가 함께 있지 않으면 불안했다. 성인이 된 후 아르바이트를 하면서도 상황은 비슷했다. 매일 고객과 동료 직원, 사장을 만났다. 일이 끝난 후 삼삼오오 어울려 식사와 음주를 했다. 군대 생활에서도 변한 것은 없었다. 정기적인 회식은 군대생활의 하이라이트. 삼겹살집, 곱창집, 막창집에서 술잔을 기울이며 친목을 도모했다. 조기 축구회에 가입해서 운동과 음주가무를 즐겼다. 내 주변에는 항상 사람들이 넘쳐났다. 사람을 만나는 일은 인생의 전부라 해도 과언이 아니었다. 강사가 되고 난 후에도 비슷했다. 강사로서의 역량을 성장시키기 위해 다양한 교육을 들었다. 그곳에서 많은 사람을 알게 되었다. 끊임없이 사람과의 관계가 확장되었다. 다양한 직업, 다양한 조직에 속해 있는 사람들을 만났다. 변화된 삶, 자유롭고 행복한 삶을 위해 과감하게 군대 생활을 그만뒀지만 나는 여전히 사람을 만나고 있었다.

예로부터 우리 민족은 기쁜 일, 슬픈 일을 겪을 때, 정성껏 음식을 준비해서 이웃들과 나눠 먹었다. 새로운 곳에 이사를 가면 떡을 만들어 돌렸다. 그런 문화는 세월이 지나도 변함이 없다. 예전에는 결혼식 준비를 하면 음식 준비를 집에서 했지만, 지금은 예식장에 돈을 주면 알아서 해준다. 청첩장도 옛말이다. 지금은 모바일 청첩장을 단체문자로 보내준다. 결혼하면 최대한 많은 사람들로부터 축하받고 싶어 한다. 그런 단체 문자를 받으면 대부분 갈까 말까 망설인다. 지금까지 많은 결혼식에 참여했지만, 진심으로 그들의 결혼을 축하해주기보다는 대부분 얼굴도장 찍는 선에 그쳤다. 결혼식뿐만 아니라 장례식도 널리 알린다. 장례식장에는 화환이 줄지어 서 있다. 복도에 줄지어 서 있는 화환은 부와 권력의 상징이다. 몇 년간 못 봤던 사람도 만날 수 있다. 장례식에 사람이 모이는 이유는 슬픔을 함께 나누기 위함이다. 대부분의 사람들은 혼자 슬퍼하는 것보다 함께 슬퍼해 주는 것이 낫다고 여기기 때문이다. 하지만, 기쁜 소식을 알리면 시기와 질투를 얻고, 슬픔을 전해도 비아냥거리는 사람이 있다. 우리는 의도치 않게 다양한 사람들과 관계하며 살고 있다. 정을 나누며 사는 것이 표준화된 삶의 형태다. 지금 이 순간에도 우리는 자의든 타의든 맺어진 인간관계 속에서 희로애락을 나누며 지낸다.

외로움은 우리 사회의 문제다. 중년 남성들은 마음을 터놓고 이야기할 수 있는 대상도 없고, 그럴 여유도 없기 때문에 BAR나 룸살롱을 찾는다. 그런 곳의 술값이 비싼 이유는 이야기를 들어주는 비용이 포함되었기 때문이다. 여성들이 마트나 백화점에서 쇼핑을 즐기고, 투자나 사업 설명회, 문화 강좌를 들으러 가는 이유도 마음이 허전하기 때문이다. 특별한 용건 없이 커피숍에서 동네 아줌마들과 만나는 것도 비슷한 이유다. 그들이 나누는 이야기는 가족, 육아, 패션, 연예인, 또는 아는 사람들의 근황을 나누는 게 전부다. 그게 수다다. 수다를 떨고 나면 가슴 한 켠이 후련해진다. 그런 시간을 통해 스스로 외롭지 않은 존재임을 확인한다.

'나는 혼자가 아니야.'

'나에겐 친구가 있고, 가족이 있잖아.'

정상적인 대한민국의 문화 속에서 성장한 사람은 혼자 있는 시간을 외롭다고 여기는 건 당연하다.

나는 특별한 약속이 없는 날에는 혼자 지낸다. 교육과 모임은 주로 주말에 있기 때문에 평일에 외부 일정이 없으면 집과 사무실에서 시간을 보낸다. 처음에는 혼자 있는 시간이 싫어서 SNS를 했다. 내가 하고 싶은 말을 하고, 좋은 글과 흥미 있는 사진을 올린 사람을 찾아가서 댓글을 남기는데 시간과 열정을 쏟았다. SNS는 직접 만나지 않아도 혼자가 아니라고 느끼게 해주는 도구다. 하루에 몇 백 명을 찾아다니며 댓글을 달았다. 내가 올린 글에 '좋아요'가 몇 개인지, 댓글이 몇 개 달렸는지 확인하느라 바빴다. SNS에 몰입하면 순식간에 몇 시간이 흘러간다. 연결되어 있다는 느낌을 느끼기 위해 SNS와 온라인 게임을 즐기는 사람이 점점 늘고 있다. 사회 문화가 변화되고 있다. SNS에 빠진 시간을 되돌아보니, 공허함만 남는다. 4년 동안 그런 식으로 해보니, SNS를 과하게 하면 시간과 열정을 낭비 하는 일임을 알게 되었다. 누군가와 소통하려고 애쓰는 것보다 혼자 있는 시간을 의미 있고, 즐겁게 보내는 것이 중요하다는 사실을 알게 되었다. 지금은 업무상 필요할 경우에만 SNS를 한다. 그것도 가끔. 나는 타인에게 내가 올린 글이나 영상에 댓글을 달아 달라고 징징대지 않는다.

혼자 있는 시간은 외로움인가, 고독인가. 외로움과 고독은 같은 상황을 다르게 느끼는 단어다. 외롭다고 느끼는 사람은 마음이 불안하고, 고독이라 느끼는 사람은 휴식을 취하면서 자신을 돌아보는 시간으로 활용한다. 고독한 시간에 창의적인 아이디어가 떠오른다. 개인의 성장과 발전, 강의력과 스피치 능력, 자신감과 에너지를 북돋는 DRI열정리더십 교육은 그런 시간에 만들어진 프로그램이다. 혼자 있을 때 그런 생각을 할 수 있다. 커리큘럼은 물론, 교재와 교안도 혼자 있을 때 만들었다. 사람들 속에 부대끼고 있을 때에는 생각도 하지 못했던 것이다. 지금 쓰고 있는 이 책도 혼자 있는 시간에 쓴다. <u>우리는 외롭지 않다. 단지 고독을 즐길 뿐이다.</u>

① 원래 외로운 것이 정상이다.
② 외로움과 고독은 같은 상황이지만, 받아들이는 태도의 차이다.

시련의 대가

특성화 고등학교에 다니면서 자격증 취득과 성적 관리를 소홀하게 해서 취업에 실패했다. 내가 할 수 있는 것은 아르바이트밖에 없었다. 집을 나와 건대입구 화양리의 유흥업소에서 일했다. 당시 유행하던 락카페에서 손님을 데려오는 일을 했다. 락카페는 화려한 조명과 DJ박스, 댄스홀이 설치되어 있다. 그곳에서 술과 음악, 춤을 즐길 수 있다. 일반 호프집도 내부를 리모델링해서 락카페로 운영하는 경우가 많았다. 당시 화양리에는 크고 작은 규모의 락카페가 100군데 넘게 영업하고 있었다. 모든 가게가 그랬던 것은 아니었지만, 많은 업소가 불법적인 미성년자 고용과 출입을 허용하고, 심야영업을 했다.(그 시대에는 12시 이후 유흥업소 영업은 불법이었다.) 화양리 카페 골목에 위치한 락카페마다 조직폭력배가 있었다. 그들은 가게에서 술을 마시고 행패를 부리는 사람을 통제하고, 일하는 아이들의 군기를 담당했다. 근무 시간에 손님들과 노닥거리거나, 노래방이나 사우나에 출입하다가 걸리면 혼쭐을 내줬다. 지방에서 상경한 지 얼마 안 된 막내 건달 중에는 심한 갑질을 하는 경우가 있었다. 그들은 이성을 유혹해 오라고 하고, 막무가내로 돈을 빌려달라고 했다. 장사가 안 되거나 개인적인 일로 기분이 안 좋으면 폭력을 행사했다. 나는 매일 그들로부터 괴롭힘을 당했다.

"대성아, 돈 좀 있냐?"

"네, 왜요?"

"만 원짜리 한 장만 줘봐."

그들은 양말이나 티셔츠를 세탁해서 입지 않았다. 일당제로 받는 나 같은 알바생에게 현금을 빌려서 샀다. 입던 티셔츠나 양말은 쓰레기통에 버렸다.

"세탁 안 하십니까?"

"귀찮게 누가 그걸 빨아서 입냐? 만 원짜리 한 장만 줘봐."

돈을 빌려주면 갚지 않았다.

"형님, 어제 빌려드린 돈 언제 주실 건가요?"

"이 새끼가 누굴 양아치로 아나."

솥뚜껑 같은 손바닥으로 내 뺨을 후려갈긴다. 작고 왜소한 나는 바닥에 고꾸라졌다. 주먹에라도 맞으면 병원에 실려 간 적도 자주 있었다. 여자 친구와 헤어졌다고 술을 진탕 마시고, 내가 혼자 사는 방에 신발을 신고 들어왔다.

"야, 이대성. 너는 여자 친구 있어서 좋겠다?"

"형님, 무슨 일 있으세요. 술 많이 드셨네요."

당시 나이가 나랑 비슷하거나 어린 경우가 대부분이었는데, 건달이라는 이유로 모든 애들한테 '형님'이라고 불렀다.

그때부터 폭행이 시작된다. 이런 식으로 밤낮 없는 괴롭힘을 매일 당하면서 3년을 지냈다.

군대에 입대하니까, 천국이 따로 없었다. 조금만 군기 있게 행동하면 모든 게 술술 풀렸다.

"충성! 이병 이대성! 네, 알겠습니다."

대답을 크게 하고, 뛰어 다니니까 대부분의 선임병과 간부들이 나를 좋게 봐줬다. 유흥업소에서 매일 맞았던 것에 비하면 군대 생활은 천국이었다. 그

와중에도 꼬투리를 잡아서 갈구는 사람은 있었다.

"야, 이대성 너만 군기 있어? 목소리가 왜 그렇게 커?"

목소리가 크다고 꼬투리를 잡았다.

"군인은 목소리가 커야 한다고 배웠습니다."

"그래? 그럼 나처럼 목소리 작은 군인은 뒈져야겠네?"

"네……?"

"엎드려 뻗쳐, 새끼야!"

나름 거칠게 한다고 하는데, 그들이 하는 욕설은 조직 폭력배로부터 듣던 욕설에 비하면 귀엽게 느껴졌다. 속으로 이렇게 생각했다.

'아이고, 귀여운 것들, 알았다. 엎드려 줄게.'

그러면서 겉으로는 무서워하는 척했다.

"죄송합니다! 시정하겠습니다!"

엎드린 상태에서 발로 엉덩이를 걷어차이고, 뺨을 맞았다. 화양리 락카페 조직폭력배들에게 맞은 거에 비하면 솜방망이였다. 적어도 그들은 매일 때리지는 않았다. 잠든 후에도 때리지 않았다. 운동선수 출신의 건달들에 비하면 파워도 약했다. 유흥업소 경험이 있었던 나에게 군대 생활은 꿀이었다.

병원의 중환자실은 위급한 환자들을 치료하는 곳이다. 멸균실은 아무런 세균도 존재하지 않게 만든다. 침대, 이불, 베게, 옷을 비롯해서 바닥과 벽면을 수시로 소독한다. 출입구는 이중 삼중 비닐커튼으로 막아 놓는다. 출입하기 위해서는 별도로 준비된 가운, 모자, 장갑을 착용해야 한다. 그곳은 세균이 없어야 하는 곳이다. 중환자는 면역력이 많이 부족하기 때문이다. 세균이 없는 곳에서만 생존할 수 있는 중환자를 건강하다고 말하지 않는다. 완벽한 필터를 설치한 최고급 정수기에서 나오는 물을 마시며 성장한 어린이는 식중독균에 취약하다. 면역력이 없기 때문이다. 깨끗한 물만 먹었기 때문이다. 시골에 살면서 우물물을 마시다가 배탈설사로 고생해본 아이는 정수, 약수 따지지 않고 벌컥 벌컥 잘 마신다. 일부러 더러운 물을 찾아서 먹을 필요는 없지만, 과하게 정수된 물만 고집하는 것도 바람직하지 않다. 공기를 정화시킨다고 최고급 공기 청정기를 설치하는 가정이 늘고 있다. 미세먼지와 황사로부터 공기를 완벽하게 정화시켜 준다고 광고한다. 최고급 공기청정기에 길들여져 있는 사람은 작은 먼지와 오염에 취약하다. 조금이라도 공기가 좋지 않은 곳에 가면 알레르기 반응을 일으킨다. 기침을 하고, 눈이 따끔하다며 오래 머물지 못한다. 환경오염을 예방하는 것도 중요하지만, 과도하게 깨끗한 공기에 집착하는 것도 좋지 않다. '온실의 화초'라는 말이 있다. 온실에서 키우는 화초는 1년 365일 적정한 온도와 습도 속에서 자란다. 병충해 예방을 위해 농약과 제초제에 의존한다. 추운 겨울과 무더운 여름을 모른다. 온실의 화초는 생존력이 약하다. 어려움에 직면해 본 경험이 없기 때문이다.

어려움 앞에 쉽게 좌절하는 사람은 힘든 경험을 해보지 못했기 때문이다. **뼈를 깎아내는 듯한 고통과 어려움을 견뎌낸 사람은 강하다. 몸과 마음을 힘들게 하는 시간은 삶의 생존력을 강하게 해주는 좋은 경험이 되어준다.** 세상에 공짜는 없다. 어떤 시련도 대가를 지불한다. 이 시간을 견디고 나면 세상이 좀 더 만만해질 것이다.

열버 tip

① 잡초는 어디서나 생존하고, 아무리 짓밟혀도 되살아난다.
② 오늘부로 우리 집 정수기와 공기청정기는 철수한다.

최악의 상황

"찢어 죽이고 말려 죽일 거야!"

막장 드라마의 대명사라고 불리우는 〈아내의 유혹〉은 모든 것을 잃은 여성의 복수를 그렸다. 복수를 꿈꾸는 자극적인 연기와 대사가 화제가 되었다. 막장 드라마에는 자극적인 소재와 표현이 등장한다. 돈과 명예, 사랑을 억울하게 빼앗긴 사람의 복수는 시청자로 하여금 긴장감과 통쾌함을 느끼게 한다. 정의로운 주인공이 악당을 혼내주는 장면을 보면서 카타르시스를 느낀다. 이것을 '사이다', 또는 '핵 사이다'라고 말한다. 선이 악을 벌하는 이야기는 드라마나 영화의 단골 소재다. 이런 류의 스토리에는 몇 가지 공통점이 있다.

첫째, 주인공이 식겁한다. 1980년대 홍콩 무술영화는 주인공의 부모가 억울하게 죽는 이야기가 많았다. 주인공이 어렸을 때 악당이 찾아와 부모를 죽인다. 어린 주인공은 부모가 당하는 처참한 장면을 목격한다. 갑자기 부모를 잃은 아이는 구걸과 절도를 하며 생계를 이어나간다. 고통스럽고, 슬프고, 억울하다. 주인공은 언제나 식겁한다. 총을 맞아도 끄떡없고, 하늘을 날아오르고, 지하철을 들어올리고, 지구를 거꾸로 돌리는 막강한 힘을 갖춘 슈퍼맨도 위기를 겪는다. 악당은 어떻게든 주인공의 허점을 파고든다. 자신의 인맥을 이용해서 납치, 감금, 협박, 폭행, 조작을 일삼는다. 주인공은 그런 것에 휘둘리며 위기에 빠진다. 그런 과정을 지켜보는 관람객은 애잔한 연민을 느낀다.

둘째, 변화한다. 주인공의 긍정적인 변화는 최악의 상황을 겪은 후부터 시작된다. 이때 결단한다. "부모님의 원수를 갚겠어. 더 이상 이렇게 살 수 없어." 이때, 흰 수염을 늘어뜨린 노인이 나타난다.

"복수심에 불타올랐구나. 내가 도와줄까?"

어린 주인공은 노인을 무시한다.

"노인 주제에 어떻게 나를 돕겠다는 거죠?"

"어허, 말하는 거 보소. 나를 이길 수 있겠느냐?"

노인은 앉은 자리에서 한 손만 사용해서 소년을 제압한다. 알고 보니 그 노인은 재야의 고수였다.

"스승님으로 모시겠습니다. 제가 복수할 수 있도록 도와주세요."

소년은 스승을 따라 험준한 산을 오른다. 그때부터 지옥훈련이 시작된다.

셋째, 포기하지 않는다. 어려운 일을 당해도 포기하지 않고, 기회를 기다린다. 악당에게 붙잡혀 고문과 폭행을 당해도 주눅 들지 않는다. 무릎 꿇지 않는다. 이게 바로 기개요, 기세다. 주인공은 끝내 어려운 상황을 극복한다.

넷째, 주인공 곁에는 누군가 있다. 컴퓨터를 잘하는 사람, 기계를 잘 만드는 사람, 싸움을 잘하는 사람 등 다양한 사람이 같은 목적을 위해 손을 잡는다. 어려운 상황에서 떠나지 않는 사람이 옆에 한 명 이상 반드시 있다. 상황이 어려워질수록 주인공의 손을 더 세게 잡고 놓지 않는다. 그런 사람 덕분에 그들은 끝까지 포기하지 않는다.

다섯째, 해피엔딩으로 끝난다. 주인공은 끝내 악당을 무찌른다. 시종 일관 천하무적으로 악당을 물리치는 건 재미가 없다. 스타크래프트에서 치트키를 쓰면 재미가 없는 이치와 같다. 부딪히고, 갈등하고, 깨지면서 끝내 이겼을 때 재미가 있다. 인생도 드라마와 같다. 최악의 상황이 닥쳤을 때부터 삶은 드라마틱하게 흘러간다. 최악의 상황은 새롭게 변화할 수 있는 기회다. 위기와 고난의 추락 곡선이 최하점을 찍고 올라갈 때 카타르시스를 느낀다. 그러니, 최악의 상황은 좋은 것이다.

"모든 것을 다 잃었다."라는 말은 거짓말이다. 잠시 숨을 고르고 바라보면 모든 것을 다 잃었다는 말은 주관적이고, 극단적인 표현에 불과하다. 모든 것을 다 잃은 사람은 세상에 존재하지 않는다. 빚더미에 앉은 사람은 파산이나 개인 회생 등 국가 제도의 도움을 받을 수 있다. 교도소에 수감되어 있어도 나를 기다려주는 가족과 친구가 있을 수 있다. 조금만 생각의 방향을 돌려보면 최악의 상황이라 여겨지는 것도 모든 것을 다 잃은 것은 아니다. 최악의 상황이 아니라 조금 힘든 상황일 뿐이다. 이것은 내 의지와 노력으로 얼마든지 바꿀 수 있다. 좌절을 딛고 일어서는 감동적인 이야기의 주인공이 될 수 있는 기회다. 최악의 상황은 좋은 것이다. 더 이상 나빠지지 않을 것이기 때문이다. 이제 올라가는 일만 남았다. 최악의 상황은 우리를 단단하게 성장시켜 준다. 최악의 상황을 이겨내는 일은 힘들지만, 그렇게 습득된 것은 내 삶의 자양분이 되어준다. 최악의 상황은 우리에게 커다란 가르침을 준다.

"인생의 주인공은 나." 이런 말이 유행이다. 주인공처럼 살고 싶다면서 주인공이 겪는 시련은 싫다는 것은 망상이다. **주인공으로 살려면 주인공이 겪는 시련도 기꺼이 견뎌내야 한다.**

열버 💡 tip

① 주인공의 삶은 원래 힘들다.
② 힘든 삶이 싫다면 노예의 삶을 살면 된다.

포기의 미학

유튜브가 대세라는 말을 듣고 유튜브를 시작했다. 사무실 한 컨에 촬영 공간을 만들었다. 테이블과 조명, 카메라 받침대를 준비했다. 촬영을 하기 위해 대본도 썼다. 직업이 강사이다 보니 먹방, 게임, 정치를 주제로 할 수는 없었다. 자기계발, 동기부여를 주제로 몇 개의 영상을 촬영했다. 편집 프로그램을 구매해서 영상 자르기, 사진 삽입, 자막, 특수효과 등의 편집 기술을 습득했다. 심혈을 기울여서 몇 개의 영상을 완성했다. 이제 조회수와 구독자 수가 늘어 가기만 하면 되었다.

"제가 유튜브를 시작했어요. 구독과 좋아요 부탁드려요."

아는 사람들에게 링크를 보냈다. SNS에 유튜브 링크를 올렸다. 조회수는 거의 없었고, 구독자는 겨우 200명을 넘겼다. 영상의 콘텐츠를 정하고, 촬영과 편집, 업로드를 하는데 소모되는 시간과 에너지가 적지 않았다. 쏟아낸 열정에 비해 성과가 없으니 힘이 빠졌다. 무엇보다 촬영하고, 편집하는 과정이 즐겁지 않았다. 링크와 정보의 홍수 속에서 내가 만든 콘텐츠는 주목받지 못했다. 자극적이지 않았고, 재미도 없었다. 그런 영상을 업로드 해놓고, 조회수와 구독자수가 기하급수적으로 늘 거라고 기대했던 것은 망상이었다.

요즘 유튜브를 하는 사람들이 늘었다. 유튜브는 정말 블루 오션일까? 나는 레드오션이라고 생각한다. 이름만 대면 유명한 연예인, 스포츠 스타, 정치인도 유튜브를 하고 있다. 대기업은 물론이요, 방송국, 국가 기관도 채널을 운영하고 있다. 흥미를 일으키는 썸네일과 주제로 클릭을 유도하는 기술은 날이 갈수록 발전하고 있다. 평범한 개인이 그 안에서 조회수와 구독자를 늘려서 경제적인 수익을 거둔다는 것은 신기루일지도 모른다는 생각을 했다. 무엇보다 콘텐츠를 제작하는 과정에 소모되는 시간과 열정이 과도하다고 느꼈다. 내가 해야 하는 일과 취미와 여가 생활을 포기할 정도로 간절하지 않았다. 재미도 의미도 없었다. 하지 말아야 할 이유가 많았다. 그 시간에 다른 것을 하는 것이 낫다고 생각했다. 그날부로 유튜브를 포기했다.

프랑스의 영웅 나폴레옹은 "내 사전에 불가능은 없다."라는 말을 남겼다. 어떤 동기부여 강사는 "포기란 배추 셀 때만 쓰는 말입니다. 절대로 포기하지 마세요."라고 강조했다. 무슨 일이든 포기하지 않아야 한다는 말이다. 정말 불가능은 없는 것일까? 포기는 절대로 하면 안 되는 것일까? 불가능은 있다. 안 되는 건 안 된다.

포기해야 할 땐 과감하게 포기해야 한다.

① 포기는 소중한 일을 끝까지 하기 위해 쓸데없는 것을 하지 않는 것이다.
② 포기는 배추 셀 때 사용하는 단어가 맞다.

16 ─── 별거 아니다

군대 생활할 때 가장 힘든 훈련은 유격훈련이었다. 땅을 기고, 숨이 턱밑에 찰 때까지 거친 산등성이를 전력 질주로 이동한다. 쉴 틈 없이 이어지는 훈련으로 일과가 끝날 즈음에는 온 몸이 흙투성이가 되고, 입과 코에 흙이 가득 차 있다. 특전사, 해병대, UDT 등 특수 부대의 훈련에 비할 바 아니지만, 평범한 육군 장병에게 유격 훈련은 매우 부담스러운 훈련이다. 유격 훈련을 하는 시기는 무더운 여름이다. 가만히 있어도 숨을 쉬기 힘들 정도로 더운 여름에 가파른 산등성이 사이로 전력 질주를 한다. 뒤에서 적이 쫓아오고 있다는 상황에 대비한 훈련이기 때문이다. 그래서 산 속에서 장애물을 건너는 훈련을 반복한다. 온 몸이 천근만근 무거운 상태에서 외나무다리를 잽싸게 뛰어 건너야 한다. 로프를 손에 움켜쥐고 흙탕물로 가득 찬 개울을 뛰어 넘는다. 팔에 힘이 빠진 상태에서 줄을 놓쳐 빠지는 경우가 많다.

유격 훈련의 하이라이트는 행군이다. 장애물 통과, 산악구보, 가스실 체험 등 혹독한 훈련으로 지칠 대로 지친 상태로 휴식 없이 완전 군장을 매고 행군에 참여한다. 완전 군장은 개인이 언제 어디서든 숙식을 해결할 수 있는 물자가 담겨 있다. 기준 무게는 일반적으로 20kg 내외다. 개인천막, 모포, 침낭, 전투식량, 야전삽으로 배낭을 채운다. 휴대한 총기와 요대, 방독면 등 부수 장비와 물자까지 포함하면 40kg에 육박한다. 하룻밤을 꼬박 걷는다.

저녁 식사를 하고 출발해서 다음 날 새벽에 주둔지에 도착한다. 무거운 군장을 메고 몇 시간 걷다보면 물집이 생긴다. 한 걸음 한 걸음 걸을 때마다 발바닥에 구멍이라도 난 것처럼 고통스럽다. 다리가 아파서 못 걷는 장병은 구급차에 태우거나 전우의 부축을 받아서 걷는다. 잠시 쉬는 시간이 되면 배낭을 둘러맨 채 하늘을 보며 눕는다. 여기저기서 헉헉 거리는 숨소리가 고요한 밤 공기를 채운다. 갈증을 해소하기 위해 수통의 물을 마신다. 허리춤에 휴대하고 있던 수통 뚜껑을 여는 것조차 힘겹다.

"출발 5분 전!"

쉬는 시간이 끝났음을 알리는 지휘관의 호각소리와 구령이 야속하다. 잠시 쉬었다 일어날 때에는 몸이 더 말을 듣지 않는다. 온 몸에 힘이 다 빠진 듯 허우적거리며 몸을 일으켜 세운다. 밤새 걷다 보면 어느새 부대 간판이 보이기 시작한다.

"거의 다 왔다. 힘내자!"

행군 행렬의 어디선가 이런 외침이 들려오면 없던 힘이 생긴다. 위병소에 도착하면 주둔지에 대기하고 있던 군인 가족과 장병들이 환호와 박수를 보내준다. 다리를 절룩거리며 걸었던 고통의 시간이 눈 녹듯 스르르 사라지는 순간이다. 유격 훈련을 끝내고 돌아온 생활관은 천국이다. 평소에 힘들다고 여겼던 아침 점호와 구보가 즐겁게 느껴진다. 산꼭대기까지 전력 질주를 하지 않아도 된다는 사실이 꿈만 같다.

어린 시절에 슬레이트 지붕의 단칸방에서 세 식구가 생활했다. 지금은 모두 재개발 되어 사라졌지만, 서울시 동대문구 제기동의 허름한 동네에 위치한 우리 방은 보증금 50만 원에 월세가 5만 원이었다. 집 한 채에 다섯 세대가 모여 살았다. 슬레이트 지붕은 중간 중간 금이 가 있어서 비가 오면 빗물이 스며들었다. 장마철에는 곳곳에 곰팡이가 피었다. 주방이 따로 없어서 방문과 연결된 텃 마루에 놓인 곤로로 식사 준비를 했다. 마당에 놓인 공동 수돗가를 사용했다. 여러 세대가 사용할 수 있도록 빨간색 대형 대야가 놓여져 있다. 겨울에는 수돗가 바닥과 대야의 얼음을 망치로 제거했다. 텃 마루 아래에 파인 연탄아궁이로 난방을 했는데, 연탄불이 꺼졌는지 수시로 확인을 해야 했다. 행여나 연탄불이 꺼지면 착화탄으로 연탄에 불을 붙이는데, 꽤 번거롭다. 온수를 사용하기 위해 연탄아궁이 위에 물이 담긴 양동이를 올려놓는다. 그 물로 머리를 감고, 세수를 했다. 항상 물이 가득 차 있어야 한다. 온수를 사용한 만큼 찬 물을 채워놓아야 한다. 재래식 야외 화장실을 공동으로 사용했다. 출입문은 낡아서 안이 훤하게 보이고, 여름철에는 악취가 심했다. 화장실에 다녀오면 온 몸에 똥냄새가 배인다. 화장실 내부에는 발을 올려놓을 수 있는 두꺼운 합판이 설치되어 있다. 그 아래에 천길 만길 낭떠러지처럼 깊이 패인 통이 묻혀 있다. 볼일 보러 갔다가 담배, 라이터, 지갑, 동전, 책 등 소지품을 빠뜨리는 경우가 많았다. 나도 초등학생 때 만화책을 빠뜨려서 작대기로 꺼낸 적이 있다. 겉에 묻은 똥을 닦아 내고 물에 헹구고, 마당에서 말리다가 엄마한테 맞아 죽을 뻔했다. 겨울에는 똥탑이 만들어진다. 똥이 얼어붙어 탑을 이룬다고 해서 붙여진 이름이다. 똥탑을 방치하면 끝부분이 뾰족하게 올라와서 화장실 사용이 불가능해진다. 어른들이 힘을 합쳐 녹이거나 깼다. 20명 가까이 모여 사는 집에 그런 화장실이 한 개였다. 매일 아침저녁으로 줄을 서서 사용했다. 고등학교 3학년 때까지 그런 집을 전전하며 지냈다.

고등학교 3학년 때 공공 임대 아파트 입주자로 선정되어 의정부로 이사를 갔다. 아파트에서 살게 되는 것은 꿈같은 일이었다. 겨울에 연탄을 갈아 넣지 않아도 집이 따뜻했다. 자다가 연탄 불구멍을 조절하지 않아도 되고, 설거지를 하기 위해 쭈그려 앉지 않아도 되었다. 실내에서 우리 가족만 사용하는 화장실은 신세계였다. 11평 남짓 되는 작은 공간이었지만, 세상을 다 가진 것처럼 기뻤다.

화양리에서 알바 할 때 내가 했던 일은 호객행위였다. 그것은 불법이다. 구청, 경찰의 단속에 적발되면 체포된다. 첫날밤에는 파출소와 경찰서 유치장에서 대기한다. 다음 날 지방법원에서 즉결 심판을 받는다. 경찰의 손을 뿌리치고 도망치다가 수갑을 찬 적도 있다. 자주 가다보니 즉결 심판을 하는 판사도 내 얼굴과 이름을 알았다.

"이대성, 너 계속 이거 할 거야?"

"죄송합니다."

"이대성은 상습적으로 호객 행위를 반복하고 있네."

"죄송합니다, 판사님! 한번만 봐주세요."

"뭘 또 봐 주냐, 지난번에도 벌금형으로 구형해줬는데."

"……"

호객행위로 붙잡혀 가면 벌금형, 또는 구류형을 구형받는다. 벌금형은 돈을 내고 다시 일상으로 복귀할 수 있지만, 구류형을 받으면 곧바로 경찰서 유치장에 갇힌다. 즉결심판 받는 사람들은 벌금형을 기대한다. 내가 만났던 판사는 인자하고, 친절했다. 나의 말을 들어주고, 좋지 않은 일을 그만하라는 조언을 해줬다. 구류 기간 동안 경찰서 유치장에서 짠지와 꽁보리밥을 먹고 지낸다. 짠지는 단무지처럼 생겼는데, 소금에 절인 무다. 입에 넣는 순간 짜다는 맛밖에 느낄 수 없다. 꽁보리밥은 작은 양은 도시락에 담겨 있는데,

숟가락으로 뜰 수 없을 정도로 흩어져 있다. 보리밥에 물을 붓고 짠지 한 개와 함께 입에 털어 넣는 것이 식사다. 외부에서 사식을 구매해서 넣어주면 하얀 쌀밥과 김치, 계란 프라이, 콩자반 등의 반찬을 먹을 수 있다. 나는 구류 살면서 한 번도 사식을 먹어본 적이 없다. 대신 사식 먹는 사람이 나눠주는 쌀밥 한 숟가락, 손톱 크기만큼의 김치 한 조각, 계란 흰자 한 조각을 얻어먹었다. 손톱크기의 김치를 사등분해서 먹었던 기억이 있다. 유치장에서는 누우면 안 된다. 허리를 꼿꼿이 세워 앉아 있어야 한다. 물은 주전자에 담긴 수돗물을 먹었다. 그 물은 몇날 며칠 바꾸지 않아서 수면 위의 먼지를 제거하고 먹어야 했다. 공동 수도꼭지가 있지만, 대부분 세수나 양치질은 생략한다. 경찰서 유치장에 가면 낯익은 경찰들이 있었다.

"이대성, 너 또 왔어?"

"안녕하세요."

"이번에는 며칠 받았어?"

"7일이요."

"나이 먹고 맨날 잡혀 오고 그러냐, 그만 좀 와."

자주 들락거리니까, 경찰들과 인사도 주고받았다. 다섯 번째쯤부터는 유치장 안에서 누워 있어도 뭐라 하는 사람이 없었다. 짠지와 꽁보리밥도 처음보다는 먹을 만해졌다. 2년을 그렇게 지내다보니 유흥업소 생활에 적응이 되었다. 단속에 걸려도 예전처럼 도망가지 않았다.

요즘 나는 풍요롭고, 편리하고, 자유롭다. 억 단위로 사업 실패해 본 사람에게는 백만 원 단위의 사기 사건이 별일 아니라고 느낀다.

세게 당해본 사람은 안다.

지금 겪는 위기가 별 거 아니라는 사실을.

열버 tip

① 노인에게 물어보면 이구동성으로 말한다. "지나고 나면 별거 아니야."

② 시간이 지나면 지금 이 순간 힘들다고 여기는 것이 별거 아니라는 사실을 알게 된다.

17 어려운 운동

군인의 체력측정 과목은 팔굽혀펴기, 윗몸일으키기, 오래달리기다. 과거에는 턱걸이도 있었지만, 어느 순간인가 세 가지로 통일되었다. 위 세 가지는 군대 생활 20년 하는 동안 꾸준하게 해왔던 운동이다. 그래서 특별히 어렵다는 생각이 들지 않는다. 전역한 후 운동량이 부족하다 느껴서 새로운 운동을 시작했다. 턱걸이, 플랭크, 줄넘기가 그것이다. 집과 사무실에 턱걸이 기구를 설치했다. 문틀 사이에 봉을 위치시키고 돌려주면 고정되는 제품이었다. 야심차게 시작했지만, 쉽지 않았다. 첫 날, 봉을 잡고 몸을 올려 보려는데 올라가질 않았다. 한 개도 하지 못했다. 아내가 한 마디 했다.

"하나도 못하시네."

집과 사무실에서 시간이 날 때마다 봉에 매달렸다. 안간힘을 쓰며 끌어당겨도 내 몸을 봉 근처로 올리지 못했다. 그렇게 며칠이 지나자 팔과 어깨에 근육통이 생겼다. 움직일 때마다 뻐근했다. 손바닥은 벌겋게 달아오르더니 물집이 잡혔다. 기타를 처음 배울 때와 같은 현상이었다. 물집이 잡힌 손바닥으로 봉을 잡으니까 더 힘들고 아팠다.

'턱걸이 한 개, 반드시 한 개는 해보자.'

수시로 봉에 매달렸다. 사무실에서 업무하다가 쉴 때, 집에서는 식사 전에 매달렸다. 화장실 가면서 한 번, 흡연하러 나가면서 한 번. 그런 식으로 매일 5~6회 정도 매달리기를 반복했다. 손바닥 물집은 서서히 굳은살로 바뀌었다. 손바닥의 딱딱한 굳은살을 만질 때마다 턱걸이가 가능해질 것 같은 좋은 예감이 들었다. 그로부터 2주 후, 드디어 턱걸이 한 개를 성공했다. 지금은 3~5개는 어렵지 않게 할 수 있다.

새로운 일을 시작하면 누구나 힘들어한다. 안 하던 턱걸이를 시작하면 손바닥에 물집이 생기는 것처럼 공부든, 취미든, 운동이든 지금까지 해왔던 것을 꾸준하게 하는 것은 좋은 일이지만, 새로운 변화는 지금까지 해보지 않은 것을 했을 때부터 시작된다. <u>변화는 고통을 동반한다. 반복되는 고통 속에 굳은살이 생기고, 나중에는 익숙해지고 쉬워진다.</u> 나는 지금까지 해왔던 운동이 아니라 새로운 운동인 턱걸이를 하면서 몸과 마음의 변화가 시작되었다. 오늘도 턱걸이 운동을 한다. 앞으로 10개, 20개도 할 수 있지 않을까? 100개 이상 하게 될 때, 나는 또 다른 운동을 할지도 모른다. 변화가 필요하다면

열버 tip

① 새로운 것을 시작하면 누구나 힘들다. 힘든 시간을 견뎌내면 곧 굳은살이 생긴다.
② 어려운 운동이 몸을 변화시킨다.

박선미 (50대/여성/강사)

어떤 사람은 반복된 일상을 벗어나고 싶은 꿈을 꾸며 살아간다. 나 역시 그랬다. 16년간 중소기업의 회계를 맡아 일했다. 특별한 목적 없이 반복되는 업무를 하다 보니 점점 건조한 사람이 되어가는 것 같았다. 하루하루 쏟아지는 업무를 쳐내느라 다른 생각을 할 겨를도 없었다. 일상을 벗어 던지고 싶었지만, 용기를 내기 위해서는 시간이 필요했다. 16년을 하고 나니, 내 가슴을 뛰게 하는 일을 하고 싶었다. 타인에게 선한 영향력을 나누는 강사가 바로 그것이었다. 남편과 상의하고, 16년간의 직장생활을 마무리했다. 열정적으로 강의하는 동기부여 강사의 꿈은 그렇게 시작되었다. 하지만, 현실과 꿈은 차이가 컸다. 구체적인 준비 없이 시작한 강사라는 직업은 마치 남의 옷을 입은 듯 엉성했다. 말주변과 자신감은 없고, 무대공포증과 마이크 울렁증을 가진 내가 강사를 한다는 것은 내 인생 최대의 아이러니한 사건이었다.

그렇게 2년의 시간을 보냈다. 그 시간은 강사는 무조건 좋을 것이라는 환상을 깨는 시간이었다. 새로운 인간관계 속에서 상처받고 울고 싶을 때가 많았다. 2019년 봄이 올 무렵 이대성 강사를 만났다. 그가 진행하는 DRI열정리더십 교육에 등록하고, 독서포럼 〈나무〉에 참여했다. 열정적인 그의 모습이 인상적이었다. DRI열정리더십 교육은 신세계였다. 무대공포를 극복하고, 자신감을 회복시켜 말하는 능력을 향상 시켜주는 일반적인 리더십 교육과 달랐다. 특별히 이대성 강사는 강사로서 갖춰야 할 모든 것을 알게 해줬다. 그는 늘 이렇게 강조한다.

"기본기가 약하면 무너집니다. 기본을 갖추세요!"

나만의 강의안을 만드는 파워포인트, 능숙한 강의 스킬, 마음속 열정 등 모든 것은 기본기에서 비롯된다는 사실을 그를 만나면서 깨닫게 되었다.

20세기의 문맹은 읽기와 쓰기가 안 되어 지식의 양이 부족한 상태를 말한다. 21세기의 문맹은 배운 것, 아는 것을 실천하지 않는 사람, 제대로 다시 배울 능력이 없는 사람을 말한다고 한다. 나는 DRI열정리더십을 통해서 21세기의 열정 넘치는 강사로 제대로 배우고, 제대로 실천하는 강사로 성장하고 있다. 이 모든 것이 대성열정 아카데미의 이대성 강사와의 인연에서 시작되었다. 내 강사 생활의 모태를 만들어준 이대성 강사에게 감사드린다.

자존
Self-Respect

"진정한 성공은 자유와 존엄을 잃지 않는 것이다."

Summary

① 나만의 인생은 특별한 이념과 욕망에 고유한 나를 가두지 않는다.

② 스스로 만족하지 못하면 모든 것이 무의미하다.

③ 스무 살이 넘으면 자기 삶에 책임을 져야한다.

④ 명검은 뜨거운 용광로와 차가운 물을 많이 경험한 강철로 만들어진다.

⑤ 내가 가져야할 가치는 무엇인가?

⑥ 비교와 경쟁을 안 하겠다는 마음을 먹는 순간 자유로워진다.

⑦ 대다수의 사람들이 옳다고 믿는 방식이 옳지 않을 때도 있다.

⑧ 나다움을 잃지 않는 것이야말로 진정한 럭셔리다.

⑨ 내가 원하는 목적, 내가 원하는 뜻은 무엇인가?

⑩ 수천 년간 인정받은 것은 진리에 가깝다.

⑪ 이 세상에 완벽한 것은 없다.

⑫ 마음의 자유가 진정한 자유다.

⑬ 오른쪽 길에 사람들이 바글 거릴 때, 나는 왼쪽 길로 간다.

⑭ 현실에 충실해본 경험은 꿈을 이루는 자양분이다

① 나만의 인생

나는 개를 좋아한다. 꼬리를 흔들면서 반기는 모습을 보면 기분이 좋다. 개를 싫어하는 사람도 있다. 털 때문에 건강에 좋지 않다며 손사래를 치는 사람도 많고, 과거에 물렸던 경험이 있는 사람은 트라우마가 있어서 무의식적으로 거부감을 느낀다. 요즘에는 고양이를 키우는 사람도 많다. 반려동물의 종류와 품종은 매우 다양하고, 그들을 바라보는 인식도 사람마다 다르다. 내가 개를 좋아한다고 해서 모든 사람들이 개를 좋아해야 하는 것은 아니다.

나는 검정색과 빨강색을 좋아한다. 검정색은 카리스마와 품격을 표현하는 색이다. 정치 지도자나 기업의 CEO들이 검정색 정장과 검정색 세단을 타는 이유다. 장례식장의 엄숙한 분위기에 적절한 의상의 색은 검정색이다. 검정색은 어둠과 악을 의미할 때도 있다. 악당이 머무르는 곳은 어둡다. 깡패는 검정색 가죽점퍼와 검정색 가죽장갑을 낀다. 악마, 마녀들이 즐겨 입는 옷 색상은 검정색이다. 빨강색은 열정과 성과를 표현한다. 수렵과 채집 시대의 남성은 동물을 사냥할 때 보이는 붉은 핏빛을 보면 기뻐했고, 여성은 붉은 열매를 보면서 수확의 기쁨을 느꼈다. 핏빛은 때론 광기와 선동을 나타낸다. 혁명의 깃발은 늘 붉은 색이었다. 유대인을 학살한 나치의 깃발은 붉은 색이었다. 북한은 붉은 글씨가 쓰인 대형 간판을 사용하고 있다. 나는 본능적으로 검정색과 빨간색을 좋아한다. 사람마다 좋아하는 반려동물과 색상이 다르다. 이

외에도 취미와 재능, 성격도 제각각이다.

이 세상에 강아지를 좋아하면서 검정색과 빨간색을 좋아하고, 족구와 피파 온라인 4게임을 즐기고, 드라마와 영화를 좋아하고, 유흥업소 알바를 하고, 군대생활을 21년 하고, 키가 159cm이면서 강사라는 직업을 가진 남성은 몇이나 될까? 아마 단 한 명도 없을 것이다. 전 세계 70억이 넘는 사람 중에 나와 똑같은 사람은 존재하지 않는다. 지구상에 존재하는 모든 사람은 서로 다르다. 그러므로 너와 나, 우리가 각자 다른 태도와 방법으로 사는 것은 자연의 이치다.

2015년에 '강남 언니'라는 웹툰 한 장이 화제가 되었다. 그림에는 네 명의 여성과 한 명의 남성이 등장한다. 뒤로 보이는 건물 꼭대기에는 '강남콩 성형외과, 페이스 오프 전문 02-222-XXXX'라는 간판이 붙어 있다. 여성 네 명의 눈, 코, 입술, 턱선이 동일하다. 가름한 턱선, 큰 눈과 쌍커풀, 오똑한 코, 붉은 입술이 모두 동일하다. 중앙에 위치한 남성은 누가 누군지 모르겠다는 의아한 표정을 짓고 있다. 간판에 씌어진 '페이스 오프'는 '얼굴을 떼어 낸다'는 의미다. 원래 갖고 있던 얼굴을 떼어 내고, 다른 사람들과 똑같은 얼굴을 갖다 붙여 주겠다는 것이다. 시내에 가보면 면접 전문 스튜디오가 있다. 그곳에서는 면접을 위한 복장, 메이크업, 헤어스타일을 꾸며주고, 입사 지원서에 부착하는 반명함판 사진도 찍어준다. 가게 홍보를 위해 걸어놓은 현수막과 배너에는 샘플 사진이 부착되어 있다. 환하게 웃고 있는 남녀가 정장 차림을 하고 웃고 있다. 스튜디오 입구에 붙여놓은 사진의 주인공들 대부분 미남 미녀들이다. 표정과 복장도 비슷하다. 그런 사진을 보고 있으면 취업을 하려면 좋은 대학을 나오고, 잘생기고, 예뻐야 한다고 생각하게 된다.

대한민국의 다이어트와 성형 수술 시장은 세계 최대 규모다. 비대면 시대에 온라인 강의가 유행이라고 하니, 너도 나도 온라인 강의를 수강한다. 장사 마인드를 장착한 강사들은 온라인 강의 콘텐츠를 개발해서 판매하고 있다. 많은 사람들이 몰려든다. 배워본 사람들의 말에 의하면 삶을 변화시키는 데 큰 도움이 되는 것은 아니라고 했다. 한마디로 가성비가 떨어진다는 것이다. 변화의 시대에 적응해야 한다고 강조하면서 온라인 강의 개설하는 방법을 가르쳐주는 곳도 넘쳐난다. 네이버 블로그의 상단 노출을 위한 방법을 알려 주겠다고 홍보한다. 유튜버들은 너도 나도 좋아요와 댓글을 구걸한다. 주식과 가상 화폐 투자의 광풍이 불자 수많은 개미 투자자들이 몰린다. 그렇게 돈을 벌어서 비슷하게 생긴 외제차를 타고, 비슷한 명품 옷과 가방으로 치장하고, 비슷하게 생긴 고급 아파트에서 사는 것이 성공이라고 생각한다. 서로 다른 존재라고 말하면서 욕망은 다들 비슷해 보인다. 어차피 비슷하게 살고 있으면서 자신은 남다른 존재라고 믿고 싶어 한다.

"저는 거창한 삶을 욕심내지 않아요. 소확행이 좋아요.(소소하지만 확실한 행복)" 요즘 이런 말을 하는 사람들이 많다. 그들에게는 거창한 꿈과 목표는 필요하지 않아 보인다. 아무런 갈등도 시련도 없는 일상을 원하고, 어려운 과정을 겪는 것을 싫어한다. 소확행을 강조하는 사람은 평범한 일상 자체가 행복이라고 생각한다. '소확행'이란 말을 처음 만든 사람은 세계적인 베스트셀러 작가 무라카미 하루키다. 그의 작품은 50개 언어로 번역되고 몇 백만 부가 팔려나갔다. 그는 일반인이 아니라 세계적인 베스트셀러 작가다. 소확행은 특별하고, 남다른 철학을 갖고 자기 삶을 사는 사람이 만든 말이다. 남들이 만들어 놓은 말을 자신의 철학으로 착각하고 세상이 만들어 놓은 틀 안에서 안정된 삶을 추구하는 사람이 늘고 있다. 그들은 자신의 고유함과 존재 가치를 아는 것보다 단순한 소비가 삶의 전부라고 생각한다.

"나답게 살기"

누구나 나답게 살기를 꿈꾼다. 중장년층의 대부분은 과거의 후회와 미래의 두려움, 그리고 희망을 동시에 가슴에 안고 산다. 아이를 키우느라 바빠서, 공부하느라 바빠서, 일하느라 바빠서, 돈 버느라 바빠서, 노느라 바빠서 나다운 삶이 어떤 삶인지 생각할 겨를이 없었다. 이제야 삶에 관심을 갖고 이런저런 도전을 하는 사람이 많아지는 것은 좋은 현상이라고 생각한다. 청년들 중에는 특이한 화장과 패션으로 기존의 모든 문화에 저항하는 것이 나답게 사는 것이라고 착각한다. 그런 것만이 나답게 사는 것일까? 특이하고, 저항하는 사람일지라도 비슷한 사람이 점점 많아진다면 그것은 더 이상 나다운 삶이 아니다.

넓고, 환하고, 반짝이는 길, 사람들이 바글바글 모이는 길은 나만의 길이 아니다. 그 길을 가는 것이 악은 아니지만, 적어도 나답게 사는 길은 아닐 것이다. 나답게 산다는 것은 남과 다르게 사는 것이다. 남들과 비슷하게 생각하고, 행동한다면 나답게 살기를 포기한 것이다. **남들이 가지 않는 길을 가는 길이 나만의 길이다. 그 길은 좁고, 어둡다. 날카로운 가시가 돋아 있고, 수풀이 무성하다.** 그 길은 오로지 내 힘으로 개척해야만 걸을 수 있다. 나만의 인생은 소중하지만, 결코 쉬운 길은 아니다.

① 종교, 정치, 돈과 관련된 곳에 사람들이 많이 모인다.
② 나만의 인생은 특별한 이념과 욕망에 고유한 나를 가두지 않는다.

2

타인의 시선

꿈을 주제로 교육을 진행하면 꿈 리스트를 쓰게 한다. 갖고 싶은 것, 하고 싶은 일, 가고 싶은 곳, 되고 싶은 모습, 나누고 싶은 것 등을 적는다. 몇 명이 앞에서 발표를 한다. 마이크를 잡고 그들이 말하는 꿈은 대체적으로 이런 내용이다.

"외제차를 갖고 싶어요."

"뉴욕 타임즈 표지 인물이 되고 싶어요."

"TED 강연에 나가고 싶어요."

"5층짜리 빌딩을 갖고 싶어요."

"현금 100억을 갖고 싶어요."

발표가 끝나면 박수가 터져 나온다.

꿈을 발표하라고 하면 박수를 받을 만한 거창한 꿈을 말하는 경우가 많다. 나 역시 그랬다. 검정색 벤츠S클래스, 5층짜리 건물, 현금 100억을 갖고 싶다고 썼다. 꿈 리스트를 작성한지 7년이 지났지만, 그 꿈의 근처에도 가지 못했다. 5층짜리 빌딩보다, 현금 100억보다 당장 이번 달에 낼 사무실 임대료를 내는 것이 더 간절했다. 근사한 외제차보다 낡은 국산차의 오일 교체가 더 급했다.

"꿈이 없어요."

"바라는 것이 없어요."

"꿈도 없고, 바라는 것이 없는 저는 한심한 사람인가요?"

학생들이나 청년들은 내 강연을 듣고 이런 질문을 자주 한다. 그때마다 나는 이렇게 대답한다.

"원하는 것이 없다면 꿈 따위는 갖지 마세요. 바라는 거 없으면 그냥 그렇게 사세요."

꿈이나 목표를 가지는 것은 좋다. 꿈과 목표를 갖게 되면 진취적이고, 적극적인 삶으로 변화한다. 용기를 갖고 과감하게 도전한다. 그렇기 때문에 꿈을 갖는 것은 바람직한 일이다. 그럼에도 불구하고 모든 사람이 꿈을 갖는 것은 불가능하고, 그럴 필요도 없다. 그렇기 때문에 간절한 꿈을 향해 달려가는 사람보다 그냥 저냥 사는 사람이 더 많다. 나도 그중 한명이었다. 직업군인이었던 40세에 강사라는 꿈을 가졌다. 몸과 마음이 저절로 움직였다. 책을 읽고, 글을 쓰고, 교안을 만드는 일이 즐거웠다. 강의 현장에서 변화되는 사람들을 볼 때마다 가슴이 뛰었다. 강사가 되고 난 후 2년 만에 책을 쓰겠다는 목표를 세웠다. 매일 책상 앞에 앉아서 글을 썼다. 글을 쓰는 내내 설레었다. 강사가 되고, 책을 쓰는 것은 내 인생 최고의 꿈이고, 목표였다. 간절하게 원하는 꿈과 목표는 일상을 설레게 한다. 7년 전 꿈 리스트에 적었던 현금과 건물, 외제차는 다른 사람의 시선을 의식해서 쓴 것임을 알게 되었다.

타인의 시선과 평가를 과도하게 의식하는 선택을 하면 후회할 가능성이 높다. 삶의 중요한 갈림길에서는 스스로 선택하고, 그 선택으로 인해 생기는 일에 책임질 각오를 해야 한다. 그러니 가장 먼저 해야 할 일은 진정으로 간절하게 내가 원하는 것을 찾는 일이다. 간절하게 원하는 것을 찾으면 몸과 마음이 자연스럽게 움직인다. 그런 사람은 멋져 보이는 것이 아니라 그냥 멋있다. **멋진 사람은 스스로 멋지다고 느낀다.**

　20대에 몸짱이었던 적이 있었다. 군 교육기관에서 3개월 동안 교육을 받으면서 매일 운동을 했다. 새벽에 2시간, 저녁에 4시간동안 운동을 했다. 역기와 아령을 들었다. 윗몸일으키기 300개, 팔굽혀펴기 200개를 했다. 매일 연병장을 뛰고, 줄넘기를 했다. 그렇게 운동을 하니까 어깨가 벌어지고, 배에는 초콜릿 복근이 생겼다. 그 이후 4~5년 동안 피트니스 센터에 등록해서 운동을 했다. 축구, 족구 등 부대에서 운동을 할 때마다 상의를 벗었다. 다른 사람들의 시선을 받고, 그들의 부러움과 감탄사를 듣고 싶어 했다. 참으로 쓸데없는 욕망이었다. 그 시절 내가 했던 운동은 몸이 튼튼해졌다는 사실 외에는 별다른 의미가 없었다. 운동은 내 건강을 위한 것이지, 타인의 시선을 의식해서 하는 것이 아니다. **타인의 시선을 지나치게 의식하는 것은 시간 낭비, 열정 낭비다.**
　"성과를 내면 아무도 내게 뭐라 할 사람이 없습니다."
　성과를 내면 인정받고, 성과를 내지 못하면 무시당한다는 말이다. 어떤 일을 하는 사람이 그 분야에서 성과를 내는 것은 좋은 일이다. 성취감을 느낄 수 있고, 비슷한 일을 하는 사람들로부터 존경과 신뢰를 얻는다. 성과를 내기 위해 열정을 다하는 것은 바람직하다. 성과를 내는 것은 오로지 자신의 열정과 노력의 열매다. 내가 하는 일에서 열매를 맺기 위해 노력해야 한다. 하지만, 열매가 없다고 무시당할 일도 아니다.
　"성과를 내면 아무도 내게 뭐라 할 사람이 없습니다."라는 말 속에는 '나는 타인의 시선과 평가를 의식합니다.'라는 생각이 깔려 있다. 타인의 시선을 의식하지 않는 사람은 이런 말 자체를 하지 않는다. 오로지 자신의 욕망과 가치에 따라 살기 때문이다. 이래서 말과 삶을 일치시키는 일은 어렵다. 타인의 시선을 의식해서 성과를 내는 일은 늘 불안하다. 내가 이뤄낸 성취를 누군가 빼앗아 갈까봐 선선긍긍한다. 그런 사람은 행복할 수 없다. 타인의 시선과 평가를 별로 의식하지 않는 사람은 성과가 있건 없건 크게 상관하지 않는다. 그의 성과는 스스로 평가한다. 스스로 반성하고 결단한 사람은 열매를 맺기 위해 심기일전 할 것이고, 열매가 간절하지 않은 사람은 지금처럼 살 것이다. 그에 따른 책임을 지면 그만이다. 사람은 성과를 내기 위해 태어난 존재가 아니다.

직업 군인에서 동기부여 강사로 직업을 바꾼 뒤, 가장 시급하게 변화해야 할 것은 타인의 시선에서 자유로워지는 것이었다. 군 조직 특성상 지휘관과 상급자, 동료 전우들의 시선을 의식하며 살았다. 위로는 근무 평정, 아래로는 마음의 편지를 통해 내가 하는 언행이 평가 당했다. 조직 생활을 잘하는 사람은 타인의 시선을 의식할 줄 안다. 그들은 상급자에게 충성을 다하고, 아랫사람에게는 모범을 보인다.

"너는 누가 보면 군대생활 30년은 한 줄 알겠다."

희끗한 새치를 보며 선배 부사관들은 한마디씩 했다. 그런 말이 듣기 싫어서 한 달에 한 번 이상 검정색으로 염색을 했다. 새치가 나더라도 검정색으로 염색해야 한다는 생각은 습관이 되었다. 강사가 되고 난 후에도 그런 시선은 존재했다.

"강사님, 흰머리가 많으시네요. 염색 좀 하세요."

만나는 사람들 중에 이런 말을 하는 사람이 많았다. 염색은 일상적인 행사가 되었다. 늘 누군가의 시선과 평가를 의식하는 습관은 어릴 때부터 뿌리 깊게 자리 잡고 있었다. 민간인들도 군인 못지않게 타인을 평가하는 것에 익숙했다. 또한, 대부분 남의 시선을 의식하며 살고 있었다. 그런 생각이 마음을 불편하게 만든다는 사실을 깨달은 지 얼마 되지 않았다. 그때부터 염색을 멈추었다. 자연스럽게 만들어지는 신체의 변화를 있는 그대로 수용하기로 했다. 지금 나의 머리색은 하얀색이다.

많은 사람들이 SNS에 일상과 생각을 올린다. 좋아요와 댓글을 품앗이한다. '내가 달았으니, 너도 달아라. 네가 달아줬으니, 나도 달아 줄께.' 이런 마음을 가진 것처럼 느껴진다. 그런 행위가 최고의 소통인 양 SNS소통을 강조한다. 나 역시 그 것이 좋은 것이라 여길 때가 있었다. 하루에 적게는 수십 개, 많게는 수백 개의 댓글을 달았다. 몇 년 동안 그렇게 하다 보니 에너지 낭비라는 생각이 들었다. 내 일상과 생각, 성과를 올리는 것은 표현의 욕망을 채우는 일이다. 사람은 누구나 자신을 표현하고 싶은 본능적인 욕망을 갖고 있고, SNS는 그것을 채워주는 역할을 할 수 있다. 하지만, 댓글과 좋아요에 기분이 좌지우지되는 것이 싫었다. 또한, SNS가 개인의 표현과 소통의 차원을 넘어 정치, 경제, 사회적인 영향력을 가진 사람들의 선동과 소비를 유도하는 광고의 장으로 변질되어 있다는 생각도 들었다. 그때부터 시간을 짜내어 SNS를 하지는 않는다. 요즘에는 업무상 필요할 경우에만 가끔 한다.

취업 준비생이나 신입사원을 대상으로 교육을 가면 '일 잘하는 사람'보다 '올바른 인성을 갖춘 사람'이 되어야 한다고 강조한다. 일만 잘하는 사람은 조직의 단결력과 사기를 저하시킬 가능성이 있지만, 올바른 인성을 갖춘 사람은 조직의 화합에 도움이 된다. 일은 성실성과 책임감, 끈기를 갖고 임하면 보통 이상은 할 수 있다. 직업을 갖기 전에 스스로 생각하기에 좋은 사람이 되어야 한다. 너무 많은 시간을 일에 파묻혀 지내면 자기 성장과 성찰의 시간을 가질 수 없다. 좋은 강사는 강의를 많이 하는 사람이 아니라 좋은 삶을 사는 사람이다. 그 사실을 알게 된 후, 성과에 대한 강박관념으로부터 자유롭게 되었다. 강의 일정이 빡빡하면 빡빡한 대로 좋고, 일정이 없으면 충전의 시간을 가질 수 있으니 좋은 것이라는 생각을 하게 되었다. **내 삶을 더 이상 타인의 시선과 평가가 좌지우지하게 두어서는 안 된다.**

열버 tip

① 바쁜 것은 자랑이 아니다.

② 스스로 만족하지 못하면 모든 것이 무의미하다.

③ 셀프 라이프

어떤 초등학생의 영어 답안지다.

초등학교영어문제

문제-1 : 사과를 영어로 쓰시오.   답:apple

문제-2 : 사자를 영어로 쓰시오.   답:lion

문제-3 : 물은 영어로 뭐라고 쓰나요? 답:self

"물은 셀프입니다."

분식점이나 식당에 가면 가끔씩 보는 안내 문구다. 식당을 찾는 손님 중에 물이 필요 없는 사람도 있다. 물을 미리 마시고 식사를 하면 건강에 좋지 않다는 말을 믿는 사람들은 식전에 물을 마시지 않는다. 식후에도 물을 마시지 않는 사람이 있다. 그런 사람들에게까지 물을 갖다주는 것은 불필요할 수도 있다. 물을 마시고 싶으면 스스로 가져다 먹으라는 이야기다. 한마디로 알아서 하라는 거다.

중학교 3학년 때 고등학교 진학 문제로 고민이 많았다. 내가 선택할 수 있는 학교는 세 곳이었다. 기술을 배워서 공장에 취업하는 공업고등학교, 행정을 배워서 사무직으로 취업할 수 있는 상업고등학교, 대학을 가기 위해서 진학하는 인문계 고등학교였다. 어머니는 생계를 잇는 일에 매진하느라 내 성적에 관심이 없었다. 초등학교 때부터 숙제와 시험을 스스로 해결했다. 숙제를 안 하거나 준비물을 못 챙기면 선생님한테 꾸중을 들었다. 회초리로 손바닥을 맞고, 교실의 뒤쪽에서 손을 들고 서 있었다. 그런 게 싫어서 스스로 숙제와 준비물을 챙겼다. 고등학교 진로에 대해 조언을 해주는 어른은 세 부류였다. 교회 목사, 큰아버지, 담임 교사였다.

어느 날, 목사가 교회 승합차에 나를 태웠다.

"대성아, 목사님과 함께 가볼 곳이 있다. 타라."

엉겁결에 승합차에 올라탔다. 네다섯 시간을 달려 도착한 곳은 경상남도의 한적한 시골이었다. 주차를 하고, 뒷산 언덕으로 올라갔다. 우리는 풀밭에 나란히 앉았다. 작은 마을이 한 눈에 들어왔다. 기와집과 초가집이 보였고, 중간 중간에 논과 밭이 있었다. 식사 준비를 하는 집에서는 굴뚝에서 연기가 모락모락 피어올랐다. 잠시 침묵이 흘렀다.

"대성아, 이곳이 목사님이 태어난 곳이다. 시골에서 태어나 목사가 될 거라고 생각지도 못했다. 사람은 어떻게 될지 아무도 모르는 거야."

그는 시골에서 태어났지만, 목사가 될 수 있었던 것은 운명이었다고 말했다.

"너는 하나님의 은혜로 이렇게 성장했다. 하나님의 일을 하는 것이 너의 소명이야."

목사는 내게 반드시 인문계에 진학해서 신학대학교에 가야 한다고 힘주어 말했다.

"저희 집 형편이 어려워서 대학을 간다 해도 등록금을 감당할 수 없어요. 당장 취업을 해야 할 것 같아요."

"그건 그때 가서 고민해도 된다. 어떻게든 해결될 거야. 인문계에 꼭 가라."

목사의 태도는 강경했다. 서울로 올라오는 승합차 안에서 나의 잠재력과 끼를 높게 평가한다며 반드시 인문계 고등학교에 진학하라고 강조했다.

서울예술고등학교에서 근무했던 큰아버지는 초등학교부터 고등학교까지 내 성적에 유일하게 관심을 가졌다. 성적뿐 아니라 체육복과 교복 구매비, 등록금, 교재비 등을 지원해줬다. 그는 나의 재능과 이상, 자아실현과 삶의 가치보다는 현실을 직시하라고 말했다.

"기술을 배워야 한다. 기술을 안 배우면 먹고 살기 힘들다. 공부는 나중에 해도 된다. 이상을 좇지 마라, 현실적으로 네가 할 일은 취직하는 거다."

당시 내 삶에 가장 큰 영향을 미쳤던 큰아버지의 조언을 귀담아 듣지 않을 수 없었다.

세 번째로 내 진학에 관심을 가졌던 어른은 담임교사였다. "너는 키가 작고, 왜소하니까, 육체노동보다 사무직이 좋겠다. 성적도 받쳐 주니까, 덕수상고에 진학하는 건 어떨까?"

담임선생님은 상업계 고등학교에 진학해서 사무직에 취업하는 것을 추천했다. 목사님, 큰아버지, 담임선생님 모두 그 당시 나에게 큰 영향을 미쳤던 어른들이었기 때문에 모두 옳은 말 같았다. 몇 개월간 갈등을 했다. 생계가 중요하니까 공업계 아니면 상업계를 가는 것으로 가닥을 잡았다. 최종적으로 결정해야 할 날을 하루 앞둔 날, 늦은 밤 귀가한 어머니에게 목사, 큰아버지, 담임교사가 해준 말을 모두 설명 드리고, 여쭈었다.

"엄마, 나 어떤 고등학교에 가면 좋겠어요?"

늘 그래왔듯이 어머니는 이렇게 말씀하셨다.

"내가 뭘 아냐, **네가 알아서 해.**"

어머니의 말대로 내가 선택해서 간 곳이 덕수상업고등학교다. 그곳에서 주산, 부기, 타자 등을 배웠다. 하지만, 자격증을 하나도 취득하지 못해서 취업에 실패했다. 그 당시 명문이었던 덕수상고에 다녔다는 이유로 군 입대시 보급병이 될 수 있었고, 보급관이라는 직책으로 군대 생활을 20년 할 수 있었다. 뒤돌아보면 고등학교 진학할 때 했던 내 선택이 지금의 내가 되었다. 목사가 말한 대로 인문계에 진학했다면 정말 목사가 될 수 있었을까? 큰아버지가 시키는 대로 공고에 갔다면 어떻게 살고 있었을까?

인생은 선택의 연속이다. **이 세상에 완벽한 선택은 없다.** 모든 선택에 대한 책임은 내가 지는 것이다. 이 세상에 내 삶을 책임져 주는 사람은 아무도 없다. 부모조차 내 삶을 책임지는 존재가 아니다. 좋은 부모는 자녀가 성인이 되는 순간부터 모든 것은 스스로 책임질 수 있는 사람으로 성장시킨다. 어른이 되고 나서도 자기 삶을 책임지지 못해서 모든 선택을 부모와 상의하는 것은 바람직하지 못하다. 비루한 사람은 타인에게 자기 삶의 일부를 위탁하는 사람이다. 그런 사람은 삶의 주체가 되지 못한다. 삶의 주체자는 성공과 실패 모두를 수용하는 사람이다. 내 삶은 나만의 것이기 때문이다. **좋은 사람이 되기 위해서는 선택에 책임지는 사람이 되어야 한다.**

"물은 셀프입니다."

"인생도 셀프입니다."

① 스무 살이 넘으면 자기 삶에 책임을 져야한다.

② 아내는 나의 충고와 조언에 늘 이렇게 말한다. "내가 알아서 합니다."

4 넘나드는 삶

자기계발을 하는 사람들은 TV는 시간을 잡아먹는 기기이며, 스마트폰에 빠져서 사는 사람들이 많아진 것은 심각한 사회현상이라고 말한다. 그들은 대부분 금연과 금주를 강조한다. 담배를 피우고, 술을 마시는 것은 자기 절제가 안되기 때문이라고 말한다. 바람직한 습관은 매일 독서를 하고, 시간 계획을 세워서 사는 것이라고 말한다. 그랬을 때에만 좋은 인생을 만들 수 있다고 강조한다. 정말 그런 것일까? 내가 진행하는 독서모임에는 담배를 피우는 사람이 몇 명 있다. 그들과 나는 모임이 시작되거나 끝날 즈음에 함께 흡연을 한다. 독서모임이 끝난 후 흡연을 하고 있으면 어떤 분은 놀란다.

"독서하시는 분이 담배를 피우세요? 강사님도 담배를 피우셨어요?"

가끔 충고하는 사람도 있다.

"요즘에도 담배 피는 사람이 있어요? 강사는 담배 피면 안 됩니다."

이런 말을 하면서 흡연을 안 좋게 보는 사람들이 있다. 담배 피우는 행위는 범죄 행위가 아니다. 한국 전쟁 당시 인천 상륙 작전을 지휘한 미국의 맥아더 장군은 애연가였다. 담뱃대를 물고 있는 사진은 유명하다. 영국의 전설적인 리더 윈스턴 처칠은 시가를 물고 다녔다. 박정희, 전두환, 노무현 등 역대 대통령 중에도 애연가가 있었다. 담배는 개인의 건강을 위한 선택 사항이지, 훌륭한 사람의 기준은 아니다. 사람이 모인 곳이나 실내에서 자제하고, 꽁초와 냄새를 관리하는 등의 흡연 에티켓을 지킨다면 아무 문제 될것이 없다.

나는 컴퓨터로 하는 축구게임을 즐긴다. 현역 선수들의 움직임과 외모를 최대한 비슷하게 만든 캐릭터를 내 손으로 조작해서 축구경기를 한다는 것은 즐거운 놀이나. 할 때마다 레벨이 올라가고, 게임 머니를 모아서 새로운 선수를 구매하거나, 보유하고 있는 선수들을 업그레이드 시키는 것도 흥미진진하다. 온라인상에서 만난 낯선 사람과 대화를 주고받으며 한판 승부를 벌이는 것은 설레임을 느끼게 해준다. 나에겐 글 쓰는 시간, 책 읽는 시간, 운동하는 시간 못지않게 게임을 즐기는 시간도 소중하다. 그러나 독서하는 사람들은 PC방에서 시간을 허비하는 청년들의 모습을 안타까워한다.

'저럴 시간에 책을 읽으면 얼마나 좋을까?'

'저렇게 놀다가 뭐해 먹고 살려고 하나?'

옳은 말이다. PC방에서 허구한 날 게임만 하고 앉아 있으면 시간낭비다. 아무 생각 없이 청춘을 낭비하면 언젠가 후회하는 날이 반드시 온다. 그렇다고 해서 PC방에서 노는 청소년과 청년들이 모두 아무 생각 없이 산다고 생각하는 것도 모순이다. PC방에서 친구들과 즐겁게 노는 것을 즐기지 못하는 독서광의 삶도 완벽하다고 말할 수 없다.

특별한 일정이 없으면 아내와 드라마나 영화를 감상한다. 강의가 없는 날은 물론이요, 강의가 있는 날에도 특별히 바쁘지 않다면 챙겨서 본다. 드라마와 영화는 작가, 연출자, 출연자들이 함께 만들어낸 종합 예술이다. 잘 만들어진 작품은 스토리, 음악, 메시지, 즐거움, 흥미, 사색, 철학, 일상, 기쁨, 슬픔 등 우리가 느끼고, 배워야 할 모든 것이 포함되어 있다고 해도 과언이 아닐 정도로 훌륭하다. 주인공과 함께 웃고, 울다보면 특별한 카타르시스를 느낄 수 있다. 또한, 간접 경험을 통해 삶의 태도와 철학을 배울 수 있다. 주인공으로부터 고통과 시련, 슬픔과 절망에 맞서 이겨내는 태도를 배운다. 연기에 몰입하면 어느새 그 감정을 옆에 있는 사람과 함께 공유한다. 음악마저 깔리면 감동은 배가 된다. 그런 시간이 우리 부부를 더 끈끈하게 연결해 준다. 우리 집 거실에는 대형 TV와 5.1채널 홈시어터가 연결되어 있다. 매일 밤 드라마와 영화를 감상하는 시간은 우리 부부에게 소중한 시간이다. 뮤지컬, 연극은 직접 볼 수 있다는 장점이 있지만, 비용과 장소 면에서 제한이 있다. 영화나 드라마는 조금만 관심을 가지면 적은 비용으로 집에서 볼 수 있다. 비교적 짧은 시간에 웃고, 울고, 감동을 느낄 수 있다는 장점이 있다.

독서 강사 교육을 받을 때, '거실의 서재화'라는 말을 들었다. 거실을 서재로 만들라는 말이다. 환경을 바꿔버리면 습관도 바뀐다고 했다. 독서가 인생의 전부라고 생각하는 사람, 변화가 간절한 사람이라면 거실을 서재로 만들면 효과가 있다. 나도 교육 받을 당시에는 군 아파트 거실을 서재로 만들었다. TV는 베란다로 치우고, 거실에 책상과 책장을 설치했다. 매일 퇴근해서 책을 읽었다. 그렇게 4년을 지냈다. 간절하면 저절로 하게 된다. 지금 나는 거실에서 드라마와 영화를 본다. 거실은 우리 가족의 극장이요, 휴식처요, 소통의 공간이다.

이분법 사고로부터 벗어나야 창의적이고, 주도적인 삶을 살 수 있다. 흑과 백, 선과 악, 정의와 불의, 성실과 게으름, 성공과 실패, 남과 여, 보수와 진보, 천국과 지옥처럼 두 가지로 나누어 생각하는 것을 이분법적 사고라고 말한다. 흑과 백 사이에는 빨강, 노랑, 파랑 등 다양한 색상이 존재한다. 보수와 진보 사이에는 중도가 존재한다. 성실한 것은 좋은 것이고, 게으른 것은 무조건 나쁜 것일까? 성실하게 살았던 사람 중에 불행한 사람도 있고, 게으르게 살아도 만족하는 경우도 있다. 성공과 실패 사이에는 과정이 있다. 실패 앞에서 좌절하고 포기하는 이유는 그 것이 과정이라는 것을 인식하지 못하기 때문이다. 이 세상에 고통과 시련, 실패와 절망이라는 과정 없이 이루어진 성취는 없다. 책을 읽고, 글을 쓰는 것만 훌륭한 것은 아니다. 친구들과 노래방에서 목이 터져라 노래를 부르고, 술 잔을 기울이며 속 깊은 대화를 하는 것도 필요하다. 취한 상태에서 긴장을 풀고 콧노래를 부르는 순간을 즐길 수 있어야 한다. 파란 하늘 아래 숲이 우거진 산에 오르며 온 몸에 땀을 흠뻑 흘려 보는 시간도 소중하다.

경험은 어떤 것이라도 쓸모가 있다. 좋지 않은 경험을 통해 반성과 성찰의 시간을 가질 수 있고, 좋은 경험을 통해 성취감과 보람 같은 긍정적인 감정을 느낄 수 있다. 법률적인 문제로 괴로워해본 사람은 교도소에 수감 중인 제소자들과 소통을 잘할 수 있다. 비슷한 문제로 고민했던 경험을 공유할 수 있기 때문이다. PC방에서 밤새도록 게임을 해본 경험이 있는 사람은 청소년들의 마음을 이해할 수 있다. 학생의 마음으로 돌아갈 수 있어야 그들에게 꿈과 희망, 열정을 말할 수 있다. 결혼해서 아이를 낳아본 사람은 육아의 고달픔을 알고, 이혼을 해 본 사람은 이혼 문제로 고민하는 사람에게 조언을 해줄 수 있다. CEO, 강사, 리더, 작가, 교수, 종교인 등 **다른 사람에게 영향력을 전하는 사람일수록 넘나드는 삶을 살 수 있어야 한다.**

열버 tip

① 명검은 뜨거운 용광로와 차가운 물을 많이 경험한 강철로 만들어진다.
② 강사나 리더라면 평점 높은 드라마와 영화는 수시로 봐야 한다.

5

식용유 정신

어릴 때부터 계란프라이는 최고의 반찬이었다. 우리 집 냉장고에는 1년 365일 계란이 있다. 집에서 식사할 때 계란 프라이가 빠진 적이 거의 없다. 덕분에 계란이 스스로 알을 깨고 나오면 병아리가 되고, 외부 충격에 의해 깨지면 계란프라이가 된다는 말을 매일 깨닫는다. 식사가 끝나면 설거지를 한다. 설거지를 하기 위해서는 주방세제와 수세미, 그리고 물이 필요하다. 싱크대 수도꼭지에서 쏟아지는 물에 그릇의 이물질을 제거한다. 수세미에 적당한 양의 세제를 묻혀서 문지르고 헹궈낸다. 어지간한 그릇은 그렇게 하면 되지만 기름기가 남아 있는 프라이팬은 그렇게 하면 곤란하다. 프라이팬에 남아 있는 기름 때문이다. 기름을 싱크대 하수구로 내려 보내고, 수세미로 박박 문지르는 것만으로는 기름을 제거하기 어렵다. 기름은 물과 섞이지 않기 때문이다. 기름이 묻은 그릇은 휴지로 기름기를 닦아낸 후 설거지를 해야 한다. 유조선에서 기름이 유출되어 바다가 오염된 적이 있었다. 많은 사람들이 천과 종이 뭉치를 들고 갯벌에 자리 잡은 기름을 제거하기 위해 모였다. 깊고 넓은 바다. 세상의 그 어떤 액체도 받아주고 스스로 정화하는 바다도 정화시키기 힘든 것이 기름이다. 기름은 바다와 만나도 그 위에서 존재감을 과시한다. 기름은 어디서나 물과 섞이지 않는 자기 존재감을 과시한다. 기름은 결코 물과 타협하지 않는다. 기름은 물과 다른 존재다. 억지로 물이 되려고 애쓰지 않는다. 기름은 기름으로 존재할 뿐이다.

　타이어가 펑크 나면 운행하던 차량은 중심을 잃고, 멈춰 선다. 더 이상 운행이 불가능하다. 보험회사에 연락해서 견인해야 한다. 자동차는 바퀴 네 개가 동시에 존재해야 중심을 잡는다. 타이어 공기압을 수시로 체크해야 하고, 해마다 타이어 마모 상태도 점검해야 하는 이유는 차량의 중심을 제대로 잡기 위함이다. 사람도 차도 중심을 잘 잡아야 쓰러지지 않는다. 중심을 잘 잡는 사람은 어떤 상황에서도 쓰러지지 않는다.

　누구나 행복할 수 있다. 뭔가를 해내면 성취감을 느끼지만, 행복은 성취감과 동의어는 아니다. 인간의 행복에 대한 욕망은 동서고금을 막론하고, 인문학의 핵심 주제였다. 행복의 대상은 '누구나'다. 특별한 누군가가 아니라, 누구나다. 누구나 행복할 수 있다는 것이다. 참으로 충격적인 진리다. 누구나 행복할 수 있다고 하는데, 주변을 돌아보면 행복한 사람은 그다지 많아 보이지 않는다. 도대체 행복은 어떻게 얻을 수 있을까?

　튤립 한 송이가 유럽에서 집 한 채 가격에 팔린 적이 있다. 후추를 보유한 나라가 무역 강대국이었던 적도 있었다. 튤립은 동네 꽃집에 가면 몇 천 원이면 살 수 있고, 후추는 마트나 편의점에서 쉽게 구할 수 있다. 모든 것은 시간이 지나면서 변화한다. 식품은 유통 기한이 있고, 가전제품은 사용하다 보면 고장이 나거나 마모된다. 영원한 것은 없다. 당대에 소중하다고 여겨지는 것이 얼마 지나지 않아 별 볼일 없어지는 것들은 셀 수 없이 많다.

　시간이 지나도 변함없이 소중하다고 여겨지는 것이 있다. 가치다. 행복은 가치의 진정한 추구로 가능해진다. 잘산다는 것은 가치 있는 사람이 된다는 것을 의미한다. 용기, 자존, 희망, 사랑 등이 그런 것이다. 가치에 대해서 강조하는 사람들이 있지만, 현실에서는 쉽게 찾아보기 힘들다. 대부분 성장과 성과, 성공을 이야기한다. 단기간 고수익을 노리는 투자 설명회에는 인산인해를 이룬다. 책을 써서 팔자를 고쳐 보겠다는 사람들이 책 쓰기 강좌에 줄을 선다. 자본주의 시대에 돈은 필요하지만, 삶의 전부는 아니다. 가치는 돈과 상관이 없다. 누구나 가질 수 있고, 누구나 가져야 하는 것이다.

어딜 가나 존재감을 강하게 드러내는 사람이 있다. 아우라가 느껴지고, 한번 보면 잊혀지지 않는다. 어디서 많이 본 것 같은 느낌이 들 때도 있다. 이런 사람을 '개성 있다', '매력적이다'라고 표현한다. 화려한 의상과 늘씬한 몸매와 다른 문제다. 그들에게는 선명한 삶의 지향점과 철학이 있다. 삶에서 소중하게 여기는 것을 갖고 있다. 그런 사람은 어려움과 유혹 앞에 흔들리지 않는 용기와 신념을 갖고 있다. 그런 사람의 마음은 돈, 명예, 권력, 쾌락 같은 것으로는 얻을 수 없다. 힘들고, 고단한 일상에서 힘이 되어주고, 흔들리지 않도록 도와주는 것, 원하는 것을 얻을 때까지 포기하지 않도록 마음을 붙잡아 주는 중심은 무엇일까? 이런 질문에 대한 답을 죄다 모아서 정리해 보면 삶의 중심과 방향이 보이기 시작한다. 그렇게 해서 만들어진 것이 DRI 가치다.

구분	영문	이니셜	요점	핵심 가치
꿈	Dream	D	나다운 삶	용기, 자신감, 표현, 꿈, 웃음, 단순, 경청, 용서
존중	Respect	R	존중	도전, 자존감, 신뢰, 사명과 비전, 유머, 성실, 감사, 자유
재미	Interest	I	재미	희망, 열정, 인간관계, 목표, 재미, 집중, 배려, 사랑

DRI열정리더십 교육은 자기계발서와 인문고전에서 강조하는 가치에 대

해서 사색하고 말하는 연습이다. 가치와 철학에 대해서 생각하다 보면 에너지가 충전된다. 삶의 중심이 견고해진다. 모든 것을 잃은 것 같은 절망적인 상황에서도 다시 일어설 수 있는 힘을 갖게 된다. DRI가치는 결정적인 순간에 내 선택의 기준점이다. 기름이 물과 절대 섞이지 않듯이 옳다고 생각하는 일을 함에 있어 주저함을 갖지 않도록 도와준다. DRI가치에 대한 공부는 내 삶의 전부가 되었다.

열버 tip

① 내가 가져야 할 가치는 무엇인가?
② 왜 그것이 가장 중요하게 여겨졌는가?

6 ── **게임의 법칙**

어릴 때부터 딱지치기, 구슬치기, 다방구, 오징어 게임, 술래잡기, 끝말잇기 등 다양한 게임을 즐기며 성장했다. 최근에는 보드 게임, PC, 스마트폰 등 다양한 게임이 개발되었고, 많은 학생들이 집과 PC방에서 게임을 즐긴다. 대중교통을 이용하거나 누군가를 기다릴 때에 스마트폰으로 게임을 즐기는 사람들을 쉽게 볼 수 있다.

미국은 게임을 좋아하고, 유럽은 스포츠를 좋아한다는 말이 있다. 미국의 대표적인 게임이 야구고, 유럽의 대표적인 스포츠가 축구다. 미국은 야구를 좋아하고, 유럽은 축구를 좋아한다. 야구에 비해 축구는 수 싸움이 별로 없다. 그라운드에 들어가면 선수들의 개인기와 조직력에 의해 승부가 갈라진다. 물론 심판의 판정, 골대 운, 선수의 감정 기복에 의한 우발적인 상황도 발생되지만, 축구는 야구보다 덜 게임스럽다. 축구 선수 중에는 배나온 사람이 별로 없지만, 야구선수 중에는 배가 나온 사람도 꽤 많다. 축구는 30대 중반이 지나면 은퇴해야 한다. 그라운드를 뛰어다니기 어렵기 때문이다. 축구에 비해 야구는 덜 움직이기 때문에 40세가 넘어도 현역 선수로 뛰는 경우가 있다.

야구의 인기는 미국을 포함한 아메리카 대륙의 국가들과 대한민국, 일본, 대만, 이스라엘 등 미국의 영향을 받은 국가에서 뜨겁다. 야구 감독은 게임

중에 선글라스를 끼는 경우가 많다. 눈을 보여주지 않으려는 것이다. 내가 어떤 생각을 하는지 상대팀에게 노출하지 않기 위해 선글라스를 끼고, 암호 같은 손짓으로 사인을 보낸다. 야구처럼 감독의 전술이 실시간 반영되는 스포츠도 드물다.

'번트를 대라.'

'상대팀이 번트를 대려고 한다. 수비 라인을 앞으로 당겨라.'

'투수의 구위가 약해졌다. 강공으로 나가라.'

'강공으로 나갈지 모른다. 유인구를 던져라.'

'기다려라, 볼넷으로 출루해라.'

'볼넷을 노리는 것 같다. 스트라이크를 던져라.'

'몸 쪽 공에 취약한 타자다. 몸 쪽으로 바짝 붙여서 던져라.'

'몸 쪽을 공략할 것이다. 바짝 붙어서 몸에 맞는 볼을 노려라.'

'타자의 파워가 약하다. 수비 라인을 앞으로 당겨라.'

'수비 라인을 당겼다. 힘껏 휘둘러라.'

'이번 타자는 홈런 타자다. 그냥 걸러라.'

'대타를 내보내라.'

'상대팀이 대타를 내보낸다. 우리는 투수를 바꾼다.'

야구는 감독과 선수들의 치열한 '게임'이다. 투수는 공을 던지기만 하는 사람이 아니다. 선발 투수로 출전하는 날이 결정되면, 분석이 시작된다. 상대팀 타자들의 성향을 수첩에 빼곡하게 기록한다. 상대 팀의 경기를 관전하면서 타자들의 일거수일투족을 적는다. 어떤 볼에 방망이를 휘두르는지, 어떤 볼을 기다리는지, 어떤 볼에 강하고, 어떤 볼에 약한지 등을 빠짐없이 기록한다. 프로야구 투수에게 수첩과 펜은 필수품이다. 프로야구 투수로 활동

했던 사람으로부터 직접 들은 이야기다.

게임에 대해서 생각하다가 네 가지의 특징을 발견했다.

첫째, 상대가 있다. 테니스, 골프, 야구, 축구 심지어 딱지치기까지 상대가 있어야 게임이 성립된다. 친구들과 함께 즐기는 PC방은 물론이요, 집에서 혼자 하는 PC게임에서도 상대가 있다. 스마트폰으로 하는 고스톱 게임에도 상대가 있다. 모든 게임은 경쟁하는 상대가 있다.

둘째, 이기기 위해서 한다. 지기 위해 게임을 하는 사람은 없다. 누구나 게임에서 이기고 싶어 한다.

셋째, 규칙이 있다. 야구에서는 투수가 던진 공을 쳤을 때 그라운드 가장자리에 그어져 있는 라인 안쪽에 떨어져야 안타로 인정된다. 선 밖으로 나가면 파울이다. 펜스를 넘어가면 홈런이다. 스트라이크가 세 개면 아웃이고, 볼이 네 개면 타자는 걸어서 베이스로 갈 수 있고, 루상에 있는 주자는 한 베이스씩 이동할 수 있다. 야구뿐 아니라 고스톱, 족구, 테니스, 주사위 게임, 윷놀이 등 모든 게임에는 규칙이 있다. 규칙을 지키지 않으면 게임이 성립되지 않는다.

넷째, 속여야 한다. 포커 게임을 할 때 내 패를 보여 주지 않는다. 내가 좋은 패를 가졌는지, 안 좋은 패를 가졌는지 보여주면 안 된다. 고스톱도 그렇다. 내가 가진 것이 광인지, 흑사리인지 보여주면 안 된다. 야구장에서 감독들은 철저하게 자신의 감정과 전술을 숨기려 노력한다. 축구에서 개인기가 뛰어난 선수는 상대를 잘 속이는 선수다. 환상적인 킬 패스를 하는 게임메이커는 상대가 예상하지 못하는 방향으로 패스를 찔러 넣는다. 훌륭한 공격수는 수비수 뒤쪽으로 돌아들어가서 패스를 받아 골을 작렬시킨다. 모든 게임이 그런 것은 아니지만, 상대방에게 내 의도를 숨겨야 하는 게임이 많다.

나는 어린 시절부터 공터와 오락실에서 게임의 법칙에 길들여져 있었다. 어떤 게임을 하더라도 상대를 이기려고 노력했다. 어른이 되었지만, 게임의 법칙이 잠재의식 속에 남아 있다는 사실을 얼마 전에 알게 되었다.

첫째, 늘 경쟁에서 이기려 애썼다. 군대 생활을 할 때 동료들보다 3년에서 4년 정도 일찍 진급했다. 모든 공직자들이 그렇듯 직업 군인은 진급이 예민하고 중요한 문제다. 모든 사람이 동시에 진급할 수는 없다. 보직과 평정, 교육성적에 따라 소수의 인원만 진급의 영예를 누릴 수 있다. 어떤 조직이든 우열을 가리기 위한 비교의 대상이 존재한다. 군대 생활뿐 아니라 학교, 회사, 동호회 등 사람들이 모여 있는 곳에는 언제나 비교 대상이 있었다. 누군가와 비교하고, 경쟁 상대를 만드는 습성은 어릴 때부터 접해온 게임의 법칙 때문이었다. 학교는 성적으로 서열을 매겼다. 성적표를 받아들고 그곳에 적혀 있는 점수와 서열이 나를 평가했다. 힘이 센 학생은 일진을 했다. 교사는 학생들의 성적으로 우열을 가렸고, 학생들은 외모와 싸움 실력으로 서열을 매겼다. 누군가를 밟지 않고서는 우위에 설 수 없다고 생각했다. 경쟁에서 이겨야 한다는 강박관념이 있었다. 지면 화가 났고, 이기면 기뻤다.

직업군인이 되어 보수 교육을 갈 때마다 1등을 놓치지 않기 위해 공부했다. 대학 공부를 할 때에도 다른 사람들보다 우월하기 위해 노력했다. 경희대학교에서 경영학사 학위를 받았을 때 평균 학점은 4.17이었다. 꽤 높은 성적이다. 강사가 되기 위해 다녔던 다양한 교육 과정에서 1등 또는 MVP를 차지했다. 군대 교육과 강사 교육에서 1등을 했다고 해서 내가 훌륭한 사람이 된 것은 아니었다. 우리나라 사람의 평균적인 의식수준보다 더 낮았다고 해도 과언이 아닐 정도로 일상이 만족스럽지 못했다. 학창시절에 나보다 공부를 못했던 친구들이 더 잘 살고 있었다. 강사가 된 후, 비슷한 콘텐츠를 가진 강사들을 경쟁상대로 여겼다. 그들이 활발하게 활동하는 것을 볼 때마다 불안했다. 내 삶은 경쟁에서 살아남기 위한 몸부림의 연속이었다. 경쟁에서 이기기 위해서 무엇을 해야 할지 고민하느라 잠을 못 이룬 적도 많았다. 성장하는 삶, 더 나은 삶은 과연 그런 것만을 의미할까?

둘째, 정해진 틀을 벗어나면 안 된다고 생각했다. 내가 이 세상에 존재하기 전부터 정해져 있는 원칙들이 진리라 여겼다.

"나이가 차면 결혼을 해야 한다."

"성실해야 한다."

"부모님과 선생님 말씀을 잘 들어야 한다."

"송충이는 솔잎을 먹어야 한다."

"이혼하면 안 된다. 가정을 지켜야 한다."

"아이는 반드시 낳아야 한다."

"지금 하고 있는 직장에서 성과를 내지 못하면 어느 곳에 가서도 성과를 낼 수 없다."

"제자는 스승의 그림자도 밟으면 안 된다."

다른 시각으로 보면 얼마든지 다르게 생각할 수 있다.

"결혼을 하지 않아도 행복할 수 있다."

"게을러도 된다."

"부모님과 선생님이 내 인생을 책임져 주지 않는다."

"송충이는 솔잎도 먹고, 이끼도 먹을 수 있다."

"아이가 없어도 행복할 수 있다."

"지금 하고 있는 직장에서 성과를 내지 못하면 다른 업종에서 성과를 내면 된다."

"절대적이고, 영원한 스승은 없다. 누구나 각자의 길을 갈 뿐이다."

진리라고 여겼던 틀 속에 나를 가두는 순간 불행한 감정을 느꼈다. 삶의 표준이 되어버린 관습과 문화를 만든 사람은 도대체 누구란 말인가. 그것이 행복한 인생의 방해 요인이 될 수 있다는 사실은 왜 알려 주지 않았을까.

셋째, 정직하면 손해라고 생각했다.

"당신의 가장 큰 단점은 너무 솔직하다는 거야."

"옛날에 놀았던 이야기, 이혼했던 이야기는 사람들 앞에서 하지 마세요. 안 좋게 봅니다."

"굳이 너의 문제를 사람들에게 이야기할 필요가 없어."

강의 현장에서 만난 교육 담당자나 작가, 강사들 중에는 이런 조언을 해 주는 사람이 많았다. 최대한 '완벽한 척'하라고 했다. 그들은 강사는 완벽한 존재인 척 해야 한다고 말했다. 그때부터 한동안 '척하는 것'이 습관이 되었다. '행복한 척', '아무 문제없는 척' 하면서 지냈다. 강의를 하다보니 그들의 조언은 진리가 아니었다. 세상에는 나의 부족하고, 못난 모습을 보고 싶어 하는 사람도 많았다. 오히려 그런 사람들을 위해 강의하는 강사가 더 좋은 강사일수도 있겠다는 생각을 했다.

게임의 법칙은 삶의 가치관 형성에 뿌리 깊게 자리 잡고 있다. 네 가지 게임의 법칙은 사회 전반적으로 팽배해 있다. 자동차, 휴대폰, 식당, 치킨집, 편의점, 마트, 가전제품, 커피전문점, 아이스크림, 등산복 매장 등 모든 곳에서 게임의 법칙이 작동하고 있다. 어떻게든 경쟁상대를 제압하기 위해 오늘도 야근을 이어간다. 내 노하우와 지식, 매뉴얼을 숨기기 위해 안간힘을 쓰고 있다. 조직과 기업은 게임의 법칙이 반드시 필요하다. 경쟁에서 살아남기 위해 끊임없이 변화와 혁신을 반복해야 한다. 매뉴얼, 규정과 방침, 원칙과 룰은 조직관리에서 매우 중요한 문제다. 게임의 법칙은 업무의 법칙이지, 인생의 절대적인 법칙은 아니다.

인생은 게임이 아니다. 게임의 법칙에 길들여져 있는 나는 진정한 내가 아니다. 그 법칙에서 빠져 나와 온전한 자유를 느낄 때, 진정한 나를 만날 수 있다. 나는 교육 현장에서 늘 이렇게 외친다.

"나만의 생각, 나만의 성공, 나만의 이야기, 나만의 철학을 완성 하십시오."

세상에 나의 경쟁 상대는 애초에 없다. 나와 같은 생각, 경험, 외모를 가진 사람은 지구상에 나밖에 없다. 힘든 경쟁의 무대에서 내려와야 할 때다. 덜 가진 사람은 덜 가진 대로, 많이 가진 사람은 많이 가진 대로 그 상황을 받아들이면 그만이다. 게임의 법칙은 게임할 때만 지키는 법칙이다.

① 비교와 경쟁을 안 하겠다는 마음을 먹는 순간 자유로워진다.
② 뉴스 기사는 모두 타인의 이야기다. 나에게 관심을 기울이자..

다들 그렇게

7

"다들 그렇게 살아요."

배우 마동석이 출연한 영화 〈동네사람들〉에 나왔던 대사다. 복싱협회가 돌려먹기 식으로 대회의 상을 조작하는 것에 불만을 품은 마동석은 복싱협회 부회장과 다투다가 폭력을 행사한다. 그 사건으로 협회에서 제명을 당하고 지방 고등학교 체육 교사로 취업한다. 그 학교에는 실종된 친구를 찾는 여학생이 있었다. 학교와 경찰에 도움을 요청했지만, 반응은 시큰둥하다. 이상하게 여긴 마동석은 운동할 때 알고 지냈던 경찰을 찾아간다.

"실종 신고 접수해서 처리했어?"

"아, 그게요……."

"뭐가?"

"윗선에서 선거철에 분위기 파악하라고 해서요."

"무슨 분위기 파악? 학생이 사라져서 실종 신고 접수 받고, 찾는 건 경찰의 당연한 업무 아니야?"

알고 보니, 마을의 유력한 군수 후보와 관련 있는 사건이었다. 군수 후보가 경찰서장에게 압력을 행사한 것이었다. 후배 경찰은 이렇게 말한다.

"다들 그렇게 살아요."

영화는 마동석과 여학생의 끈질긴 추적 끝에 사건을 해결 하며 해피엔딩으로 마무리 된다.

"다들 그렇게 산다."라는 말을 자주 들었다. 어떻게 사는 것이 그렇게 사는 걸까? 그 말에 위안을 얻으며 그냥저냥 사는 것은 언제나 바람직한 일일까? 강사로 살면 언제나 을의 입장이다. 강사에게 강의를 요청하고 강의료를 지급하는 업체는 갑이다. 업체와 강사를 연결시켜 주고 수수료를 챙기는 컨설팅회사나 플랫폼 업체 역시 갑이다. 강사는 그들과 좋은 관계를 유지해야 한다. 스스로 멘토라 칭하는 선배 강사를 잘 모시는 것도 중요하다. 이런 관계들을 잘 관리하는 강사는 승승장구할 가능성이 높다. 모두 사람이 하는 일이기 때문이다.

프리랜서 강사에게 관계 관리는 중요한 과제 중 하나다. 강사는 강의만 열심히 하면 될 줄 알았는데, 그게 아니라는 사실을 알게 되니 당황스러웠다. 학연, 지연, 혈연에 의해 연결된 강사들의 세계는 생각보다 견고했다. 서울 경기 출신에 군대생활만 20년을 한 40대 중반의 신입강사가 들어갈 수 있는 문은 그리 넓지 않았다. 대구에서 활동하다보니 아는 사람이 더 없어서 힘들었다. 선배강사, 컨설팅 업체 대표에게 잘 보이려 애썼다. 명절이 되면 과일을 보내고, 취미 활동과 모임도 함께했다. 어떤 선배 강사와는 여행을 함께 가기도 했다. 시간이 지나 그들과 관계가 깊어질수록 내 정체성은 희미해져 갔다. 홀로 공부하는 시간, 휴식 시간, 아내와 산책할 시간이 부족했다. 내가 소중하다고 여겨지는 가치에 대해 생각할 시간이 사라졌다. 선후배를 나누고, 스승과 제자로 서열을 매기는 문화는 내가 추구하는 이상과 차이가 컸다. 어느 순간부터 그들과 거리를 두었다. 나는 나의 길을 가고, 그들은 그들의 길을 가는 게 맞다는 생각을 했다. 한동안 마음이 불편했다. 좁디좁은 강사의 세계에서 나에 대한 안 좋은 소문이 퍼졌다.

"강의를 가르쳐준 스승을 멀리 하다니, 이대성 강사는 배신자야."

"멘토이자 스승을 모시지 않는 사람은 배은망덕한 사람이야."

그들은 자신을 하늘과 같은 존재로 여기고 자기 영향력 아래에서 평생 충성을 다해주기를 원했던 것 같다. 내가 가고자 하는 길을 막는 멘토나 스승은 가짜다. 내가 원하는 대로 행동하지 않고, 나를 떠난다 해도 안아주고, 박수치며 응원해 주는 사람이 진짜 스승이다. 더 많이 깨우치고, 실천하는 스승이라면 그렇게 했을 것이다. 내가 만난 사람들 대부분은 진정한 스승의 경지에 이르진 못했다. 그런 경험을 통해 인간관계와 멘토에 대한 개념을 재정리 할 수 있었다.

"좋은 게 좋은 거야."

이 말의 속뜻은 다른 사람이 원하는 대로 살아주라는 말이다. 잘못된 속담이다. 좋은 것을 좋다고 말하지 못하고, 나쁜 것을 나쁘다고 말하지 못하는 것은 좋은 태도가 아니다. 불편한 것은 불편하다고, 불합리한 것은 불합리하다고 말할 수 있어야 한다. 고민과 갈등이 없는 것만 옳은 건 아니다. 때론 치열하게 논쟁하고, 투쟁하고, 용기 있게 행동할 수 있어야 한다. 그것이 소통의 본질이다.

"둥글둥글하게 살아라."

이래도 좋고, 저래도 좋은 사람, 둥글둥글하게 사는 사람 주변에는 사람이 많다. 온순하기 때문이다. 그들은 매사에 타협하고, 양보한다. 자신에게 주어진 일을 성실하게 한다. 여건이 안 좋아도 불평불만을 갖지 않는다. 불합리한 시스템에 대한 문제의식이 전혀 없고, 행여나 알아도 말하지 않는다. 매사에 손해 보는 경우가 많다. 생각이 규범과 관습에 오랫동안 갇혀 있으면 창의적인 생각을 할 수 없다. 둥글둥글한 사람은 창의적이지 않을 확률이 높다. 창의적이면서 유순한 사람은 드물다. 네모난 인생도 있고, 세모난 인생도 있다. 어떤 사람은 울퉁불퉁한 모양의 인생을 산다. 사람은 저마다 개성을 갖고 태어났다. 둥글게 사는 것만 옳은 것은 아니다. 더 심하게 표현하면 그들은 호구다.

"모난 돌이 정 맞는다."

"못이 튀어 나오면 망치를 부르는 법이다."

자신의 신념대로 살면 큰일 날 것처럼 겁을 주는 말이다. 모나면 안 될 것 같고, 정을 맞는 일은 안 좋은 거라고 생각했던 적이 있었다. 하지만, 정을 맞으며 다듬어지는 것은 좋은 일이다. 미켈란젤로가 만든 다비드상도 처음에는 울퉁불퉁한 돌덩이었다. 다듬는 과정은 사람을 변화시키고, 성장시킨다. 살면서 마음고생을 해봐야 내면이 단단해진다. 그러니 애초에 모나지 말라고 강요하는 것은 잘못된 조언이다. 어떤 선행을 보여도 나를 미워하고, 손가락질 하는 사람은 존재한다. 타인의 미움과 질타보다 더 끔찍한 것은 나답게 살지 못하는 것이다. 내가 옳다고 생각하는 말과 행동을 하지 못하는 것은 어리석은 선택이다.

PC에 불필요한 파일이 많이 설치되어 있으면 속도가 느려진다. 이럴 때에는 과감하게 포맷해야 한다. 일상의 가벼운 발걸음을 위해 가끔 얼굴에 철판을 깔아야 한다. 어떤 실수를 해도 용서하고 안아주고 응원하는 사람이 있고, 잘 보이려고 노력해도 미워하는 사람이 있다. 사람이 좋으면 이유 없이 좋고, 싫으면 이유 없이 싫다. 좋은 사람과 분식점에서 라면 한 그릇을 먹어도 배가 부르고, 싫은 사람과 최고급 뷔페를 먹어도 체한다. 공자도 노자의 비판을 받았고, 성웅(聖雄)이라 불리는 이순신 장군도 왕과 동료로부터 비난을 받았다. 예수, 소크라테스, 디오게네스 등 위대한 성인과 철학자들 역시 당대에는 비난을 받았다. 모든 이로부터 '좋은 사람' '훌륭한 사람'이라는 평가를 받으려는 것은 교만이다.

'다들 그렇게' 살지 않는다. 조금만 시선을 돌려보면 **많은 사람들이 벌떼처럼 모이는 꽃밭보다 거칠고, 외로운 가시밭길을 묵묵히 걷는 사람이 많다. 우리 사회는 그런 사람들 덕분에 한 단계씩 나아지고 있다.**

열버 tip

① 다른 사람들과 비슷하게 사는 것만이 정답은 아니다.
② 대다수의 사람들이 옳다고 믿는 방식이 옳지 않을 때도 있다.

8

진정한 프로

사회 전반적으로 지식인의 비율이 높아지면서 개인의 노하우와 경험, 생각을 책으로 내놓는 사람이 많다. 책 쓰기 교육도 많아졌다. 1인 기업, 강연가, 작가, 강사의 꿈을 가진 사람들이 늘어가고 있다. 많은 사람이 작가에 도전한다. 나 역시 그중 한 명이었다.

《DRI열정》이 출간될 당시에 다른 작가들의 책도 동시에 출간되었다. 이름만 들어도 유명한 멘토, 교육 사업을 꽤 크게 하는 유명한 강사들의 책이 서점 곳곳에 자리 잡고 있었다. 넓은 인맥을 가진 사람의 책은 출간이 되자마자 1쇄가 완판 되고, 2쇄를 찍기 바빴다. 인터넷 포털 사이트에 베스트셀러로 등극된 책도 있었다. 《DRI열정》은 어땠을까? 그냥 저냥 인터넷 서점과 오프라인 서점에서 존재하는 것으로 만족해야 했다. 몇 개월이 지나자 서점에서도 찾기 어려울 지경에 이르렀다. 비슷한 시기에 출간했는데, 내 책은 다른 사람들의 책에 비해 판매실적이 저조했다. '아, 저들은 저렇게 잘 나가는데 나는 뭐지?' 나보다 책이 잘 팔리는 그들이 부러웠다. 다른 작가의 책과 내 책을 비교하고 있었다. 스스로 열정적인 사람이라고 말하는 내 자신이 한심하게 느껴졌다.

전 세계 축구팬의 관심이 집중되는 4대 빅리그가 있다. 영국의 '프리미어리그', 이탈리아의 '세리에리그', 스페인의 '프리메라리그', 독일의 '분데스리가리그'는 꿈의 그라운드다. 천문학적인 예산이 투자되는 유럽 명문 클럽의 경기는 중계방송도 남다르다. 수십 개의 카메라가 선수들의 사소한 몸놀림과 표정까지 포착한다. 방송사에서는 그 장면을 실시간으로 촬영하고 편집해서 전 세계 축구팬들에게 보여준다. 땀 한 방울, 눈빛과 손짓 하나까지 전달된다. 방송사는 거액의 중계권료를 지불하고, 중계방송을 한다. 지금 이 순간에도 인터넷 포털 사이트와 동영상 공유 사이트에는 빅리그의 소식이 실시간으로 업데이트 되고 있다.

4대 빅리그뿐 아니라 프랑스, 네덜란드, 미국, 남미, 동남아시아, 중동, 중국, 대한민국, 일본 등 어지간한 나라에는 축구 프로리그가 있다. K리그는 빅리그에 비해 관심도가 낮다. 어느 날, TV를 통해 K-리그 경기가 중계 방송되고 있었다. 경기장에 관중이 많지 않았다. 역동적인 분위기를 조성하기 위해 캐스터와 해설자가 노력했지만, 유럽의 빅리그 중계방송에 비해 재미가 없었다. 채널을 돌리려고 할 때 전화가 와서 TV 음량을 줄였다. 소리가 나지 않는 화면을 보면서 통화를 했다. 순간 깜짝 놀랐다. 소리 없는 화면에 보이는 선수들의 역동적인 에너지가 놀라웠다. 그라운드에서 뛰고 있는 K리그 선수들의 열정은 유럽의 여느 빅클럽팀의 선수들의 그것과 다르지 않았다. 그들은 공에 집중해서 최선을 다해 뛰었다. 온 몸에 땀이 흥건했고, 거친 숨을 몰아쉬면서 야생마처럼 미친 듯이 뛰었다. 상대 선수들과 몸싸움을 하는데 주저함이 없었다. 손을 흔들며 자신의 위치를 알리고, 공을 달라고 목이 터져라 외치고 있었다. 그들은 자신이 있는 곳에서 해야 할 일을 열정적으로 하고 있었다. 유명하지 않은 리그에서 뛰는 그들도 열정적인 프로축구 선수였다. '내가 여기서 열심히 해봤자 사람들이 관심을 가져주지도 않는데 뭐.' '연봉도 얼마 안 되는데, 대충 시간 때우다 가자.' '여기서는 대충하고,

나중에 빅리그 가면 열심히 하면 된다.' 적어도 그날 내가 본 경기에 나왔던 선수들 중에 이런 생각으로 그라운드에 나섰던 선수는 없었다. K리그의 축구선수들은 소속 팀의 승리를 위해 내가 가진 기술과 체력을 아낌없이 쏟아부으며 매 경기 최선을 다한다. 연봉이 낮고, 팀 순위와 인지도가 낮아도 열정의 크기는 다르지 않다. 그들은 자신이 속한 리그와 팀, 팬을 소중하게 여긴다. 한결같은 열정을 가진 그들은 진정한 프로다.

드라마 〈미스터 션샤인〉은 〈태양의 후예〉, 〈도깨비〉의 김은숙 작가와 이응복 PD가 세 번째로 호흡을 맞춘 작품이다. 제작비 430억 원, 이병헌, 김태리, 유연석, 김민정, 변요한 등 초호화 캐스팅이 화제가 되었다. 매회 10% 이상의 시청률을 기록했고, 마지막 24부는 21%를 넘었다. 〈미스터 션샤인〉에는 주연 배우 외에도 드라마를 빛낸 조연들이 있다. 코믹한 전당포 주인역을 맡았던 김병철(일식), 배정남(춘식), 조국을 배신한 악역을 완벽하게 소화해낸 김의성(이완익)등 조연들의 개성 넘치는 연기가 드라마의 완성도를 높였다. 특히, 행랑아범(신정근)과 함안댁(이정은)의 존재감은 폭발적이었다. 그들의 연기에는 사랑, 감동, 유머가 녹아져 있었다. 그들이 아니었다면 〈미스터 션샤인〉이라는 드라마는 완성될 수 없었을 것이다. 주연 배우 못지않게 조연도 중요하다.

모든 작가의 책이 베스트셀러가 될 수 없다. 서점에 법륜스님의 책과 내 책이 함께 있다면 무엇을 사겠는가? 내가 책을 구매해도 법륜스님의 책을 선택할 것이다. 인정할 것은 인정해야 한다. 모든 축구 선수가 손흥민 선수 같은 프리미어리거가 될 수 없다. 그렇게 될 수도 없고, 그럴 필요도 없다. K리그 선수들은 프리미어리그를 동경하지만, 매 경기 최선을 다한다. 좋은 드라마는 주연배우만으로는 만들 수 없다. 작가, 감독, 조연 배우와 카메라맨을 포함한 스태프들, 보조 연기자들의 열정이 공존했을 때 완성도가 높아진다.

인간은 관심 받는 것을 좋아한다. '다른 사람보다 뛰어 나다'는 유능감을 느낄 때 행복하다고 말한다. 정말 그럴까? 무언가를 성취하고, 우월감을 느꼈을 때만 행복한 사람은 반대의 상황에서는 좌절하고, 분노하고, 서운해 할 가능성이 높다. 이런 사람은 행복할 수 없다. 매순간 다른 사람보다 더 많이 성취해야 한다는 부담감과 경쟁심을 가슴에 안고 살면 하루하루가 지옥이다. 인류의 99%는 평범하게 살고 있다. 나의 존재가 세상 사람들로부터 관심과 인정을 적게 받는 것은 당연하다. 내 책이 나보다 유능하고, 훌륭한 사람들이 쓴 책보다 적게 팔리고, 덜 유명한 것은 당연하다. 나는 그저 내가 하고 싶은 것, 내가 해야 할 일을 열정적으로 하면 그만이다. 현실의 삶이 만족스럽지 않은 이유는 이상이 너무 높기 때문이다. 간절히 바라는 꿈을 찾는 것, 그 꿈을 이루는 것은 중요하다. 그 꿈이 삶의 의미와 재미를 느끼게 해주기 때문이다. 하지만, 꿈을 이루는 것보다 더 중요한 것은 지금 내가 마주한 상황을 받아들이는 태도다. 현재의 나를 사랑하는 일이다. 지친 내 어깨를 일으켜 세우고 만신창이가 된 내 몸과 마음을 위로하는 일이 가장 중요하고 시급한 일이다. 그것은 누구도 대신해 줄 수 없기 때문이다. 지금 아니면 안 되기 때문이다. 그러니 지금 내가 할 수 있는 일, 내가 해야 하는 일을 열과 성의를 다해서 해야 한다. 그 후의 일은 운이고, 운명이라고 받아들여야 한다.

모든 사람들이 자신이 원하는 곳을 모두 이루고 산다면 세계 질서는 옛날에 무너졌을 것이다.

"우리 아들 이번 공무원 시험에 꼭 합격시켜 주세요."

이런 기도를 올리는 부모의 소원이 모두 이뤄진다면 도대체 공무원이 몇 명이나 선발될까?

"이번 주 로또에 반드시 당첨되게 해주세요."

이 소원을 모든 사람이 이룬다면 매주 복권에 당첨되는 사람은 차고 넘칠 것이다. 세상일은 원래 내 뜻대로 되지 않는다. 그게 정상이다. 내가 꿈꾸는 삶과 현실이 너무 달라 절망하고 주저앉는 순간 모든 것이 끝난다. 아무리 섭섭하고, 슬프고, 힘들어도 주저앉지는 말아야 한다. 짝다리를 짚고 서 있든, 의자에 걸터앉아 있기라도 해야 한다. 주저앉으면 지금까지 해왔던 것이 모두 물거품이 된다. 다시 일어나기 위해 너무 오랜 시간이 걸릴지도 모른다.

메인이든 서브든 그것은 중요하지 않다. 삶의 용광로는 오늘 내가 하고 싶은 일, 내가 할 수 있는 일을 열정적으로 할 때 꺼지지 않는다. 모든 게 마음 편하자고 하는 건데 무엇이 내 마음을 괴롭히는지 살펴봐야 한다. 욕심, 집착, 허황된 망상에 사로잡히는 것을 경계해야 한다. 자신감이 과하면 교만과 절망에 빠진다. "무조건 잘 될 거야"라는 근거 없는 위로는 실패를 받아들이지 못하게 한다. **꿈을 갖고 달리는 것은 좋으나, 꿈에 이르지 않음을 슬퍼해서도 안 된다. 모든 일이 내 맘대로 되는 것은 아니라는 것을 인정해야 한다.** 그런 사람이 진정한 프로다.

열버 tip

① 프로는 나다움을 잃지 않는 사람이다.
② 나다움을 잃지 않는 것이야말로 진정한 럭셔리다.

성공의 철학

《성공의 법칙》은 자기계발서의 원전이라 불리우는 책이다. 수많은 자기계발서는 이 책의 내용에서 파생된 거라 말해도 무방할 정도로 내용이 매우 체계적이고, 방대하다. 저자 나폴레온 힐은 기자 생활을 하다가 1908년 철강왕 카네기의 지원을 받아 20년간 507명의 성공인을 인터뷰했다. 《성공의 법칙》은 그 인터뷰 내용을 정리한 책이다. 이 책에 나오는 성공인은 철강 왕 카네기, 자동차 왕 헨리포드, 발명왕 토머스 에디슨, 석유 재벌 록펠러 등 미국에서 훌륭한 성공을 거둔 사람들이다. 책에는 성공하는 사람들이 가졌던 특징이 요약되어 있다. 명확한 중점 목표, 자기 확신, 저축, 솔선수범과 리더십, 상상력, 보수보다 많은 일을 하는 습관, 자제력, 유쾌한 성품, 정확한 사고, 집중력, 협력, 실패로부터의 교훈, 인내, 황금률의 이행 등이 그것이다. 《성공의 법칙》에 등장하는 성공자들은 제조, 가공, 유통을 통해 돈을 많이 벌어들였거나, 군사, 과학, 법률 등의 분야에서 탁월한 성취를 했다. 한때 이 책을 읽으면서 성공자의 꿈을 꾸기도 했다. 그런데, 최근에 다시 읽으면서 의문이 들었다. 어떤 것이 성공일까? 군계일학처럼 남들과 비교해서 탁월하게 뭔가를 해내면 성공한 사람이고, 그렇지 못한 사람은 전부 실패자라는 말일까?

어느 정도면 성공이라고 말할 수 있을까? 현금은 얼마나 갖고 있어야 할까? 10억? 100억? 1000억? 차는 어떤 것을 타고 다니면 성공자에 포함될 수 있을까? 최신형 외제 스포츠카를 타면 성공인일까? 건물을 갖고 있으면 성공할 사람일까? 몇 층짜리를 몇 개나 가지면 성공인으로 인정받는 것일까? 해당 분야의 탁월한 성취가 없거나, 동산이나 부동산 같은 재산을 갖지 못하는 사람은 실패자일까? 전형적인 미국식 자기계발서다. 나폴레온 힐의 《성공의 법칙》에는 모든 인간을 귀하게 여기는 종교 지도자나 철학자는 언급되지 않았다. 유럽, 아프리카, 아시아의 인물도 거론되지 않았다. 까칠하게 평가하면 물질만능주의와 성과지상주의에 함몰된 미국식 자본주의를 찬양하는 내용이다. 책 제목도 바뀌어야 한다. 《성공의 법칙》이 아니라 《성과의 법칙》, 《돈 버는 비법》이 더 적절할지도 모르겠다. 《성공의 법칙》과 유사한 자기계발서를 읽는 이유는 변화의 동기부여를 얻기 위함이다. 지금 내 모습을 변화시켜야겠다는 반성과 동기부여를 얻으면 성장의 발판이 되기 때문에 괜찮겠지만, 반대로 열등감과 자괴감을 느낀다면 안 읽은 것만 못하다.

'나는 시대를 잘못 타고 났다.'

'부모를 잘못 만나 이렇게 되었다.'

'친구 때문에 이렇게 되었다.'

'선배 때문에 망했다.'

'정치인들 때문에 헬조선이 되었다.'

'아파트 한 채도 없는 처량한 내 신세.'

이런 생각이 머리에 가득 차면 일상이 피폐해지는 것은 시간문제다. 이것은 돈의 많고 적음, 아파트의 보유 유무와 관계가 없다. 삶에 임하는 마음 자세, 즉 '삶의 태도'에 대한 문제다. 성공에 대한 수많은 책이 지금도 서점에 가면 차고 넘친다. 처세술, 주식 투자, 가상화폐 투자전략 등 돈에 대한 책은 항상 많이 팔린다. 복권 판매점과 성인오락실에서는 한탕을 노리는 사람들이 바글바글하다. 그 시절 철강 왕 카네기가 철을 캐고, 록펠러가 석유를 파내고, 에디슨이 전구와 냉장고를 만들고, 포드가 자동차를 만들어서 대박이 난 것처럼 나도 그렇게 되어야 한다는 생각을 하는 사람이 많다. 그들에겐 그것만이 꿈이고, 삶의 이유다.

나는 어릴 때부터 음악을 좋아했다. 교회에서 찬송가와 복음성가를 불렀다. 개신교에서 부르는 찬송가는 베토벤, 모차르트, 바하 등 수백 년간 고전으로 인정받아온 음악가들이 만든 클래식이다. 매주 일요일마다 교회에 가서 찬송가를 접했다. 피아노 반주에 맞춰서 찬송가를 부르고 나면 기분이 좋았다. TV에 나오는 가수들이 부르는 대중가요도 좋아했다. 이승철, 이문세, 변진섭, 수와진, 봄여름가을겨울 등 수많은 국내 가수들의 음반을 구매해서 들었다. 중학교 시절부터 기타를 치며 노래 부르는 것을 좋아했다. 이 외에도 〈영웅본색〉, 〈천장지구〉 같은 홍콩영화의 OST와 미국에서 건너온 팝송을 즐겨 들었다. 고등학교에 다닐 때에는 밴드에서 일렉기타 파트를 맡았다. 본조비, 헬로윈, 스키드로우 등 헤비메탈 음악을 연주하고, 노래했다. 선후배들이 어울려 종로에 있는 합주실을 빌려서 연습했다. 고등학교 졸업 후에는 댄스음악에 심취했다. 서태지와 아이들, 박남정, 현진영의 춤과 노래를 흉내 냈다. 경기도 파주에서 군대생활 할 때에는 거의 매일 노래방에 갔다. 어릴 때부터 즐겨 듣고 불렀던 노래들을 쉼 없이 두 시간 이상 부를 정도로 노래방에 가는 것을 좋아했다. 음악에 대해서 전문적으로 공부한 적은 없지만, 음악은 어린 시절부터 지금까지 내 곁을 떠난 적이 없다.

음악인의 성공기준은 무엇일까? 대중들이 좋아하는 음악을 만드는 사람일까? 내가 좋아하는 음악을 하는 사람일까? 미국에서 도시락 사업을 해서 천억 대 자산가가 된 유명 기업가는 강연현장에서 이렇게 말했다.

"대중이 좋아하는 것을 만들어서 판매해야 성공합니다."

"불편한 것을 개선해서 판매하면 성공합니다."

그가 말한 성공의 기준은 명확하다. '많이 파는 것'이다. 최대한 많이 팔아서 돈 되는 것을 해야 한다는 뜻이다. 돈이 되려면 대중이 좋아하는 것을 만들어야 한다. 그것은 상식이다.

지금도 그렇지만, 1990년대 대한민국의 대중음악은 발라드와 댄스가 대세였다. 김건모와 신승훈은 백만 장 이상의 앨범 판매고를 올리며 국내 대중음악 시장의 붐을 주도했다. 대중들은 발라드와 댄스를 좋아했다. 정통 발라드 가수는 물론이요, 정통 락음악을 하던 가수들도 발라드를 부르는 솔로 가수로 전향해서 대박을 쳤다.

그 시기에 홍대에서 락음악을 하는 '크라잉넛'이라는 밴드가 있었다. 홍대에서는 꽤 유명한 뮤지션이었다. 음악성은 훌륭했으나, 대중적으로 유명하지는 않았다. 그들이 하는 음악 장르는 대중들이 듣기에는 낯설었다. 일렉트릭 기타와 드럼소리는 천둥 번개소리처럼 시끄럽고, 보컬이 내뱉는 샤우팅 창법은 시끄럽다. 그런 이유로 그들의 음악은 홍대에서만 연주할 수 있었다. 그래서 크라잉넛은 가난했다.

1990년대에는 대중들의 요구에 의해 락음악을 하다가 발라드로 전향한 가수들이 많았다. 김종서, 김경호 등이 대표적인 사례다. 그들은 긴 머리카락을 흔들며 정통 락음악을 하다가 락발라드로 전향해 선풍적인 인기를 얻었다. 크라잉넛도 락발라드로의 변화를 시도한다면 일반적으로 생각하는 '대박'을 낼 수 있었을 거라 생각한 선후배, 기획사 담당자들이 제안을 했다.

"음악 장르를 대중들이 좋아하는 발라드로 바꿔 보시죠?"

크라잉넛 멤버들은 이렇게 말했다.

"우리는 대중들이 좋아하는 음악을 하기 위해 음악을 하는 것이 아닙니다. 우리는 우리가 좋아하는 음악을 하기 위해 모인 팀입니다."

그들은 벌이가 시원찮았기 때문에 국밥 사먹을 돈도 없었다. 어느 날, 허기를 채우기 위해 길거리 리어카에서 땅콩과자 한 봉지를 샀다. 배가 고팠던 크라잉넛 멤버들은 땅콩 과자를 하나씩 입에 넣자마자 눈물을 흘렸다. 그들은 이렇게 말했다.

"우리는 우리가 원하는 음악을 끝까지 해보자. 배고파도, 가난해도 우리의 음악만은 절대로 포기하지 말자."

'크라잉넛'이라는 팀 이름은 눈물을 흘리면서 먹었던 땅콩과자를 잊지 않기 위해 만들어진 이름이라고 한다. 40대 후반이 된 크라잉넛은 지금도 활발하게 활동을 하고 있다. 그들은 여전히 자기네들이 좋아하는 음악을 하고 있다. 그들은 성공한 뮤지션일까? 실패한 뮤지션일까?

성공의 사전적 의미는 '목적이나 뜻을 이루는 것, 사회적 지위나 부를 얻는 것'이라고 한다. 그러니 성공하기 위해서는 나만의 목적, 나만의 뜻이 필요하다. 사회적 지위나 부를 얻는 것만이 성공이라면 세상 사람들 대부분은 실패자다. 사회적 지위와 부는 극히 일부 사람들만 가지기 때문이다. 사회적 지위에는 높낮이가 있다. 사회적 지위가 성공의 기준이라고 한다면 높은 곳에 있는 사람은 성공자요, 낮은 곳에 있는 자는 실패자라는 말이다. 경제적인 부 역시 많고, 적음이 있다. 모든 사람이 부를 얻을 수 없다. 시스템이 그렇고, 상황이 그렇다. 부가 성공의 절대적인 기준이라면 많은 부를 거머쥐면 성공인이고, 평범하거나 가난한 사람은 실패자라는 말이다.

정말 그럴까? 그 말이 사실이라면 모든 사람이 행복할 수 있다는 말은 거짓말이다. 성공의 기준이 사회적 지위와 부라고 한다면, 수천 년 전에 도포

한 장 걸쳐 입고 거리에서 젊은 청년들과 토론을 했던 소크라테스, 가난하고, 약하고, 병든 사람들과 소통했던 예수, 왕국의 왕좌를 내려놓고 걸인의 삶을 선택했던 석가모니는 실패자다. 모순이다. 성공은 단순히 지위와 부만을 의미하지 않는다.

1900년대 미국의 상황과 지금 우리의 상황은 다르다. 아무것도 없던 황무지에는 꽃과 나무를 심을 기회가 넘쳐났다. 그 시대에는 그랬다. 전기, 철도, 도로, 철강, 석유, 자동차, 가전제품 등 뭐든지 깃발을 꽂으면 최초가 되었고, 독점할 수 있었다. 지금은 그렇지 않다. 그런 것들은 이미 다 만들어져 있다. 이제는 필요 이상으로 너무 많은 회사에서 너무 많은 제품을 생산하고, 유통한다. 경제를 조금 공부한 사람들 사이에서는 국가 경제 성장률을 획기적으로 높이는 것은 불가능하다는 것은 상식으로 통한다. 과도한 욕심을 부리다가 낭패를 보는 사례는 차고 넘친다. 물욕이 지나치면 자의든 타의든 교도소에 수감되기도 한다. 나만의 성공철학 없이 다른 사람들, 일반적으로 성공자라 불린 이들의 기준에 나를 억지로 끼워 맞추면 결코 행복해질 수 없다. 그것은 열정적이지도 않고 성공도 아니다.

나만의 성공철학이 필요한 시대다. 나만의 성공기준이 있어야 한다. 또한, 그것을 이루기 위해 무엇을 해야 할지 결정해야 한다. 나만의 성공철학이 명확하다면 세상이 말하는 그 어떤 성공도 부러워하지 않는다. 그것은 그들의 삶일 뿐이라는 사실을 깨달을 수 있다. 나는 나만의 성공을 하면 그만이다. 이 사실을 알게 된 후, 나는 나만의 성공기준을 만들었다.

내가 생각하는 성공의 기준은 다섯 가지다.

첫째, 내가 좋아하는 일을 하는 것이다. 나는 어려서부터 사람들 앞에서 말하기를 좋아했다. 내가 좋아하는 일을 하면서 살 수 있다면 그것만으로 대단한 성공이다. **둘째, 타인에게 좋은 영향력을 주면서 사는 것이다.** 세상에 필요한 존재가 되는 것이다. 내가 가진 에너지, 기술과 재능이 쓸모 있다면 얼마나 좋을까? **셋째, 자유로운 일상을 갖는 것이다.** 일정한 시간을 정해 놓고 하는 것은 자유롭지 않다. 만나고 싶은 사람을 만나고, 만남이 불편한 사람들과 내 의지대로 거리를 둘 수 있다면 진정한 성공이라는 생각이 들었다. 그러기 위해서는 실력이 있어야 한다. 내 분야의 열정과 실력이 필요하다. **넷째, 사랑하는 것이다.** 사랑하는 사람과 함께하는 시간을 늘려가는 것이야말로 가장 위대한 성공이다. 사랑보다 중요한 것은 없다. 내 회사와 일, 동료를 사랑하는 사람은 언제나 열정이 넘친다. 그런 직장에는 에너지가 넘친다. 배우자와 자녀, 부모를 사랑하는 일은 인생에서 가장 중요한 일이다. 진정한 성공자는 사랑을 주고받는 사람이다. **다섯째, 의식주에 큰 불편함이 없는 경제력을 갖는 것이다.** 수렵시대로 돌아가지 않는 이상 우리에게는 최소한의 돈이 필요하다. 그 돈으로 입고, 먹고, 잠자는 것 정도는 해결할 수 있어야 한다. 그것은 개인의 독립적인 삶, 주체적인 삶의 기본 조건이다. 많은 돈이 필요할 때도 있지만, 의식주 해결에 큰 불편함이 없는 정도면 충분하다. 과도한 욕심을 갖지 않고, 만족하는 사람은 어떤 일을 하더라도 진취적이고, 편안한 마음 상태를 유지할 수 있다.

누구도 나를 대신해서 살아주지 않는다. 그래서도 안 된다. 그러니 오로지 내가 원하는 것에만 집중해야 한다. 내 삶의 주인은 나다.

열버 tip

① 내가 원하는 목적, 내가 원하는 뜻은 무엇인가?

② 나만의 성공을 이루기 위해 무엇을 해야 할까?.

10 위대한 공부

수천 년 전부터 훌륭하다고 인정 받아온 사람들은 어린이집, 유치원, 중고등학교, 대학교 같은 곳에 다니지 않았다. 그들은 무슨 공부를 했을까? 소크라테스는 자기 자신을 아는 공부가 최고의 공부라고 강조하며 "너 자신을 알라."라는 말을 남겼다. 유가의 근본이념을 체계적으로 정리한 동양의 고전 대학(大學)에 나오는 "수신제가 치국평천하"는 "먼저 몸과 마음을 닦아 수양하여 집안을 안정시킨 후에 나라를 다스리고 천하를 평정한다."는 뜻이다. 가정과 나라를 돌보기 전에 먼저 개인의 몸과 마음을 건강하게 다스리라는 말이다.

사회적으로 물의를 일으키는 사람은 개인의 몸과 마음을 관리하지 못한 사람이다. 인도의 석가모니는 태어나자마자 7보를 걷더니, 한 손을 하늘로 처들고 다른 한 손은 땅을 가리키며 이렇게 외쳤다고 한다. "천상천하 유아독존(하늘과 땅 사이에 나보다 더 존귀한 것은 없다)" 석가모니 자신만 존귀하다는 것이 아니라 세상에 존재하는 모은 사람이 귀하다는 뜻이다. 그는 왕국의 아들로 태어났지만 부와 권력을 버리고 수행의 길을 선택했다. 이런 훌륭한 사람들의 깨달음과 가르침의 공통점은 '나'다. 소크라테스는 자신을 알아야 한다고 했고, 대학에서는 자신을 잘 관리하라고 말했다. 석가모니는 모든 인간은 세상에서 가장 귀한 존재라고 강조했다. 이런 말의 뜻을 제대로 이해하고, 실천한다면 모든 범죄는 사라질 것이다. 나와 너의 존귀함을 이해하고 실천하는데, 어찌 다른 사람에게 피해를 주겠는가. 안타깝게도 대다수의 사람들은 국어, 영어, 수학 등의 정규과목을 더 중요하게 생각한다. 지금 이 시각에도 대한민국의 학생들은 학교 성적을 올리기 위해 밤낮으로 학원을 다니고, 고가의 과외공부를 하고 있다.

그렇다면 우리가 소중하게 여겨야 할 진짜 공부는 어떤 공부일까?

첫째, 마음공부다. 인간은 육체와 정신으로 구성되어 있다. 육체의 건강은 좋은 음식과 운동으로 유지할 수 있다. 놀라운 사실은 정신건강이 육체건강에 영향을 미친다는 사실이다. 육체의 건강은 힘이 세고, 빠른 것이 아니다. 초콜릿 복근을 가지는 것도 아니다. 피트니스에서 무거운 기구를 드는 것으로 육체가 건강하다고 말하지 않는다. 육체의 건강은 겉으로 보여지는 힘과 비주얼보다 혈관, 내장 기관 등 신체의 기관이 정상적으로 작동하는 것을 의미한다. 전라도의 장수마을에 거주하는 노인들은 피트니스 클럽에 다니지 않는다. 그들의 건강비결은 놀랍게도 단순하다. 마음을 관리하는 것이다. 그들은 마음이 편하면 몸도 건강해진다고 말한다. 군대 생활할 때 잦은 야근과 지휘관과 상관의 눈치를 보느라 마음이 불안했던 적이 많았다. 흰머리는 점점 늘었고, 머리를 감을 때마다 머리카락이 빠졌다. 검정색으로 염색을 하고 다녔고, 대머리라고 놀리는 선배도 있었다. 군인 시절, 운동을 많이 해서 건강한 줄 알았는데, 그다지 건강하지 않았던 거다. 강사가 되고 난 후 운동을 안 해서 체중이 10kg가까이 늘었지만, 마음은 편안했다. 결론적으로 말하면 육체와 정신 모두 건강해졌다. 돈을 많이 벌지는 못해도 마음은 자유롭고, 평화롭다. 흰머리가 검은색으로 변화하고, 없던 머리숱도 많아지고 있다. 육체의 건강은 돈도 아니요, 운동도 아니었다. 세상에서 가장 중요한 관리는 마음 관리고, 가장 위대한 공부 역시 마음공부다. 생각의 힘을 키워 마음을 평온하게 만들 수 있는 능력을 갖춘 사람은 인생이 놀이터가 된다. 마음을 자유자재로 관리할 수 있다면 지옥 같은 현실마저도 천국이 되기 시작한다. 그 옛날 지혜를 가르쳤던 사람들은 모두 그런 공부를 했다.

둘째, 나 자신을 아는 공부다. 자기 자신을 모르는 사람은 대부분의 시간을 다른 어떤 존재를 위해 산다. 돈을 위해 일하고, 직장 상사를 위해 가기 싫은 회식에 동참한다. 부모는 자녀를 위해 살고, 학생은 학교 성적을 위해 산다. 내가 아닌 다른 존재를 위해 사는 대다수의 현대인은 늘 바쁘다. 그들에게는 아침에 눈을 떠서 밤에 잠이 들 때까지 자기 자신에 대해서 진지하게 생각하는 시간이 충분하지 않다. 우리는 너무 바쁘고, 정신이 없다. 하는 일 없이 놀고먹는 것은 부끄러운 일이지만, 쓸데없이 바쁜 것도 좋은 현상은 아니다. 바쁘든 바쁘지 않든 자신을 돌아보는 공부가 필요하다. 지금부터라도 내 자신을 돌아보는 시간을 가져야 한다.

위대한 공부를 하는 방법은 어떤 것이 있을까?

첫째, 일기 쓰기다. 매일 일기를 쓰면 하루하루를 뒤돌아본다. 내 생각을 점검한다. 일기는 가치를 생각하면서 내 자신을 투영시켜보는 일이다.

둘째, 글쓰기다. 아무 글이나 쓴다고 해서 마음관리가 되는 것은 아니다. 글은 소중한 가치와 관련된 키워드를 정하고 써야 한다. 소중한 가치는 선인들이 만들어놓았다. 도전, 용기, 자존, 희망, 열정, 자유, 사랑 등이 그런 것이다. 이런 것들은 바람직한 인간이라면 반드시 가져야 할 덕목이다. 인간답게 산다는 것은 마음속에 이런 가치들이 채워진 상태를 의미한다. 그런 주제어를 정해 놓고, 그 가치들이 왜 중요하고, 내 삶에 어떤 영향을 미쳤는지, 앞으로 어떻게 그것을 내 마음에 새겨 나갈 것인지 생각해본다. 나의 강점과 결핍은 무엇인지 생각한다. 이런 생각을 글로 써보면 자존감이 향상된다.

셋째, 말로 표현한다. 사람들 앞에서 하면 더욱 효과가 크다. 스스로 그런 생각을 했다고 공언하기 때문에 말한 대로 행동할 가능성이 높아진다. 이 세 가지 방법을 반복적으로 수행하면 마음이 올바른 방향으로 관리되고, 자신에 대해서 깊이 있게 알게 된다. 반복적으로 보고, 쓰고, 소리 내어 읽는 것은 생각을 집중시키는 방법이다. 이 원리는 모든 공부의 원리다. 단, 공부의 주제는 삶에서 소중하다고 여겨져 왔던 가치에 대한 것이어야 한다. 기술, 지식에 대한 공부는 마음공부와는 거리가 멀다. 그것은 취업을 위한 공부일 뿐이다. 학위는 숟가락 같은 것이다. 예쁜 문양이 새겨지고, 튼튼하고, 반짝이는 스텐 숟가락으로 밥을 먹는 것은 좋은 일이지만, 그게 전부는 아니다. 일회용 플라스틱 숟가락으로도 얼마든지 밥을 먹을 수 있다. 밥은 맨손으로 먹어도 된다. 중요한 것은 밥을 먹는 일이다. 어떤 수저로 먹을 것인가가 중요한 것이 아니다. 공부는 밥을 먹는 일과 같다. 공부한 내용이 몸에 유익한 영양소가 되어 세상을 살아갈 힘을 만든다. 그런 공부를 하는 사람은 어려움 앞에서 좌절하지 않는다. 위대한 공부를 하는 사람은 세상에 하나뿐인 나를 타인과 비교하지 않는다. 욕망과 쾌락이라는 유혹에 넘어가지 않는다. 흔들림 없이 내가 원하는 삶, 내가 살고 싶어 하는 삶을 산다. 진짜 공부란 생각의 힘을 키워 마음을 관리하는 공부, 내 자신을 알게 되는 공부다. 위대한 공부는 수천 년 전부터 지금까지 가치 있다고 여겨지는 것이기에 믿을 만하다.

열버 tip

① 수천 년간 인정받은 것은 진리에 가깝다.

② 읽고, 쓰고, 생각하고, 말하기는 가치에 대한 것이어야 한다..

11 완벽한 인생

동물원의 사자는 얼핏 보면 완벽해 보인다. 끼니마다 사육사들이 먹을거리를 갖다주기 때문에 굳이 사냥을 하지 않아도 먹는 문제가 해결된다. 여름에는 시원한 물을 뿌려 주고, 겨울에는 히터를 틀어준다. 주기적으로 건강 체크를 하고, 예방주사도 맞는다. 자고 싶을 때 자고, 먹고 싶을 때 먹으면서 산다. 그런 사자의 삶은 완벽할까? 그렇다면 초원의 사자들은 동물원 앞에서 줄을 서야 하지 않을까?

"저도 동물원에 들어가고 싶어요."라고 말하면서 말이다.

일이 많은 사람은 바빠서 불만이다. 언젠가 평화롭고, 자유로운 일상을 살겠다는 꿈을 꾸며 오늘도 저녁식사를 하고 야근을 하기 위해 사무실로 향하는 직장인들이 넘쳐난다. 그곳은 총성 없는 전쟁터다. 취업을 하지 못하는 사람은 취업해서 일 하는 것이 꿈이다. 그들은 매일 빈둥거리며 놀고먹는 자신이 한심하고, 초라하다고 느낀다. 국방부 장관을 포함한 군부대 지휘관은 매일 시간계획에 따라 움직인다. 아침부터 퇴근할 때까지 어떤 일정으로 움직일지 제대별 참모가 작성해서 보고한다. 지휘관은 그 시간계획을 검토해서 승인한다. 지휘관의 시간계획은 예하부대로 하달된다. 말단 부대 지휘관도 그런 체계 속에서 움직인다. 그들은 자유롭지 않다. 대통령은 말할 것도 없고, 장차관을 비롯한 모든 공무원은 국민의 시선과 평가를 의식하며 지낸다.

국가직 공무원은 스스로 가치를 창조해서 돈을 버는 존재가 아니다. 국민들이 낸 세금으로 생활하고, 세금 소비를 위한 정책을 만들고, 집행하는 사람들이다. 그렇기 때문에 국민 여론을 중요하게 생각한다. 국민 여론을 의식하지 않고, 자기 소신대로 밀어붙이면 독재라는 비난을 받고 심하면 경질, 또는 탄핵을 당할 수도 있다. 우리가 지위가 높다고 여기는 공직자는 자기 마음대로 살지 못한다. 대기업 회장은 어떨까? 고급 승용차의 뒷좌석에 앉아 초고층 빌딩으로 출근하는 그의 삶은 완벽할까? 운전기사가 늘 함께한다. 내 마음대로 아무 곳이나 갈 수 없다. 혼자 다니다가 언론이나 대중들의 눈에 띄면 어떤 구설수에 오를지 모른다. 철저하게 베일에 가려진 채 공식 행사에만 참석한다. 퇴근 후에는 요리사, 집사, 보안요원이 함께 있는 초호화 저택에 머무른다. 그들의 시선에 머무르는 동안 나만의 시간은 없다.

기업은 철저하게 이윤을 추구하는 조직이다. 이익을 얻기 위해서는 소비자가 원하는 제품과 서비스를 내놓아야 한다. 거기에도 나의 존재는 없다. 나의 욕망과 소신을 내려놓아야 소비자가 원하는 제품과 서비스를 만들어낼 수 있다. 크든 작든 기업의 CEO는 자신이 원하는 것보다 대중이 원하는 것을 해야 한다. 그렇지 않으면 돈을 벌 수 없다. 특히, 대기업의 CEO는 더욱 그렇다. 이 시대의 참 스승으로 인정받는 법륜 스님은 완벽할까? 그는 할 수 있는 것보다 못하는 것이 훨씬 많은 삶을 살고 있다. 백화점 의류매장에 걸려있는 멋진 슈트를 입지 않는다. 고기를 안 먹고, 술과 담배도 안 한다. 그 흔한 노래방이나 술집도 가지 않는다. 결혼도 안 했고, 자녀도 없다. 법륜 스님 같은 종교 지도자는 존경 받으며 산다는 장점은 있지만, 평범하게 사는 사람에 비해 더 많은 것을 포기하고 사는 사람이다.

완벽한 인생은 없다. 이것을 얻으려면, 저것을 내려놔야 한다. 권력을 가지려면 국민의 시선을 의식해야 한다. 공직자는 개인의 삶을 포기해야 한다. 돈을 벌기 위해서는 타인이 원하는 것을 해줘야 한다. 돈과 권력을 가진 사람은 언제나 타인이 원하는 것을 해줘야 생존할 수 있다.

인간이 가진 생각과 욕망의 숫자는 인간의 수만큼 존재한다. 우리가 살고 있는 세상은 다양한 생각과 욕망이 뒤섞여 있다. 획일화된 이념에 갇혀 있는 것은 나답게 살기를 포기한 것이다. 인생에 정답은 없다고 하지 않는가. 이것도 좋고, 저것도 좋은 법이다.

세상에 완벽한 것은 없다.

완벽한 인생은 없다.

그것을 인정하는 순간 삶이 자유로워진다.

① 완벽하지 않다는 것을 인정할 때 자유로워진다.

② 이 세상에 완벽한 것은 없다.

진정한 자유

토요일 아침마다 족구를 했다. 매주 토요일 오전 6시부터 시작되는데, 아는 분이 함께하자고 해서 시작했다. 전날 밤 늦게까지 일을 하면 새벽에 일어나는 일이 쉽지 않았다. 매주 피곤한 상태로 운동을 했다. 공이 두 개로 보인 날도 있었다. 운동을 마치면 식사와 음주를 했다. 주말 아침에 문을 연 식당이 많지 않아서 가는 식당이 몇 곳 정해져 있었다. 테이블에 둘러앉아서 막걸리나 소주를 한 잔씩 따른다. 리더가 술잔을 들며 외친다.

"건강이 가장 소중합니다. 오늘도 즐거웠습니다. 건배! 건배!"

술잔을 기울이며 이런저런 이야기를 나눈다. 사람들과 소통하면서 사는 것이 인간사 아니던가. 12시가 다되어서 끝날 때도 있었다. 귀가하는 발걸음은 천근만근이다. 그날은 하루 종일 낮잠을 자면서 시간을 보낸다. 매주 토요일은 그렇게 보냈다. 회원들과 친해질수록 모임에 가는 것은 의무가 되어갔다. 토요일에는 아내와 소통하는 시간, 강사로서 일하는 시간이 부족해지고 있었다. 에너지가 분산되는 것 같았다. 그 사실을 깨달은 후부터 족구 모임에 나가지 않는다. 회장, 회원들로부터 전화가 왔다. 정중하게 모임 참석을 거절했다. 요즘 나의 주말은 오로지 나와 가족을 위한 날이 되었다.

자유, 말만 들어도 달콤한 단어다. 자유로운 삶을 거부하는 사람은 없다. 지금 이 순간에도 자유를 거머쥐기 위해 버티고 있는 사람들이 많다. 그중에서 경제적인 자유를 중요하게 여기는 사람이 많다. 그들은 돈이 많으면 자유로운 소비를 할 수 있고, 내가 원하는 시간을 보낼 수 있다고 믿는다. 정말 그럴까? 건물을 가진 사람은 건물을 관리하고, 유지하기 위해 또 다른 돈과 시간을 투자한다. 그런 관리가 없으면 재산을 유지할 수 없다. 네트워크 마케팅의 최고 직급자는 파트너 사장들의 성공을 돕기 위해 끊임없이 움직인다. 내 기준에서 봤을 때 그들은 자유롭지 않다. 남들보다 더 가진 사람은 타인의 시선에서 자유롭지 못하다. 그들이 바라보는 평가가 곧 나의 재산 증식과 권력 유지의 밑거름이 되기 때문이다. 자유로워 보이는 사람 중에 실제로는 자유롭지 않은 사람이 훨씬 많다.

"내가 다시 태어난다면 종파에도 들어가지 않을 것이다." 대한민국의 불교 역사에서 가장 훌륭한 인물로 평가 받는 법정스님의 말이다. 그는 '무소유'를 실천했던 불교 지도자다. 그토록 자유를 갈망했지만, 그의 삶 역시 조계종이라는 조직에 속해 있었음을 인정했다. 진정한 자유는 마음의 자유다. 경제적인 자유는 돈이 부족해도 괜찮다고 생각하는 마음이다. 인간관계가 좁아도 괜찮다고 믿는 것이다. 내 삶의 주체가 나인 게 당연하다고 믿는 것이 진정한 자유인의 태도다. 자유인은 아무것도 하지 않을 때도 있고, 때로는 목표를 향해 뜨겁게 질주하기도 한다. 어떤 일을 하는 것과 하지 않는 것의 동기는 오직 자신의 의지에 따라 결정한다. 그는 어떤 상황에서도 마음이 평온하다. 이래도 좋고, 저래도 좋다. 마음의 자유를 갖는다면 삶의 시련과 방황조차도 여행이라 여기지 않을까?

열버 tip

① 마음의 자유가 진정한 자유다.

② 인생은 이래도 좋고, 저래도 좋다.

비대면 시대

'코로나'라는 전염병이 전 세계를 강타했다. 비말(침)에 의해 감염되기 때문에 사람들과의 접촉 금지와 마스크 착용이라는 정부의 조치가 내려졌다. 사람들 앞에서 강의를 하는 내게는 치명적이었다. 많은 강사들이 화상회의 프로그램을 이용해서 강의를 했다. 화상회의 프로그램을 활용하는 방법을 가르쳐 주는 강좌도 등장했다. 비대면으로 소통하는 기술은 발전하고, 그 방법을 활용해서 공부하는 사람들이 많다.

비대면 시대에 진정 필요한 것은 대면이다. 비대면 교육은 임시방편에 불과하다. 인간의 눈빛과 느낌, 에너지를 온전히 전달할 수 없다. 특히 강의나 스피치 연습을 하기에는 부적절하다. 교사와 교수들이 온라인 교육의 비효율성을 강조하는 이유다. 비대면 교육은 인간 변화를 추구하는 교육의 본질과 매우 동떨어진 교육 시스템이다.

물은 불과 직간접적으로 접촉해야 끓는다. 모니터로 용광로나 뜨거운 불꽃을 보여 주는 것만으로는 열기가 전달되지 않는다. 주전자에 담긴 물은 불꽃위에 올려놓아야 끓는다. 불꽃에서 멀어질수록 전달되는 열은 약해진다. 화면을 통해 전달할 수 있는 자극은 단순한 지식의 전달과 본능적인 욕구의 대리만족 정도다. 물에 빠져보지 않고는 수영을 배울 수 없다. 수영을 배우기 위해 가장 중요한 것은 물을 경험하는 일이다. 수영하는 모습을 보고 좋은 수영복을 입고, 훌륭한 교재를 읽는 것만으로는 수영기술을 습득할 수 없다. 수영을 배우는 첫 단계는 물속에서 팔과 다리를 흔들면서 허우적거리는 것이다.

사람의 변화는 직접 만나는 것에서 시작된다. 사람이 사람에게 주는 영향력은 생각보다 강력하다. 미사여구로 사람의 마음을 홀리는 사기꾼을 자주 만나면 나도 그리 될 가능성이 높다. 유쾌한 사람을 자주 만나면 유쾌해지고, 돈이 최고라고 여기는 사람을 자주 만나면 삶의 목적이 오로지 돈이라고 생각하게 된다. 직장에서는 업무보다 인간관계 때문에 힘든 경우가 많다. 직원들끼리 소통이 잘되고, 신뢰와 유머, 칭찬과 사랑이 넘치면 어려운 일도 즐겁게 할 수 있다. DRI열정리더십 교육은 스피치와 강의기술을 연습하는 교육이다. 그런 연습을 통해 자신감과 자존감이 최고조로 충전된다. 이런 교육은 온라인으로 해봤자 재미도 없고, 감동도 없다. 당연히 교육의 효과도 없다. 내가 만약 이 교육을 온라인으로 했다면 '사기꾼'이라는 소리를 들었을 것이다. 화질이 뛰어난 카메라와 오디오 장치를 사용해도 실제로 보고 듣는 것과 비교할 수 없다. 연습은 직접 해보는 것이다. 듣기와 보기만으로 내 것으로 만들 수 없다. 자극은 직접 만지고, 해보고, 느끼는 곳에 존재한다. 서류정리를 하기 위해서는 영상을 시청하는 것만으로는 부족하다. 내가 직접 서류더미 속으로 들어가야 한다. 그곳에서 분류하고, 정리해야 사무실 서류가 정리된다. 나는 비대면 시대일수록 대면이 중요하다고 생각한다. 대성열정 아카데미 강의실에는 매주 토요일마다 열정과 긍정, 깨달음과 변화의 에너지가 넘쳐난다.

변화에 능동적으로 반응해야 생존할 수 있지만, 수시로 바뀌는 트렌드에 갈팡질팡 하는 것도 바람직하지 않다. 나는 지금 '비대면 시대'에 '대면 교육'에 매진하고 있다.

대성열정 아카데미 현관에는 이런 글귀가 붙여져 있다.

"변하지 않는 것으로 온갖 변화에 대응한다."

① 변화는 자극으로부터 시작된다.

　자극은 비대면 보다 대면일 때 극대화된다.

② 오른쪽 길에 사람들이 바글거릴 때, 나는 왼쪽 길로 간다.

14 현실에 충실

어린 시절부터 다른 사람의 눈치를 보며 살았다. '다른 사람으로부터 인 정받아야 한다.'는 강박관념이 있었다. 누군가로부터 '멋지다.', '특별하다.' 라고 인정받는 것을 좋아했다. 교회에 다닐 때 목사, 전도사와 신도들은 나 를 칭찬했다.

"우리 교회를 이끌어 갈 리더야.",

"대성이는 언젠가 큰 인물이 될 거야."

"우리 교회의 보물이야."

친구들도 그런 소리를 자주했다.

"이대성은 정말 특이한 놈이야."

"키만 조금 더 컸으면 완벽할 뻔했어."

락카페에서 일할 때에도 열정적이라는 평가를 받았다. 오후 5시부터 다 음날 새벽 6시까지 발바닥에 불이 날 정도로 뛰어 다녔다. 사장, 종업원, 손 님, 주변의 상인들도 칭찬을 해줬다.

"락카페를 위해 태어난 녀석 같아."

"왕삐끼, 오늘은 몇 테이블 데려갈 거야? 대단한 놈이야."

"앞으로 형님이라 불러라. 10년 동안 장사를 같이 해보자."

락카페 사장으로부터 오랫동안 함께 일해 보자는 제안도 받았다. 어릴 때부터 내 열정은 꽤 인정받았다.

1995년 11월, 논산 훈련소에 입대해서 4주간의 훈련을 받았다. 내가 소속되어 있던 교육대대의 지휘관은 경례를 강조했다.

"군대는 경례가 가장 중요하다. 우리 훈련병들이 4주 동안 경례 하나만큼은 잘했으면 좋겠다."

교육대대 연병장 사열대 상단에는 '세계에서 경례를 가장 잘하는 부대'라는 현수막이 붙여져 있었다. 매일 아침 점호를 할 때마다 그 현수막을 봤다. 그때부터 경례만큼은 우렁차게 하겠다는 다짐을 했다. 4주 교육이 끝날 때 대대장 표창을 받았다. 그 이후 20년간 훈련병 시절에 배웠던 것과 똑같이 경례를 했다. 다른 건 몰라도 경례만큼은 누구보다 잘했다.

논산훈련소 기본 군사훈련과 특기병 후반기 교육을 마치고 자대배치를 받았다. 내가 입대한 부대는 포병여단 예하의 대대였다. 인사과에서 대기하고 있을 때 대대 군수과장이 내게 물었다.

"컴퓨터 할 줄 알아?"

사실 나는 컴맹이었다. 육체노동과 훈련이 싫어서 거짓말을 했다.

"네, 잘 합니다!"

"그래? 이 녀석 목소리도 우렁차고, 빠릿해 보이네. 컴퓨터도 잘한다니까, 군수과 서무계로 딱인데!"

군수과장의 선택으로 행정병으로 보직되었다. 사무실에 앉아서 컴퓨터만 잘하면 된다는 말에 속으로 쾌재를 불렀다. 사무실에 첫 출근한 날, 선임병들이 내 주변에 몰려 왔다.

"이대성, 너 컴퓨터 잘한다며? HTT(한글타자게임)한 번 해 봐."

HTT는 한글 타자 속도를 테스트하는 프로그램 이름이다. 당시에 컴퓨터를 할 줄 아는 사람 중에 이 프로그램을 모르는 사람이 없었다. 당연히 나는 금시초문이었다.

"네? HTT 말입니까? 그게 뭡니까?"

"뭐? 컴퓨터 잘한다면서 HTT도 몰라?"

"……죄송합니다."

"거짓말 하는 거 아니야? 한번 쳐 봐."

선임병들은 의심의 눈초리로 나를 바라보면서 PC에서 한글 타자 게임을 실행시켜 줬다.

"분당 몇 타 나오는지 보자."

이렇게 노골적으로 테스트 당할 줄은 몰랐다. 입대 전까지 컴퓨터를 만져 본 적이 거의 없었기에 한글의 자음과 모음이 키보드의 어디에 있는지 찾질 못했다. 모니터와 키보드를 뚫어져라 쳐다보며 버벅대는 내 모습을 보며 선임병들이 소리쳤다.

"뭐야! 독수리잖아! 이놈이 거짓말을 했네!"

그 자리에서 뒤통수를 세게 얻어맞았다. 눈물이 핑 돌았다. 내 사수였던 선임병은 어깨를 툭 치며 이렇게 말했다.

"괜찮아, 연습하면 된다."

PC도 제대로 다룰 줄 모르는 이등병은 큰 목소리로 경례하고, 뛰어다니는 것밖에 할 수 없었다. 미친 듯이 대답을 크게 하고, 빨리 움직이려 노력했다. 할 줄 아는 것이 없을 때에는 다른 사람이 원하는 대로 움직여 주는 것이 상책이다. 그런 빠릿한 모습 덕분에 '컴퓨터 파문'은 사그라들었지만, 행정병으로서의 능력은 최악이었다. 한 장짜리 보고서를 만드는데 하루가 꼬박 걸릴 정도로 문서 작성 능력이 형편없었다. 매번 키보드위에서 한글의 자음과 모음을 찾느라 시간을 허비했다. 문서 작성 능력을 향상 시키기 위해 야간이나 주말에 사무실에서 연습을 했다. 3개월 정도 연습 했더니 문서 작성 시간이 줄어 들었다. 상병쯤 되었을 때에는 문서작성을 잘하는 계원으로 인정받았다. 한 장짜리 보고서는 30분 이내로 편집까지 완벽하게 해냈다. 그렇게 20년을 군대에서 행정 업무를 수행했다. 기본적인 문서 편집뿐만 아니라 창의적으로 양식지를 제작할 수 있는 수준이 되었다. 군대에서의 행정 경험은 강사가 되고 난 후에 큰 도움이 되고 있다. 락카페에서 일하느라 컴퓨터 근처에도 못 가본 내가 행정병에 적응하기 위해 몸부림 쳤던 경험이 없었다면 불가능했을 것이다. 내가 마주한 현실에서 최선을 다하는 것은 옳은 것이었다.

1996년 겨울, 입대한 지 1년 만에 부사관에 지원했다. 육군 부사관 학교에서 미친 듯이 공부했다. 여자 친구의 이별 통보가 나를 간절하게 만들었다. 4주간의 부사관 임관교육을 받는 동안 그 흔한 편지나 전화 한 통 하지 않았다. 수업시간에는 오로지 교재와 교관에 집중했다. 교관의 말 한마디 한 마디를 노트에 기록했다. 강의 중간에 하는 농담도 모두 받아 적었다. 쉬는 시간에는 수업시간에 들으며 적었던 내용을 정리하고 화장실에 갔다. 중요한 것과 중요하지 않은 것을 색상으로 구분했다. 교관이 중요하다고 강조했던 부분은 빨간색 펜으로 별표를 했다. 빨간색으로 별표시한 내용은 휴대용 수첩에 옮겨 적었다. 식사를 위해 식당 앞에서 대기하는 시간도 아까웠다. 별표시한 내용을 옮겨 적은 수첩을 손에 들고 읽었다. 미친 듯이 공부만 하는 내 모습을 본 동기들이 한 마디씩 했다.

"공부벌레, 그렇게 군대공부 많이 해서 뭐하게?"

"공부에 미친놈 같아."

"뭘 그리 열심히 하냐?"

"군대 생활에 목숨 걸었나?"

일과가 끝난 자유 시간에는 교재와 노트를 들고 인적 드문 휴게실로 향했다. 취침 시간 이후에도 두 시간정도 시간을 내어 공부를 했다. 4주의 임관 교육 기간 내내 그렇게 지냈다. 1996년 12월 14일, 임관식 날에 120여 명의 후보생 앞에서 1등 상장을 수여 받았다.

"1등 될 만하지."

"다른 사람은 몰라도 이대성은 인정해 줘야 해."

나의 공부하는 모습을 신기하게 바라봤던 동기들은 나를 인정해줬다. 그 이후 중급반 보수 교육, 고급반 보수 교육도 1등을 차지했다.

강사가 되기로 마음을 먹었을 때 내 나이는 40세였다. 두려웠다. 어둡고, 불확실한 길로 방향을 바꾸는 일은 보이지 않기 때문에 두렵다. 하지만, 나는 지금까지 내가 살아왔던 세상과 다른 세상이 있을 거라 믿었다. 다양한 교육 현장에서 만나는 사람들의 모습을 보며 확신했다.

'저들도 저렇게 살고 있는데, 내가 못할 이유가 있을까? 나도 할 수 있을 거야.'

매일 거울을 보며, 책을 읽으며 생각 했다. 마인드 컨트롤, 내 본능이 이끄는 대로 살고자 했던 그 꿈을 현실로 만들고 싶었다.

강사가 되기 위해 나만의 키워드를 찾기 위해 주변 사람들에게 의견을 물었다. 많은 사람들이 이런 단어들을 추천했다.

'열정'

'에너지'

'긍정'

'근성'

'유머'

그중에서 '열정'이라고 말해주는 사람이 가장 많았다. 그때부터 열정은 나의 브랜드가 되었다. 강의나 교육현장에서 처음 만나는 사람들은 나에게 늘 이렇게 말해줬다.

"에너지가 남다르세요."

"열정적이시네요."

말투와 표정, 몸짓에서 열정이 느껴진다고 했다. 내가 열정적인 사람으로 보이는 이유는 유년기에 교회 다닐 때, 입대 전 아르바이트와 군대 생활을 하면서 주변 사람들로부터 인정받기 위해 열정적으로 일했기 때문이다. 조폭들로부터 인정받기 위해 밤새도록 화양리 카페 골목을 누비고, 부대에서 일 잘하는 사람이 되기 위해 밤샘 작업을 마다하지 않았던 경험 덕분이다.

인정과 존중을 받아본 사람은 어떤 일이든 열정적으로 할 수 있다. 현실에 충실한 사람은 꿈을 찾았을 때 남다른 열정으로 달려들 힘을 가진다. 지금 내가 서 있는 곳에서 인정받기 위해 최선을 다해야 한다. 내가 책임지는 곳이 아니거나 내가 경영하지 않는 곳일수록 더욱 그래야 한다. 내 것이 아닌 곳에서 일을 하고, 돈을 받는다는 것은 내 멋대로 하면 안 된다는 것을 의미한다. 편의점에서 일을 한다면 방문하는 고객에게 밝은 미소를 보여주고, 경쾌한 목소리를 들려줘야 한다. 식당에서 고기를 굽는 일을 한다면 손님들이 최대한 기분 좋게 먹고 갈 수 있도록 도와줘야 한다. 어떤 분야의 초보라면 그 일이 어떤 일이든 상관하지 말고, 시간을 할애해서 숙달하기 위해 열정을 쏟아야 한다. 현실에 충실하지 않는 것은 열정이 아니다. 그것은 게으름이요, 아집일 뿐이다. **지금 내가 있는 이곳에서 하고 있는 일을 열정적으로 하는 것은 훗날 꿈을 이루는데 귀한 자양분이 되어 줄 것이다.**

① 현실에 충실해본 경험은 꿈을 이루는 자양분이다.

② 인정받기 위해 노력하는 모습도 아름답다.

안영욱 (30대/남성/직장인)

"어떻게 그런 생각을 할 수 있죠?"

"와~ 대단하시다."

"멋지세요."

이대성 강사의 만남에서 빠지지 않는 멘트이다. 이런 표현은 상대방의 기분을 좋게 해주고 분위기를 좋게 만든다. 살면서 나에게 이런 표현을 열정적으로 해준 사람도 없었고, 나 역시 그런 표현을 하지 못했다.

처음에 그를 만났을 때 오해를 했다.

"이상한 사람 아니야? 왜 저럴까?"

"뭔가 수작 부리려고 저러는 거 아니야?"

"마치 약 장수 같은 느낌이야."

아내와 함께 이대성 강사를 만나고 난 후, 우리 부부는 이런 말을 주고 받았다.

시간이 지나 그의 가치관과 그가 추구하는 가치를 이해하게 되고, 내 삶의 변화를 경험한 후로 생각이 바뀌었다. 그때 했던 우리의 생각은 잘못된 것이었다.

나는 삶의 변화가 간절했던 시기에 DRI열정 리더십 과정에 등록했다. 처음 10주는 새로운 문화를 알게 되는 시간이었고, 20주째부터는 가슴이 움직이기 시작했다. 그렇게 DRI열정 리더십 교육을 30주 수강했다.

"인사는 하는 것이 아니라 나누는 것이다."

DRI열정 리더십 교육이 시작되면 매주 반복적으로 연습하는 것이 있다. 바로 '인사'와 '칭찬', '감사' 표현이다.

우리는 자리에서 일어나 큰소리로 외친다.

매 시간마다 칭찬 하는 방법, 인사하는 법 등을 온 몸으로 표현하고 큰 목소리로 말하는 연습을 한다.

"우와~ 대단하십니다."

"와~ 멋지십니다."

"배우고 싶습니다."

수강생들이 자리에 일어나서 함께 큰 목소리와 온몸으로 진심을 다해 외친다. 이 때 강의실은 놀라울 정도로 긍정적이고, 뜨거운 에너지로 채워진다. 이 광경을 처음 보는 사람은 언제나 낯설어 한다. 이 연습은 결정적으로 내 삶을 통째로 바꾸어 주었다.

30주간 하다 보니 가정과 일터에서 칭찬과 격려가 자연스러워졌다. 아내와 5살 딸아이에게도 칭찬과 격려를 자주 한다. 누군가를 만나면 상대방의 장점을 찾게 되고 사소한 것에 감탄하는 일이 자연스러워졌다. 아무것도 아니라고 치부했던 일이 가장 소중한 것임을 알게 된 것이다. 무슨 일이든 연습이 필요하듯, 칭찬과 격려, 감탄과 감사 표현도 연습이 필요했던 것이다. 그동안 내 삶이 무미건조하고, 재미가 없었던 이유는 그런 연습을 하지 못했기 때문이었다.

5살 딸에게 수시로 칭찬을 듬뿍해준다. 혼자 신발을 신거나 밥을 잘 먹을 때, 소변을 잘보고 나왔을 때 등 일상에서 칭찬과 격려, 감탄을 해줄 때마다 아이의 눈빛과 태도는 자신감으로 충만해 있다. 이대성 강사로부터 칭찬과 격려를 자주 듣다보니 자신감과 자존감이 높아졌다. 가정에서 부모가 자녀에게 칭찬과 격려를 넘치도록 해주면 자존감 높고 자신감 넘치는 아이로 성장시킬 수 있다. "칭찬은 고래도 춤추게 한다." 말은 사실이었다. 직접 행동하고 경험해 보니 절대적으로 맞는 말이었다. 이것을 제대로 알게 해주신 이대성 강사님에게 진심으로 감사의 인사를 전하고 싶다.

Chapter
4

희망
Hope

"내 비장의 무기는 아직 손 안에 있다.
그것은 바로 '희망'이다."

- 나폴레옹

Summary

① 열정은 기다림이다.

② 희망을 찾아 헤맬 필요가 없다. 희망은 내 마음에 늘 존재하고 있다.

③ 상황은 무조건 바뀌게 되어 있다.

④ 희망을 잃지 않는 사람은 희망을 가진 사람을 자주 만난다.

⑤ 누구나 행복할 수 있다.

⑥ 축구든 인생이든 위치 선정이 잘못되는 순간부터 꼬이기 시작한다.

⑦ 우리의 일상은 힘 조절로 가득하다. 힘 조절을 잘해야 사고가 안 난다.

⑧ 두려움은 용기와 희망 앞에서 물거품처럼 사라진다.

⑨ 사랑은 신이 인간에게 준 가장 위대한 선물이다.

⑩ 몇 번을 넘어져도 때가 되지 않았다고 믿고 다시 시작하는 것이 희망이다.

⑪ 남다른 끈기는 남다른 능력이다.

⑫ 변화는 좋은 것이지만, 때로는 변화하지 말아야 할 때도 있다.

1 뚝배기 열정

2002년 한일 월드컵은 축제였다. 모든 국민이 하나가 되었다. 거리엔 붉은 티셔츠를 입고 다니는 사람들로 가득했다. 경기가 벌어지는 날이면 광화문 광장, 호프집, 야구장, 축구장 등에 모여 단체 응원을 즐겼다. 서울시청 앞 광장의 붉은 물결을 보기 위해서 인천 공항이 외국 관광객들로 북새통을 이루었다. 태극기로 배꼽티를 만들어서 입었던 '월드컵 걸'도 등장했다. 경기 중에 골이라도 넣으면 지축이 흔들릴 정도로 함성을 지르고, 박수를 쳤다. 옆에 있는 사람이 누구인지 중요하지 않았다. 기쁜 감정에 복받쳐 아무나 얼싸안았다. "빵빵 빵 빵빵" 도로 위의 자동차들은 응원 박자에 맞춰서 경적을 울려댔다. 반대편 차선에서 울리면, 이쪽 차선에서도 울렸다. 지나가는 사람 모두 함께 월드컵 박수를 치면서 "대~한민국"을 외쳤다. 누구도 자동차 경적 소리가 시끄럽다는 불만을 갖지 않았다. 월드컵 기간 내내 아는 사람, 모르는 사람 구분하지 않고 반갑게 하이파이브와 월드컵 박수를 주고받았다. 붉은 티셔츠를 입고, 대한민국 축구팀을 응원하는 우리는 하나였다. 단단한 쇳덩이가 시뻘건 용광로에 녹아내리듯이 우리는 일상의 근심과 걱정을 잊은 채 축제를 즐겼다. 2002년 6월 대한민국은 열정과 광기의 도가니였다. 축제였다. 뜨거웠다. 행복했다.

월드컵의 열정은 순식간에 식었다. 언제 그랬냐는 듯 태극기의 물결은 온

데간데없이 사라졌다. 일상은 다시 차분해졌다. 인간관계, 돈, 일에 치이는 바쁜 일상이 시작되었다. 매스컴을 통해 보도 되는 정치, 경제, 사회 문제에 대한 기사를 보며 한숨을 내쉬었다. 월드컵의 열정과 환희는 어디로 사라진 걸까?

내가 초등학교에 다닐 때, 구멍 난 냄비를 고쳐 주는 직업이 있었다.

"냄비 때워 드립니다!"

구멍 난 냄비를 땜질해 주겠다는 아저씨가 골목을 누비며 소리쳤다. 우리 집은 냄비 한 개로 밥, 찌개, 국을 모두 조리했다. 냄비를 파는 곳도 별로 없었고, 가격이 비싸서 추가로 구매할 엄두를 내지 못했다. 냄비는 우리 집 재산 목록 1호였다. 그 시절에 사용하던 냄비는 대부분 얇은 양은냄비였다. 쉽게 달궈지고, 쉽게 식었다. 짧은 시간에 음식을 조리할 수 있었다. 양은냄비가 열을 흡수하는 속도는 놀라울 정도로 빠르다. 오래 사용하면 구멍이 생기는데, 냄비를 재사용하기 위해 땜질 아저씨의 기술이 필요했다. 몇 번 때워서 사용하면 더 이상 때울 수 없는 지경에 이른다. 그때가 되면 엿으로 바꿔주는 고물장수 아저씨에게 인계한다. 얇은 양은냄비는 열이 쉽게 전달되는 장점이 있다. 물을 채워서 가스불에 올려놓으면 순식간에 끓기 시작한다. 바쁜 사람이 라면을 끓여 먹기에 좋다. 반대로 가스불을 끄면 순식간에 식는다. '보글보글' 미친 듯이 끓던 국물이 식는데 그리 오랜 시간이 걸리지 않는다. 양은냄비는 불꽃의 영향으로 뜨거웠다가 차가웠다를 반복한다.

경상북도 경산에 맛집으로 소문난 순두부 전문식당이 있다. 그곳에서는 순두부를 뚝배기에 넣어서 조리한다. 밥은 즉석 돌솥밥이다. 다른 메뉴도 훌륭하지만, 개인적으로 해물순두부를 즐겨 먹었다. 해물과 순두부는 찰떡궁

합이다. 해물의 얼큰함과 순두부의 담백함이 어우러져 입맛을 돋우기 때문이다. 그곳은 점심시간, 저녁시간대에 가면 줄을 서서 먹어야 할 정로 유명한 맛집이다. 뚝배기와 돌솥에 조리해 주기 때문에 음식을 주문하면 약 10분 이상 기다려야 한다. 뜨거운 돌솥에 담긴 밥을 그릇에 옮겨 담는다. 밥을 덜어낸 돌솥 바닥에는 누룽지가 만들어져 있는데, 거기에 물을 부어 놓으면 숭늉이 만들어진다. 물을 붓고 뚜껑을 덮어 놓으면 꽤 오랫동안 바글바글 끓는다. 식사가 끝난 후에 뚜껑을 열어봐도 여전히 김이 모락모락 나고, 뜨겁다. 입으로 후후 불어가며 먹어야 한다. 뚝배기와 돌솥에 조리된 해물순두부와 돌솥밥을 먹기 위해서는 기다려야 한다. 그런 기다림 끝에 나온 뚝배기와 돌솥의 뜨거움은 꽤 오랫동안 유지된다.

강사가 되고 싶어 하는 사람들이 가끔 이런 질문을 한다.

"하루 만에 주는 강사 자격증을 취득하면 강사가 될 수 있나요?"

나는 이렇게 대답한다.

"불가능합니다."

작가, 1인 기업, 프리랜서 강사가 되고 싶어 사람들이 많아졌다. 강사는 경험과 기술, 지식을 전달함으로써 청중의 변화를 이끌어 내는 일을 한다. 강사가 되기 위해 가장 먼저 해야 할 일은 자신이 먼저 변화하는 일인데, 그게 말처럼 쉽지 않다. 가장 먼저 바꿔야 하는 것이 이미지다. 강사는 무대에 서는 사람이기 때문이다. 단정한 복장과 메이크업, 자신감이 넘치지만 편안한 눈빛과 표정도 필요하다. 외적 이미지뿐 아니라 내적 이미지도 변화시켜야 한다. 이는 외적 이미지와 연결된다. 그러기 위해서는 해당분야의 책읽기와 글쓰기를 치열하게 해야 한다. 자신만의 경험과 생각이 담긴 교안을 만들 수 있어야 한다. 그런 과정이 없으면 '앵무새 강사'가 될 가능성이 높다. '앵

무새 강사'란 남이 만들어 놓은 교안이 있어야만 강의가 가능한 사람을 말한다. 여기까지는 준비단계에 불과하다. 그 교안으로 강의를 해봐야 한다. 열정적으로 전달할 수 있어야 한다. 무슨 일이든 익숙해지기 위해서는 연습과 훈련이 필요하다. 강사는 강단에 자주 서봐야 한다. 이런 과정을 생략하고, 하루 만에 자격증을 취득해서 강사가 될 거라고 생각하는 것은 냄비 근성이다. 그렇게 훈련해서 강사가 된다 해도 모두 살아남는 것도 아니다. 내가 아는 어떤 분은 10년 넘게 강사로 활동 하다가 최근에 경제고를 견디지 못해 재취업을 했다. 그에게는 자신이 직접 만든 콘텐츠가 없었다. 콘텐츠를 스스로 만들지 못하면 진정한 강사가 될 수 없다. 강사로 살아남으려면 콘텐츠가 있어야 한다. 그것은 내가 해 본 것, 나만 할 수 있는 것이어야 한다. 강사라는 직업은 자신만의 브랜드가 없으면 하루아침에 잊혀지기 때문이다. 하루 만에 자격증을 취득한다고 해서 강사가 되는 것은 불가능하다. 심하게 말하면 하루 만에 강사 자격증을 주는 곳은 자격증 매장에 불과하다. 강사 자격증은 편의점에서 판매하는 껌이나 음료가 아니다.

양은냄비 같은 사람은 조급하다. 쉽게 뜨거워지고, 쉽게 성과 내기를 원한다. 사람, 장소 등 환경에 의해 뜨거워졌다, 차가워졌다를 반복한다. 감정기복도 심하다. 금세 좋았다가 금세 싫어진다. 싫증도 금방 낸다. 칭찬을 들으면 양귀에 입꼬리가 닿을 정도로 기뻐하지만, 비난과 무관심에 쉽게 분노한다. 쉽게 다짐하고, 쉽게 포기한다.

외부적인 요인에 의해 뜨거워지고, 식었다를 반복하는 것은 열정이 아니다. 뚝배기나 돌솥은 양은냄비에 비해 뜨거워질 때까지 더 많은 시간과 열을 요구한다. 한번 뜨겁게 달궈지면 잘 식지 않는다. 열을 가하지 않아도 뜨거움이 오랫동안 지속된다. 뚝배기 같은 사람은 뜨거워질 때까지 기다린다. 순식간에 뜨거워지지 않아도 조급해하지 않는다. 온 몸과 마음이 확실하게 뜨거워졌다고 여겨질 때까지 기다릴 줄 안다. 그 기다림의 끝에 자유가 있다. 그때부터는 스스로 온기를 유지한다. 더 이상 가스불이 필요 없다.

열정은 스스로 뜨거워지고, 식힐 줄 아는 능력이다.

① 열정은 기다림이다.
② 2002년 월드컵의 열기가 일상에서도 지속되는 사람이 있다.

자동차 열쇠

"희망은 자동차 열쇠와 같다. 늘 잃어버리지만 가까이에 있다." (영화 〈저스티스 리그〉) 중에서

주차장에 주차 되어 있는 차량을 타기 위해서 차량 앞에 섰다. 주머니에 있어야 하는 자동차 열쇠가 없었다. 깜빡 잊고 집에 두고 온 것이다. 부랴부랴 집에 올라가서 찾았는데, 눈에 보이지 않았다.

"어제 귀가해서 어디에 두었는지 기억해보세요."

아내와 나는 집안 구석구석을 뒤졌다. 거실의 장식장 서랍, 책상 서랍, 화장실 선반 등 아무리 찾아봐도 없었다.

"아, 미치겠네, 출발해야 되는데."

강의 시간이 빠듯해서 발을 동동 구르고 있었다.

"도대체 열쇠가 어디에 간 거야, 발이 달린 건가."

"아, 여기에 있네요."

아내가 옷방에서 소리쳤다.

"아, 맞다. 어제 마트에 다녀 왔었지."

마트에 갈 때 입었던 체육복 바지 주머니에 자동차 열쇠가 있었다. 자동차 열쇠가 없다는 이유로 자동차를 폐차시키는 사람은 없다. 열쇠는 집에 가면 있다. 급하면 보험회사에 연락하면 문을 열어준다. 자동차 제조 회사에

연락하면 새 열쇠를 만들어 주기도 한다.

희망은 흔하고, 상투적인 단어지만, 절망적인 현실 앞에서 희망을 가슴에 품기란 여간 어렵지 않다. 갑자기 좋은 일이 생기고, 근사한 누군가를 만나고, 멋진 곳에 가서 멋진 일을 하면 희망을 가질 수 있다고 생각하는 것은 누구나 가능하다. 희망은 안 좋은 상황, 별 볼일 없는 상황에서도 더 나은 미래를 꿈꾸는 능력이다. 그것은 언제, 어디서, 누구나 가질 수 있다. 단지 우리는 희망에 대한 생각을 많이 하지 못했을 뿐이다. 희망은 자동차 열쇠처럼 언제나 내 안에 있다. 열정적인 사람의 가장 큰 특징은 어떠한 상황에서도 주저앉지 않는 태도다. 포기하지 않는다. 희망을 가슴에서 놓지 않는다. <u>오늘은 힘들지라도 내일은 오늘보다 더 나은 날이 반드시 올 거라는 것을 믿는다.</u>

열버 tip

① 그날 이후, 차량 열쇠는 현관문에 걸어둔다. 일정한 장소에 정위치하면 다시 찾기 편하다.

② 희망을 찾아 헤맬 필요가 없다. 희망은 내 마음에 늘 존재하고 있다. .

독수리 눈빛

"희망은 마치 독수리의 눈빛과도 같다. 항상 닿을 수 없을 정도로 아득히 먼 곳만 바라보고 있기 때문이다." (쇼펜하우어)

독수리는 곡식 알갱이나 벌레를 잡아먹는 참새, 비둘기와 같은 일반 조류와 급이 다르다. 독수리는 토끼, 사슴 등을 사냥하는 육식동물이다. 사냥의 첫 번째 과정은 날아오르는 일이다. 처음에 날아오를 때 힘껏 날갯짓을 몇 번 하고 나면 순식간에 높은 곳까지 날아오른다. 그 이후로는 날갯짓을 하지 않는다. 날개를 넓게 펴고 기류를 타고 자유롭게 움직인다. 이것이 바로 '비상'이다. 하늘 높이 날아오른 독수리는 날개를 넓게 펴고 먼 곳을 응시하며, 산 속을 거니는 사냥감을 찾는다. 독수리는 사냥감을 볼 수 있지만, 그들은 독수리를 보지 못한다. 독수리는 먼 곳에서 내려다보기 때문이다.

"난 빚이 한 푼도 없는 사람이다."

대한민국에 이런 말을 할 수 있는 사람이 얼마나 될까? 내게는 방탕했던 시절에 쌓아 놓은 빚이 아직도 남아 있다. 최근에 과도한 채무 부담을 국가에서 덜어주는 '개인회생'을 진행하게 되었다. 법무사를 통해 법원에 제출할 서류를 준비하면서 과거의 잘못된 선택을 뼈저리게 반성하고 후회했다. 법원은 채무 금액의 일부를 3년 동안 분할해서 납부하면 내가 가진 모든 부채를 탕감해준다는 결정을 해줬다. 그때부터 지금까지 매월 100만 원씩 납부하고 있다. 첫 달에 납부할 때는 끝이 보이지 않았다. '아, 이런 식으로 36번을 내야 하다니, 언제 완납하려나.' 매월 법원에 입금할 때마다 가슴이 답답함과 두려움으로 가득했다. 시간이 약이라는 말은 이럴 때 쓰는 것인지도 모르겠다. 한 달, 두 달 내다보니 이제 끝이 보이기 시작한다. 3년이 다 되어 간다. 아직 몇 개월 남아 있지만, 나는 곧 빚이 없는 사람이 되어 있을 거라는 희망을 갖고 있다. 그러니, 한 달 한 달 성실하게 꾸준하게 납부할 것이다.

대부분의 고민은 힘든 현실에 매몰 되었을 때 벌어진다. 눈앞에 펼쳐진 일을 해결하지 못하거나, 해결하기 위해 안절부절 할 때 고민이 생기기 시작한다. 고민에 대한 대책은 둘 중 하나다. 해결하거나, 못하거나. 해결할 수 있으면 해결하면 그만이다. 문제에 정면으로 맞서서 해결하면 된다. 해결하지 못하는 문제는 신경을 꺼야 한다. 책임을 져야 하면 책임을 지고, 그렇지 않은 문제는 잊어도 상관없다. 해결할 수 있는데 해결하지 않고 하는 고민과 해결할 수 없는 문제를 안고 하는 고민, 이 두 가지 고민을 쓸데없는 고민이라고 한다.

희망은 먼 곳을 보는 것이다. 상황이 변할 거라는 믿음을 갖는 것이 희망이다. 희망을 가진 사람은 돌부리에 걸려 넘어졌다고 주저앉아 울지 않는다. 그래봤자 해결되는 것은 아무것도 없다는 사실을 알기 때문이다. 가슴에 희망을 채운 사람은 두 눈을 부릅뜨고, 손바닥을 탁탁 털고 다시 일어난다. 가시밭길 같은 외로운 길을 걷다보면 발바닥에서 피가 날 수도 있다. 옆에 아무도 없다고 느껴질 때는 눈물이 흘러내리기도 한다. 희망을 가진 사람은 그런 암울한 현실 따위에 시선을 돌리지 않는다.

희망만 잃지 않으면 상황은 반드시 바뀐다.

① 상황은 무조건 바뀌게 되어 있다.

② 1년 후, 10년 후를 내다보면 현실의 고통은 별거 아니다.

4 열정 아지트

예전에는 빵집에서 미팅과 소개팅을 했다. 우유와 빵을 시켜 놓고, 이성 친구를 소개 받았다. 빵과 우유가 어색한 분위기를 해소시키는 역할을 했다. 우리 세대는 레스토랑과 커피숍에서 미팅이나 소개팅을 했다. 동네마다 레스토랑과 커피숍이 즐비해 있었다. 레스토랑에서 돈가스를 시키면 나비넥타이를 맨 웨이터가 서빙을 해줬다. 식사를 마치면 후식으로 커피나 음료를 제공해 줬다. 레스토랑의 조명은 은은한 백열등이었다. 대낮에 들어가도 어두컴컴해서 피부가 좋지 않아도 커버가 되었다. 칸막이가 설치되어 있어서 옆에 누가 앉아 있는지 모른다. 우리는 그곳에서 식사를 하고, 차를 마시며 수다를 떨었다. 칸막이가 설치되어 있어서 비교적 자유롭게 놀 수 있었다. 그곳이 우리의 아지트였다. 레스토랑은 돈이 없으면 갈 수 없었다. 돈이 없을 때 가는 제2의 아지트는 청량리 미주 아파트 놀이터였다. 놀이터 바닥에는 모래가 깔려 있었다. 학교에 다녀오면 그곳에 모여서 잡담을 주고받았다. 가끔씩 여학생들이 오면 즉석에서 대화를 주고받으며 친구로 만들었다. 놀이터에서 담배를 피고, 큰 소리로 웃다 보면 수위 아저씨가 빗자루를 들고 뛰어 나온다.

"이 녀석들아, 너희들 누구야? 당장 나가지 못해!"

수위 아저씨가 야속했다. 도망가야 하는 것이 서러웠다. 마치 죄인이 된 것 같았다. 지금 생각해보면 수위 아저씨 입장도 이해된다. 놀이터에 아파트 주민이 아닌 불량 학생들이 모여 있는 것을 좋아하는 주민이 누가 있겠나. 아이들이 놀이터에서 놀고 싶어도 우리 때문에 놀지 못했을지도 모른다. 객관적으로 보면 우리는 불량 청소년이었다. 청소년 시절은 친구들과의 정서 공유가 중요한데, 모여서 소통할 공간이 없어서 늘 아쉬웠다. 아지트를 만드는 것은 어릴 때부터 내 속에 잠재되어 있던 소망이었다.

커피숍의 포화 시대다. 그 시절 우리가 레스토랑이나 아파트 놀이터를 갈망했던 것처럼 시대가 변해도 아지트에 대한 욕망은 변하지 않았다. 회사나 학교, 집이 아닌 제3의 공간이 일상에서 자유를 느끼게 해준다. 청소년 시절 빵집, 레스토랑, 놀이터나 공터가 지금은 커피숍으로 진화했다. 회사는 회사대로 집은 집대로 개인의 쉼을 방해하는 요소가 있다. 그래서 우리는 제3의 공간을 찾는다. 어떤 직장인은 퇴근 후, 아파트 지하 주차장에 차를 세워놓고 자기만의 시간을 갖고, 어떤 CEO는 주말에 아무도 없는 사무실에 출근해서 자유를 만끽한다고 한다. 세상은 진보했지만, 여전히 외롭고, 자유롭지 못한 사람들이 많다.

"인간의 정신에 영감을 불어 넣고 더욱 풍요롭게 한다."

세계 최대의 커피숍 프랜차이즈 스타벅스의 사명이다. 스타벅스의 정신은 커피를 파는 것이 아니라 정신적인 가치를 추구하는 것이다. 역사적으로 위대한 발견이나 발명을 한 사람들은 홀로 있는 시간, 간섭과 통제가 없는 상황에서 영감을 얻었다. 사과나무 아래에서 '만유인력의 법칙'을 발견한 뉴턴, 욕조에 넘치는 물을 보고 '부력'의 원리를 발견한 아르키메데스는 혼자 있는 기간에 위대한 발견을 했다. 커피숍은 영감을 떠오르게 해주는 곳이다. 또한,

자유로운 만남과 소통을 가능하게 돕는 공간이다. 요즘의 커피숍은 '아지트'를 제공한다. 그곳에서 책을 읽고, 공부를 한다. 친구와 동료를 만나고, 거래처 담당자를 만난다. 영업하는 사람들도 커피숍을 이용하는 경우가 많다. 어린이집에 아이를 보낸 어머니들도 커피숍에서 소통을 이어간다. 커피숍은 아지트다.

물질적인 풍요로움과 편리함은 극에 달했으나, 에너지가 부족한 사람들은 늘고 있다. 등산, 배드민턴, 축구, 미술, 시낭송, 독서 등 다양한 분야의 동호회와 모임에 참여하는 사람들이 늘고 있다. 동호회 활동을 통해서 건강과 즐거움, 연대감을 동시에 느낄 수 있기 때문이다. 일상을 변화시키기 위해서는 제3의 사람을 만나야 한다. 제3의 사람은 직장동료, 친구, 가족 등 이제껏 만나 왔던 관계의 범주를 벗어난 사람을 말한다. 제3의 사람은 '문화'를 공유하는 사람들이다. 에너지와 열정, 내적 성장이 행복한 삶을 만드는 재료임을 깨닫고 난 후, 어릴 때부터 꿈꿔왔던 아지트, 사무실과 강의실을 만들고 싶었다. 하지만, 나에게 강의를 가르쳐준 어떤 강사는 이런 말을 했다.

"강사는 강의실과 사무실을 운영하면 안 된다."

비용 부담과 시설 관리가 쉽지 않기 때문이라고 했다. 하지만, 지레 겁을 먹고 그의 말대로 시도조차 하지 않는다면 나중에 후회할 것 같았다. 실패한다 하더라도 한 번이라도 해본다면 후회는 없을 것 같았다. 나, 너 우리가 존중하고, 성장하고, 좋은 에너지를 나누는 아지트. 대구 수성구에 위치한 〈대성열정아카데미〉는 그 결단으로 만들어진 아지트다. 이곳에서 매주 〈DRI열정리더십〉, 〈초등 열정 스피치〉, 독서포럼 〈나무〉, 〈DRI 행복포럼〉 등 다양한 교육과 모임, 교육을 진행하고 있다. 몇 년 운영해 보니 그 강사가 왜 그런 말을 했는지 이해된다. 매월 임대료에 대한 부담은 생각보다 컸다. 시설과 물자 관리도 쉽지 않았다. 외부강의와는 별도로 쏟아야 하는 에너지가 필요했다. 내부 교육이 있는 날에는 사무실과 강의실을 정리하는데, 신경쓸 일이 많았다. 수개월의 임대료를 내지 못할 때도 있었다. 유명하지 않고, 능력도 안 되는 초보강사가 사무실과 강의실을 경영한다는 것은 상식적인 일이 아니다. 그러니 그만두는 게 상식이다. 한번 해봤으니까 내려놓아도 여한은 없었다. 하지만, 어떤 일은 상식과 계산이 배제될 때도 있다. 그렇게 3년을 버텼더니 상황이 나아지고 있다. 1년 이상 연락 없던 사람들이 찾아 왔다. 문서 편집과 사무실 서류정리를 해달라는 사람, 개인 스피치 코칭, 강사, 작가의 꿈을 가진 사람들이 하나 둘씩 찾아오고 있다. 이런 사람들이 모여 더 많은 사람들이 선한 영향력을 나누는 그 날을 꿈꾸고 있다.

소속감을 가지는 것은 행복의 조건 중 하나다. 내가 어렵고 힘들 때 힘이 되어 주는 가족, 친구가 소중한 이유다. 여기에 한 발 더 나아가 제3의 공간에서 제3의 사람들과 소통하는 것은 소중한 삶의 윤활유가 되어준다. 상식적인 계산으로는 꿈을 이룰 수 없다. **불행은 꿈을 이루지 못한 것이 아니라 이루지 못한 꿈조차 없는 것이다.** 불행은 실패하는 삶이 아니라 실패하는 삶을 받아들이지 못하는 것이다. 끝까지 희망을 놓지 않는다면 반드시 기회는 온다. 우리의 열정 아지트는 지금도 현재 진행형이다. 간절하게 변화와 성장을 원하는 당신을 기다린다.

열버 tip

① 우리 도시에 아지트를 찾아보자.
② 희망을 잃지 않는 사람은 희망을 가진 사람을 자주 만난다.

5

인생의 목적

어떻게 사는 것이 좋은 인생일까? 모두가 인정하는 보편적인 삶의 기준이 있다. 학생은 학교에서 열심히 공부해야 한다. 그래야 좋은 직업을 가질 수 있다. 지식과 기술을 습득하기 위해 최선을 다해야 한다. 그래야 사회에 필요한 존재가 될 수 있다. 때가 되면 결혼을 하고, 아이를 낳아야 한다. 자녀를 성인이 될 때까지 돌봐주고, 나를 키워주신 부모를 부양해야 도덕적으로 당당한 사람이 될 수 있다. 기쁜 날이나 슬픈 날에는 사람들이 모여서 음식을 나눠 먹는다. 그렇게 사는 것이 좋은 것이라고 알고 있다. 나는 그렇게 살지 못하면 행복하기 어려울 거라는 막연한 두려움을 갖고 있었다. 학창 시절 공부를 게을리 한 학생, 취업과 결혼을 하지 못한 사람, 부모가 없는 사람, 아이가 없는 사람, 경조사에 초대할 사람이 없는 사람은 행복하지 못할 거라는 고정관념을 갖고 있었다. 정말 지금까지 생각해온 인생의 표준은 진리일까?

"우리는 왜 사는 것일까요?"

"어떻게 살아야 옳은 삶일까요?"

이런 질문을 하면 돌아오는 대답은 상투적인 대답과 핀잔이었다.

"어떻게 살긴 닥치는 대로 열심히 사는 거지."

"쓸데없는 소리 하지 말고 일이나 똑바로 해라."

직장 생활을 하면서 동료들과 인생의 목적에 대해 토론하는 것은 별나라 이야기다. 대다수의 사람들은 일하기에도 바쁜 곳에서 그런 이야기를 나누는 것을 시간낭비로 여겼다. 그러나 동기부여와 인문학 강의를 하는 강사들의 강의를 들어보면 대부분 그것이 핵심 주제였다. 나는 왜 태어났고, 왜 사는 것일까? 어떻게 사는 것이 옳은 삶일까? 나는 그 질문에 대한 답을 책을 통해서 조금이나마 얻을 수 있었다. 그리스의 철학자 아리스토텔레스는 인생의 목적에 대해서 이렇게 정리했다.

"인생의 궁극적인 목적은 개인의 행복을 추구하는 것이다."

대한민국 헌법에는 이런 내용이 있다.

"모든 국민은 인간으로서의 존엄과 가치, 행복 추구권을 가진다."

지금까지 들어본 적이 없는 낯선 문장이었다. 고대 철학자와 헌법이 말하는 행복한 사람은 특별한 열정과 능력을 가진 사람이 아니었다. 모든 사람이 행복하게 살 수 있다는 말에 충격을 받았다. 행복한 인생은 어떻게 만들 수 있을까?

인간은 누구나 행복한 삶을 꿈꾼다. 그러기 위해 어제도 버텼고, 오늘도 버티고, 내일도 버틸 각오를 한다. 행복한 인생을 거부하는 사람은 단 한 명도 없을 것이다. 누구나 행복하게 살고 싶어 한다. 행복하게 살기 위해서 무엇을 해야 할까? 좋은 직장, 좋은 차, 풍족한 통장 잔고, 근사한 외모와 옷, 다른 사람들로부터 부러움을 사는 일상을 사는 사람만 행복할까? 아름답고, 젊고, 풍요롭고, 편리해지는 것만이 행복일까? 산 속에서 농사를 지으며 사는 스님의 삶은 풍요롭지 않고, 편리하지도 않다. 오히려 부족함이 더 많다. 그들은 불행할까? 행복을 찾기 위해 절에 들어가서 생활하는 체험 학교가 있다. 그곳에 입교하면 옛날 방식대로 생활한다. 이른 새벽에 일어나서 밭에 가서 농사일을 하고, 가마솥에 밥을 한다. 자기가 먹을 것은 자기가 해결해야 한다. 건물 밖에 있는 재래식 화장실을 사용한다. 청소나 빨래도 청소기나 세탁기를 이용하지 않는다. 그런 일상을 보내면서 행복을 깨닫는다. 정치인, 연예인, 대기업 임원, 중소기업 사장들이 극단적인 선택을 하는 사례가 있다. 풍요로움과 편리함, 유명한 것만이 행복의 기준은 아니다.

왕족의 아들로 태어난 석가모니는 평범한 백성들이 고민과 고통이 많다는 사실에 충격을 받아 20대 후반의 나이에 출가를 결심했다. 그의 철학은 수천 년이 지난 지금도 많은 사람들의 마음을 위로하고 있다. 석가모니의 이야기가 새겨진 팔만대장경을 다 읽어낸 스님은 부처의 가르침을 한 글자로 요약했다. 그것은 '마음 심(心)'이다. 마음을 잘 다스리는 사람이 행복할 수 있다는 말이다. 마음을 다스리지 못하는 사람은 제아무리 많은 부와 명예, 권력을 가졌다 하더라도 행복할 수 없다. 행복은 마음 관리다. 사람의 마음을 이리저리 흔드는 것은 결국 욕망이다. 욕망을 자유롭게 제어하는 능력이 개인의 가치관이요, 신념이다. 이런 것은 개인에 따라 다르기 때문에 무엇이 절대적으로 옳다고 말할 수 없다.

'행복한 직장 만들기' '행복한 가정 만들기'라는 주제로 강연을 가보면 스스로 행복하지 않다고 생각하는 사람이 많다. 부와 명예를 원하지만 그렇지 못한 자신과 가족의 모습에 만족하지 못하거나, 자신이 해결할 수 없는 문제 앞에서 갈등하는 사람도 있다. 하지만, 그런 문제는 인생에서 무엇이 중요한 것인지 알게 되면 모두 해결할 수 있다. 외모, 학력, 사회적 지위와 상관없이 상대방을 존중하는 사람, 내가 원하는 일상을 자유롭게 향유하는 만큼 다른 사람의 자유도 인정해 주는 사람, 만나는 사람들과 유쾌하게 소통하는 에너지를 가진 사람은 남녀노소, 직업에 상관없이 행복하게 살고 있는 사람이다. 그런 사람이 많아지면 우리 사회는 행복한 사회가 되지 않을까?

"오늘은 힘들지만, 내일은 행복할 것이다."

이런 말은 허상일 가능성이 있다. 많은 사람들이 이 말을 믿고 살다가 죽음 앞에서 후회했다. 오늘 당장 행복해지려 노력해야 한다. 아직 부족하고, 성취한 것이 없어도 지금 이 순간 행복한 인간이 되어야 한다. 행복에 대해서 이야기하는 강사로 살고 있는 나는 완벽하게 행복할까? 그렇지 않다. 철없는 소년처럼 사소한 문제로 아내와 다툰다. 인간관계와 돈 때문에 고민한다. 행복은 매일 좋은 일이 일어나는 것이 아니다. 안 좋은 일을 겪어도 꿈을 포기하지 않고, 용기와 희망을 가져야 한다. 매사에 감사하고, 사랑해야 한다. 이것이 행복한 사람의 태도다. 행복은 주관적인 감정이다. **우리가 상식적으로 알고 있는 표준화된 삶의 매뉴얼은 진리가 아니다. 인생의 목적은 나의 행복이다.**

열버 tip

① 누구나 행복할 수 있다.
② 인생의 목적은 매우 단순하다.

6 정위치 하라

　모든 사물은 있어야 할 곳에 있을 때 자연스럽고, 보기 좋다. 학생은 학교, 주부는 가정, 직장인은 회사에서 일할 때 빛이 난다. 학생이 학교에 가지 않고 밤마다 친구들과 어울려 술을 마시고, 피시방과 노래방만 다니면 나중에 후회한다. 주부가 육아와 가사를 돌보지 않고, 백화점 쇼핑과 커피숍, 나이트클럽 출입을 과하게 하는 것은 바람직하지 않다. 직장인이 근무 시간에 업무와 상관없는 유튜브를 시청하고, 주가를 확인하면서 애인과 문자하는 것에만 정신이 팔려 있으면 안 된다. 육체든 정신이든 있어야 할 곳에 있어야 좋다. 설거지, 청소, 빨래와 같은 가사 노동의 목적은 '정위치'다. 설거지는 주방기구와 그릇을 깨끗하게 세척하는 것뿐만 아니라 원래 있던 곳에 정위치 했을 때 마무리 된다. 주방기구나 그릇이 책장이나 신발장에 있으면 안 된다. 빨래는 세탁기에 오염된 옷과 세제를 넣고 돌리는 것이 전부가 아니다. 세탁과 탈수가 끝난 옷을 건조 시키고, 일정한 크기로 개서 옷장에 넣어야 마무리된다. 이 때 양말, 속옷, 티셔츠, 바지, 와이셔츠를 용도별로 분류해서 정리해야 한다. 분류해서 정리하지 않으면 외관상 보기 좋지 않고, 나중에 찾지 못하는 낭패를 보게 된다. 양말이 주방 싱크대 서랍에 있거나, 와이셔츠가 책꽂이에 보관되어 있으면 곤란하다. 아이가 있는 집은 장난감, 책, 젖병, 기저귀, 유모차 등이 가득하다. 그런 물건들을 매일 정위치하는 것만으로도 엄마는 녹초가 된다. 서류도 정위치해야 한다. 집에 보관하고 있는 가전제품의 설명서를 한 곳에 잘 정리해 놓으면 필요할 때 꺼내보기 편리하다. 사무실 서류는 목적과 내용에 따라 분류하고 정리해 놓아야 한다. 서류를 정리하지 않으면 업무의 효율성이 매우 떨어지기 때문이다. 게으름과 나태함, 욕망을 절제하지 못해서 정위치 하지 못하는 경우가 많다. 모든 분야에서 정위치 한다는 것은 어려운 일이다. 그러다 보니 정리를 대행해 주는 직업도 있다. 대성열정 아카데미도 문서정리 컨설팅을 하고 있다.

집에서 편하게 입을 운동복이 필요해서 백화점에 갔다. 스포츠 웨어 매장 앞에 잠시 머뭇거렸다. 마네킹이 입고 있는 옷이 근사해 보였다. 바지 스타일이 마음에 들었다. 허벅지와 무릎까지는 헐렁하고 그 아래는 지퍼로 쪼이는 형태였다. 상의는 착 달라붙는 스타일인데, 가슴에서 목까지 금색 지퍼가 달려 있어서 멋스러워 보였다. 점원에게 가격을 물어봤다.

"이거 얼마에요?"

"세일해서 한 벌에 삼만구천 원이요."

아내는 별로 마음에 들지 않았는지 표정이 시큰둥했다.

"확실하게 마음에 드는 거예요?"

"멋지잖아."

"글쎄……마네킹이 멋진 거 같은데."

반신반의하던 아내를 설득해서 구매했다. 집에 와서 입어보니까 아내의 예상이 적중했다. 마네킹이 멋진 거였다. 바지는 종아리를 조여서 불편했고, 상의는 소매가 길었다. 백화점에서 봤던 마네킹과 나는 달랐다. 그 옷의 진짜 주인은 마네킹이었다.

3층 건물의 2개 층을 임대했다. 2층은 사무실과 강의실, 3층은 집, 옥상은 야외 휴게실로 사용한다. 1층부터 옥상 사이를 잇는 계단은 나와 아내, 교육이나 모임에 참여하는 사람만 사용한다. 2층에서 옥상까지 올라가는 공간에는 사용하지 않는 물건들이 쌓여 있다. 사용하지 않지만, 버리기엔 아깝다. 계단을 오르내릴 때 마다 보이는 물건을 어찌해야 할지 늘 고민이다.

재화의 홍수 시대다. 집과 일터에 물건들이 넘쳐난다. 진열된 제품이 마음에 들었는데, 막상 집에 갖고 오면 마음에 들지 않는다. 유용할 거라 여겼던 물건도 며칠 지나면 사용하지 않는 경우가 많다. 마트나 백화점에 진열된 제품은 구매자에게 디자인과 편리성을 강조하기 위해 최상의 상태로 정리되어 있다. 매장의 디스플레이는 내게 어울리고, 필요한 제품이라는 착각을 불러일으킨다. 인터넷 쇼핑몰에 올려진 사진도 최상의 조명과 배경으로 촬영하기 때문에 생각 없이 구매하면 후회할 가능성이 높다. 우리의 소비가 끝없이 지속되는 이유다.

코로나 사태로 특별한 사회현상이 생겼다. 최대한 외출을 하지 않고, 사람을 만나지 않는다. 외출할 때는 마스크를 쓴다. 대규모 모임은 물론, 작은 모임조차 하지 않는다. 업무상 필요할 경우 화상 회의 프로그램을 이용해서 만난다. 인터넷 쇼핑몰과 마스크 업체는 호황을 누리지만, 사람과 직간접적으로 관련이 있는 교육업, 여행업, 숙박업, 항공업, 서비스업은 물론 산업 전반에 치명적인 피해를 주고 있다. 학교, 관공서, 기업에서 강의를 하는 강사 역시 예외가 아니다. 교육, 모임, 강의를 전혀 하지 못했다. 책쓰기, 콘텐츠 창조, 배송 아르바이트, 사무실 리모델링, 이사와 집정리, 옥상 야외 휴게실 제작 등 나름대로 뭔가를 하고 있지만, 마음이 편치 않았다.

'한두 달 지나면 나아질 거야.'

이런 생각으로 버텼지만, 2년이 다 될 때까지도 상황은 나아지지 않았다.

강사지만, 강사로 존재하지 못하는 시간이 점점 길어졌다. '언제까지 이렇게 살아야 하는 거지?' '다른 직업을 구해야 하나.' 그렇게 갈망하던 강사가 되었지만, 이런 시간이 있다는 것이 믿어지지 않았다. 살얼음 위를 걷는 것 같았다. 이대로 강사의 꿈은 물거품이 될지도 모른다는 생각마저 들었다.

수년간 연락을 안 하던 사람으로부터 연락이 왔다. 절망에 빠져 있을 때 누군가 손을 내민다. 그럴 경우 둘 중 하나다. 진심으로 나를 도와주는 사람이거나, 나의 나약한 심리상태를 이용해서 자신의 이익을 얻으려는 얄팍한 사람이다.

"강사님, 잘 지내시죠? 힘드시죠? 강의 영역을 넓힐 수 있는 방법을 알려 드릴게요."

그분은 내가 강의를 하지 못하고 있다는 사실 때문에 힘들어 한다는 것을 알고 있었다.

"네, 코로나 때문에 힘드네요."

"그렇죠? 제가 하는 사업에 관심 가져 보세요."

그 시기에 이런 식으로 만난 사람이 꽤 된다. 그들은 한결같이 내가 힘들 거라 생각했고, 자신이 하는 일에 나를 끌어들이고 싶어 했다. 네트워크마케팅이나 투자하는 사람이 주는 정보는 대부분 유익하다. 좋은 제품을 소개해 주고, 수익성이 있는 사업에 투자하는 것은 나쁘지 않다. 그들이 말하는 정보는 누군가에게는 좋은 기회가 된다. 그런 정보를 많이 알수록 경제적 이익을 얻을 가능성이 높기 때문이다. 하지만, 내 삶의 방식과 목적과는 거리가 있었다. 동기부여 강사가 건강기능식품, 화장품, 생필품을 소개하고 판매하러 다니는 모습은 양말이 책장에 꽂혀 있는 형국이다. 내가 원하는 삶은 내 경험과 생각을 이야기하는 동기부여 강사의 삶이다. 다양한 사업 설명회와 미팅에 참여했다. 몸에 맞지 않는 옷을 입은 것 같은 불편함을 느꼈다. 그런 나를 보며 아내가 말했다.

"다른 거 생각하지 마세요. 더 좋은 강사가 되겠다는 생각만 하세요."

강사의 일상이 무엇인지 잠시 잊었던 내게 큰 울림이 되는 말이었다. 아내의 말을 듣고 난 후, 흔들리는 마음을 가라앉혔다. 지금은 몸에 맞지 않는 옷을 벗었다. 내가 있어야 하는 집과 사무실에서 버티고 있다. 강의와 코칭, 교육과 공식적인 모임 외에는 외출을 멈췄다. 더 나은 강사가 되는 것이 내가 있어야 할 정위치라고 생각했다. '그래, 강사로 30년을 살기로 했는데, 겨우 5년밖에 안 했으면서 다른 생각을 하면 안 되지.' 그런 생각을 하면서 버텼다. 2년을 버텨내니 외부강의를 해달라는 연락이 왔다. 대기업의 계열사, 고등학교, 관공서 등에서 동기부여, 인문학을 주제로 강의를 해달라는 것이었다. 교안을 만드는 시간이 어찌 가는지 모를 정도로 즐거웠다. 제자리에 있는 것은 좋은 일이라는 사실을 깨달았다.

강사는 강의를 준비하면서 설렌다. 강의 당일 강단에서 청중과 소통하고, 그들이 변화되는 모습을 보면서 보람을 느낀다. 오늘도 강의 준비를 하고 있다. 책과 노트를 펴고, 교안을 수정한다. 현장을 상상하며 연습한다. <u>어떠한 어려움이 있더라도 내가 있어야 할 자리에 정위치 해야겠다고 다짐한다.</u>

열버 tip

① 아름다운 사람은 내가 있어야 할 곳에 있는 사람이다.
② 축구든 인생이든 위치 선정이 잘못되는 순간부터 꼬이기 시작한다.

힘 조절 기술 ⑦

군인 아파트에 살 때 대형 벽걸이 TV를 벽에 설치하기 위해 설치기사를 불렀다. 그는 TV가 설치될 벽면의 폭과 높이를 쟀다.

"고객님, 이 정도 높이면 괜찮겠어요?"

소파에서 TV를 보는 자세로 앉았다. 눈높이를 고려해서 바닥에서 1~1.2M정도가 적당하다고 말했다. 설치할 위치에 사인펜으로 표시를 하고 구멍을 뚫기 시작했다. 뚫리면서 발생되는 벽면의 먼지를 제거하기 위해 한 손에 청소기, 한손에 드릴을 잡았다. '윙~' 드릴이 돌아가자마자 벽이 쉽게 뚫렸다. 기사는 의아한 표정을 지으며 말했다.

"이상하네요, 이렇게 쉽게 뚫리면 안 되는데."

TV를 설치하려 했던 거실과 안방 사이의 벽은 콘크리트가 아니라 얇은 석재였다. 기사는 구멍 뚫린 벽을 잠시 쳐다보더니 이어서 길고 두꺼운 나사못을 벽에 삽입했다. 프레임을 나사못에 연결한 후, 42인치 TV를 벽에 걸었다. 프레임과 TV가 동시에 바닥에 떨어졌다. 기사는 이 상황을 예상한 듯 TV를 붙잡고 있었다.

"벽이 약해서 TV 무게를 견디지 못하네요."

"아, 그렇군요."

"고객님, 그냥 받침대에 올려놓으시는 게 좋을 것 같아요."

TV를 벽에 설치하려면 벽이 튼튼해야 한다. 나사못에 고정된 프레임이 TV의 무게를 견딜 수 있어야 한다. 콘크리트가 아닌 얇은 석재나 합판으로 만들어진 벽에 대형 벽걸이 TV를 설치하는 것은 불가능하다. 견뎌내는 힘이 약하기 때문이다.

얼마 전에 설거지를 하다가 뚝배기와 와인 잔을 깨먹었다. 뚝배기는 손에서 미끄러져 바닥에 떨어뜨렸고, 와인 잔은 헹구다가 다른 그릇과 부딪혀서 깨졌다.

'쨍그랑!'

'와장창!'

거실에서 청소기를 돌리던 아내가 외쳤다.

"힘 조절을 해야죠. 힘 조절을!"

설거지를 하다가 그릇을 깨먹는 이유는 힘 조절을 못했기 때문이다. 미끈한 세제가 묻은 손으로 뚝배기를 잡을 때는 미끄러지지 않도록 각도를 잘 맞춰서 잡아야 한다. 어설프게 잡았기 때문에 미끄러진 거다. 얇은 유리로 만들어진 와인 잔을 닦을 때는 최대한 약한 힘으로 살살 다뤄야 한다. 와인 잔, 맥주잔, 소주잔, 플라스틱컵은 각각 다른 힘을 가해야 한다. 차가운 물을 마실 때와 뜨거운 물을 마실 때도 힘 조절이 필요하다. 차가운 물은 벌컥 벌컥 들이킬 수 있지만, 뜨거운 물을 그렇게 마시면 바로 병원에 실려간다.

경기가 좋지 않을 때 네트워크 마케팅이나 투자에 관심을 갖는 사람이 많다. 이름만 들으면 누구나 알 만한 글로벌 네트워크 마케팅 회사의 최고 직급자를 만났다. 나이를 가늠할 수 없을 만큼 젊고, 깔끔한 외모, 상대방을 배려하는 매너를 갖춘 모습이 인상적이었다. 식사 하는 내내 주변 사람들을 챙기고, 친근하게 대화를 이어가는 모습이 보기 좋았다. 20년 이상 쉼 없이 사업을 해서 연봉을 꽤 많이 받는 그가 입고 있는 와이셔츠는 동네 마트에서 구매한 거라고 했다. 식사를 끝내고 그의 강의를 들었다. 그는 강의를 시작하자마자 이런 말을 했다.

"네트워크 마케팅을 제대로 하려면 세 가지를 하면 안 됩니다. 첫째, 돈을 투자하면 안 됩니다. 둘째, 사재기하면 안 됩니다. 셋째, 본업을 그만두면 안 됩니다. 이렇게 세 가지는 절대로 하면 안 됩니다. 2년에서 5년 동안 천천히 애용해 보겠다는 마음만 있으면 됩니다."

인상이었다. 여러 네트워크 마케팅 회사의 사업설명회와 세미나를 들었지만, 느긋한 마음으로 사업에 임하라고 말하는 사람은 처음 봤다. 일반적인 네트워크 마케팅 회사의 사업 설명회에 가보면 이렇게 말하는 사람이 많다.

"열정 없이 이루어진 것은 없습니다. 지금 당장 명단을 작성하십시오. 당장 약속을 잡으세요. 그들에게 우리 사업을 전하십시오!"

"거절당하는 것을 두려워하지 마세요. 100번 실패해도, 101번째 성공하면 됩니다. 달리십시오!"

"사업은 타이밍입니다. 지금이 아니면 기회가 없습니다. 더 많은 사람을 만나고, 더 많은 제품을 경험하십시오!"

"매월 직급을 올리겠다는 마음으로 시작하십시오. 우리에게 시간이 그리 많지 않습니다!"

"이왕 할 거면 올인 하세요. 하던 일을 그만두고, 대출이라도 받아서 투자하십시오. 투자 없는 산출은 없습니다!"

그들은 대부분 빨리, 뜨겁게, 강하게 해야 한다고 강조했다. '내가 간절했으니, 당신들도 간절해야 한다.'라고 선동하는 것처럼 느껴졌다. 그때 만난

그 사람은 '천천히'를 강조했다. 신선하고, 품위 있었다. 20년 이상 한결같이 해본 사람이 한 말이라서 더욱 믿음이 갔다.

대한민국의 합법적인 네트워크 마케팅 회사는 140개가 넘는다. 그중에 오래 버티는 회사는 많지 않다. 네트워크 마케팅 회사는 좋은 취지와 기술로 괜찮은 제품과 마케팅 플랜을 만든다. 그렇지 않으면 시작조차 할 수 없다. 요즘 소비자들은 똑똑하기 때문이다. 그럼에도 불구하고 초기 사업자들의 마음이 조급하면 순식간에 무너진다. 그들은 급하다. 빨리 직급을 올려야 한다는 강박관념에 사로 잡혀 있다. 한번에 수백만 원에서 수천만 원어치를 구매하는 편법으로 직급을 올리는 사람도 있다. 급기야 대출, 현금 서비스, 사채까지 이용하면서 경제적으로 큰 피해를 입는 경우도 있다. 인터넷에서 저가에 판매하는 네트워크 마케팅 제품들은 그런 식으로 사재기한 것이다.

강사가 되기 위해 매 순간 의미 있고, 유익한 것을 알아야 한다는 강박 관념을 가졌다. 한시도 책을 손에서 놓지 않았다. 출퇴근 할 때 책을 휴대했고, 점심시간, 심지어 식사와 회식자리에서도 책을 갖고 다녔다. 좋은 글귀를 만나면 밑줄 긋고, 메모하고, 인덱스를 붙였다. 읽는 책마다 독서노트를 만들었다. 강의에 활용하기 위해 교안으로 만들었다. 영화나 드라마를 볼 때 필기도구를 손에 들었다. 극장에서 수첩과 펜을 갖고 가는 사람은 나밖에 없었다.

"극장에서도 메모지를 들고 다니시네요."

함께 영화를 보러갔던 사람들은 영화를 보는 내내 필기를 하는 내가 특이하다고 말했다. 친구들, 동료들과 거리를 두었다. 미치도록 좋아하던 축구도 안 했다. 소속되어 있던 축구 모임을 그만두었다. 캠핑, 오토바이, 거리 공연을 멈추었다. 강사가 되기 위해 모든 것을 걸었다. 단 하루도 쉬지 않고 독서, 글쓰기, 기록물 만드는 일을 반복했다. 시간 관리 방법을 강의하는 강사가 되기 위해 30분 단위로 시간을 기록했다. 매순간 무슨 생각을 하고, 누구를 만나서, 무엇을 했는지 빼곡하게 기록했다. 책과 함께 시간을 기록하는 바인더를 손에서 놓지 않았다. 내가 가진 모든 서류를 표준화된 바인더로 정리했다. 업무성과, 업무보조, 개인, 자기계발, 미팅 등 다섯 가지 영역으로 분류하고, 정리했다. 2년을 그렇게 지냈더니, 강사가 될 수 있었다. 뭔가를 간절하게 원할 때는 강하고, 세게, 뜨겁게 밀어붙여야 한다. 뜨겁게 끓어올라야한다. 소중한 것을 얻고 싶으면 소중한 것을 포기해야 한다는 사실을 그 시기에 알게 되었다.

그토록 간절하게 원했던 강사가 되고 나서 모든 일이 잘 풀렸을까? 그렇지 않았다. 원하는 것을 얻었다고 해서 무조건 좋은 것도 아니었다. 강사가 되고난 후에도 힘든 일이 생겼다. 강의를 망친 날은 하늘이 무너져 내리는 것 같다. 특히, 대기업에서 강의를 할 때마다 힘들었다. 대기업의 장기 프로젝트 교육에 강사로 참여하면 청중의 평가를 받는다. 훌륭한 점수를 받지 못하면 담당자는 거침없이 내 강의의 문제를 지적한다. 그런 이야기를 하나도 빠짐없이 기록하고, 보완한다. 강의를 마치고 다음 강의를 준비하는 내내 어깨가 천근만근 무겁다. 그런 문제는 초보 동기부여 강사가 짊어지기엔 결코 가볍지 않았다. 나와 욕망과 가치를 다른 조직과 사람의 마음에 들게 하기 위해 애쓰는 일은 어려웠다.

그동안 미친 듯이 해왔던 독서, 기록관리, 지식관리, 시간관리가 좋은 습관이지만, 전부는 아니라는 생각이 들었다. 가끔은 책을 읽지 않고, 시간을 기록하지 않는 순간을 즐긴다. 낮잠을 자거나 게임을 한다. 스마트폰과 PC로 게임을 한다. 필기도구 없이 아내와 영화와 드라마를 감상한다.

'게임하면 안 된다.'

'놀면 안 된다.'

'쉼 없이 뛰어야 한다.'

이런 집착을 버리는데 7년이 걸렸다.

우리는 바쁘게 뛰는 것에 익숙하다. 커피숍 자판기에 손을 미리 넣는 민족은 우리 밖에 없다. 교차로에서 노랑색 신호등 불이 켜지면 빨리 가라며 빵빵거린다. 인터넷 쇼핑을 하고 물건을 빨리 받고 싶어서 로켓배송을 선호한다. 같은 물건이면 배송이 빠른 회사가 인기가 많다. 우리는 바쁨을 미덕으로 여기는 민족이 확실하다. 전쟁 후, 초고속으로 산업화와 민주화를 동시에 이뤄냈다. 세계 역사에서 자국의 영토에서 전쟁을 겪고 산업화와 민주화를 급속도로 이뤄낸 나라는 대한민국밖에 없다. 그런 나라에 살고 있음이 자랑스럽고, 선배들에게 감사한 마음을 갖고 있다.

하지만, 바쁘게 뛰어다녀서 성취하는 시대는 끝났다. 급할 거 없다. 나만의 페이스를 유지하는 사람이 행복한 삶의 주인이 될 수 있다. 속도 조절, 힘 조절이 필요하다. 어떤 일이든 오래 버틴 사람은 힘 조절, 강약 조절을 잘했다. 열정은 뜨겁고, 빠른 것만을 의미하지 않는다. **열정은 식지 않는 것이요, 지치지 않는 것이요, 힘 조절하는 것이다.** 뜨겁게 불타오를 때, 온기를 유지할 때, 식혀야 할 때를 구분 하는 사람은 인생이라는 여행을 즐길 수 있다.

너무 게으른 것도 문제지만, 너무 부지런한 것도 문제다. 게으른 사람은 매순간 에너지가 없고, 성취감을 느끼지 못한다. 급하기만 한 사람은 쉽게 지친다. 천천히 걷기와 뛰기를 반복하는 사람이 달리기를 오래할 수 있다. **어렵다 여겨지면 잠시 걷자. 그래도 힘들면 잠시 멈추자.** 전쟁으로 폐허가 된 가난한 나라가 아니다. 시대가 바뀌었다. 굶어죽지 않는다.

① 굶어 죽을까 봐 힘든 사람은 별로 없다. 돈, 관계 등 욕심 때문에 힘든 거다.

② 우리의 일상은 힘 조절로 가득하다. 힘 조절을 잘해야 사고가 안 난다.

8 버티는 사람

"만약 내가 죽는다면 독일군은 내 시체를 집무실 의자에서 끌어내려야 할 것이다."(윈스턴 처칠)

2차 세계대전 중 독일과 전쟁을 벌였던 영국의 수상 윈스턴 처칠은 전쟁 중에도 런던을 떠나지 않았다. 독일군의 공습이 가해지는 와중에도 런던에 머물렀다. 지하에 대피소를 마련했지만, 폭격을 당하면 그대로 끝장나는 위치였다. 처칠은 끝까지 영국에 남아 본토에서 전쟁을 지휘하며 독일군 침공 위협에 맞섰다. 영국 국민과 군인은 그런 처칠을 보며 용기와 희망을 얻었다.

1874년에 태어나 90세에 사망한 윈스턴 처칠은 영국 총리를 두 번 지냈다. 그는 버티기로 유명한 인물이다. 167cm의 단신에 불과한 그의 내면에는 어떤 상황에도 자신의 신념을 굽히지 않는 기개가 있었다. 젊은 시절 군인이었을 때에는 전쟁 중 게릴라 부대에 붙잡혔으나 기상천외한 기지를 발휘해 탈출했다. 초기에는 보수당 소속이었으나, 당의 정책이 자신의 주장과 다르다는 이유로 탈당하여 자유당으로 당적을 옮겼다. 겉보기에는 작고 왜소한 윈스턴 처칠은 자신만의 에너지로 현실의 벽을 깨부수고, 뚫고 나갔다. 1941년 영국 해로우 고등학교 졸업식에서 했던 그의 연설은 세계적인 명연설 중 하나로 꼽힌다. 그는 강단에 올라가서 딱 세 마디만 하고 내려 왔다.

"절대로 포기하지 마십시오. 절대로 포기하지 마십시오. 절대, 절대, 절대, 절대로! 엄청난 일이건 작은 일이건, 크건 하찮건 상관 말고, 명예로움과 분별에 대한 강한 확신이 있는 경우들이 아니라면, 절대로 포기하시 마십시오!

"Never give in. Never give in. Never, never, never, never! — in nothing, great or small, large or petty — never give in, except to convictions of honour and good sense."

처칠은 2002년 영국의 BBC에서 실시한 설문조사에서 가장 위대한 영국인 1위로 뽑히기도 했다. 미국의 34대 대통령 아이젠하워는 "나는 그보다 더 위대한 사람을 만난 적이 없다"며 처칠을 극찬했다. 처칠이 사망할 당시에 영국 총리였던 해럴드 윌슨은 "윈스턴 경은 스스로 역사를 만들고 스스로 역사를 썼다"라는 말로 처칠의 위대함을 표현했다. 처칠의 위대함은 절체절명의 순간에도 희망을 잃지 않고, 버티는 태도였다.

"하버드 스타일은 아주 자유로운 것 같은데도 끈기 있게 뭔가에 집중할 줄 아는 능력이다."(《하버드 스타일》, 강인선 중에서)

서울대학교 정치외교학과를 졸업하고, 대학원까지 마친 강인선 기자는 조선일보의 도움으로 하버드 경영대학원에 입학한다. 그녀는 하버드 학생들이 치열함과 여유로운 끈기를 가졌다고 말한다. 하버드 학생들은 하루에 10시간 이상 공부하면서 취미활동, 봉사활동을 자발적으로 한다. 그들의 표정은 언제나 밝고, 긍정적이다. 당장 성과가 없어도 공부와 과외 활동을 멈추지 않는다. 하버드 학생들의 훌륭한 점은 끈기다. 그들은 자신이 처한 현실과 소중하다고 여기는 것에 집중한다. 내가 원하는 일이 무엇이며, 그것을 이뤄내기 위해 무엇을 해야 할지 알고 있다. 그러니 당장 성과가 눈에 보이지 않더라도 매사에 포기하지 않고, 열정을 다한다. 그들은 자기 나라로 귀국하면 리더가 된다. 하버드 스타일은 끈기 그 자체다.

프리랜서 강사의 꿈을 이루었을 때 그게 끝이라고 생각했다. 그저 내가 좋아하는 강의를 준비하고, 강의만 하면 되는 줄 알았다. 현실은 그렇지 않았다. 나보다 앞서 간 사람들의 뒤를 따라야 한다고 말하는 선배강사들이 많았다. 그렇게 하지 않으면 곧 도태될 것이라고 말했다. 어떤 사람은 자신이 이끄는 강사 협회에 들어오라고 했다.

"비주류에서 백 날 천 날 뛰어봤자 영양가 없어요. 주류로 들어오세요."

그런 충고와 조언, 손짓들을 거부하고 DRI열정 리더십 교육에 매진했다. 결과는 참담했다. 교육과정을 개설해도 수강신청을 하는 사람들이 별로 없었다. 다른 콘텐츠는 교육 신청자가 아예 없었다. 그런 상황이 반복되니까 힘이 빠졌다. 세상 일이 내 뜻대로만 되는 것은 아니었다. 공허함과 절망감에 빠져 아무것도 하지 않고 하늘만 멍하니 쳐다본 날이 많았다. 머릿속에는 부정적인 생각뿐이었다.

'내가 가는 길은 틀린 걸까?'

'내 열정은 여기까지인가?'

그런 생각을 하고 있을 때 처칠과 하버드 대학생의 이야기를 접하게 되었다. 전쟁 중 목숨이 위태로운 상황에도 물러서지 않는 윈스턴 처칠의 상황은 내가 처한 것과 비교조차 할 수 없는 위험한 상황이다. 목숨이 걸린 절체절명의 순간에도 버텼던 처칠은 내게 큰 영감을 줬다. '그래, 버텨야 한다. 끝까지 견뎌야 한다.' 이런 생각을 하면서 몇 년째 버티고 있는 중이다.

가시밭길을 헤치며 걷다 보면 발바닥에서 피가 나고, 어깨와 다리에 상처를 입는다. 이 세상에 영원한 것은 없다. 모든 것은 탄생과 성장, 쇠퇴를 반복한다. 영원한 시련은 없다. 내가 옳다고 믿는 꿈과 소명에 확신이 있다면 새로운 동기부여와 기회를 만날 수 있다. 상황은 반드시 변한다. 강자가 승리하는 것이 아니라, 버티는 자가 승리한다. 가시밭길의 끝에 푸른 들판이 나타날 거라 믿는다. **나는 버틸 것이다. 끝까지 버틸 것이다.**

① 두려움은 용기와 희망 앞에서 물거품처럼 사라진다.
② 아무런 갈등과 시련이 없는 길은 바람직하지 않다. 가시밭길이 좋은 길이다.

9

사랑 충전기

스마트폰은 문자와 통화뿐 아니라 은행업무, 웹서핑, 쇼핑, 문서작성, 촬영, 녹음까지 할 수 있다. 많은 기능을 수행하기 때문에 배터리가 빨리 소모된다. 휴대폰이 충전되어 있지 않으면 아무것도 할 수 없기 때문에 배터리 충전은 중요하다. 최고급 화질과 최고 속도를 자랑하는 최신형 스마트폰이라 해도 충전이 안 되어 있으면 고철덩어리로 전락한다. 충전은 스마트폰의 운명 그 자체다. 인간에게도 생명처럼 소중한 충전기가 필요하다.

오스트레일리아 출신의 동기부여 강연가 닉 부이치치는 '해표지증(Phoco-melia)'이라는 질병을 갖고 태어났다. 해표지증은 팔이나 다리가 없거나 일반인보다 손발이 짧거나 붙어 있는 장애 증상을 말한다. 그는 양팔과 한쪽 다리가 없이 태어났다. 그나마 한쪽 다리는 매우 짧아서 정상적인 기능을 하지 못했다. 장애아로 태어났지만, 그는 세계적인 동기부여 강연가가 되었다. 결혼해서 슬하에 두 아들을 두고 있다. 낚시와 골프, 수영 등의 취미를 즐긴다.

닉 부이치치에게는 특별한 부모가 있었다. 어머니는 간호사 아버지는 목회자였다. 팔다리가 없이 태어난 아들을 보며 충격에 빠진 어머니에게 아버지는 이렇게 말했다.

"그는 매우 아름답다. 신이 우리를 도우실 거야. 이 아이는 실수로 태어난 아이가 아니야."

약 4개월이 지난 후, 어머니도 아들을 받아들였다. 또래 아이들과 다른 삶을 살아야 하는 아이에게 어머니는 늘 이렇게 말했다.

"너는 신체의 몇 부분이 없을 뿐, 모두 정상이다. 너는 행복하게 살 거야."

닉 부이치치의 성장과정에는 종교를 가진 부모의 사랑이 충만했다. 그 사랑이 닉 부이치치를 충전시켰다.

미국의 사회운동가 헬렌 켈러는 1880년 아이비 그린이라는 농장의 저택에서 태어났다. 그는 보지 못하고, 듣지 못하는 장애가 있었다. 부모는 고위급 공무원과 장군 집안 출신이었는데, 요리사와 개인 교사를 고용할 정도로 부유했다. 어린 시절에 요리사의 딸과 수화로 소통하면서 7살 때 60개가 넘는 수화를 익혔다. 어머니는 딸을 위해 장애 학교에 연락해서 '앤 설리번'이라는 가정교사를 채용했다. 당시 20세였던 앤 설리번은 헬렌 켈러와 49년간 함께했다. 헬렌 켈러가 오늘날 세계적인 장애인의 성공사례, 동기부여의 롤모델이 될 수 있는 이유는 어머니와 가정교사의 특별한 관심과 사랑이었다. 부유하고, 화목한 가정환경도 빼놓을 수 없다.

위 두 사람은 동기부여와 희망을 전할 때 자주 등장하는 사람들이다. 닉 부이치치는 신체장애, 헬렌 켈러는 소통장애를 가진 사람이었다. 식사는 물론 스스로 씻고, 옷 입고, 걷고, 뛰어다니지 못했던 소년은 어떻게 삶을 살아갈 희망을 가질 수 있었을까? 소리를 들을 수 없고, 볼 수 없었던 소녀는 어떻게 사회운동가가 될 수 있었을까? 그들의 내면에는 평범한 사람보다 뜨겁고, 강렬한 에너지가 충전되어 있었다.

강연가들은 이렇게 말한다.

"이렇게 장애를 가진 사람들도 열정적으로 살았습니다. 그러니 우리도 열심히 살아야 하지 않을까요?"

하지만, 실제로 그들처럼 살지 못한다. 신체가 멀쩡하다면 그들보다 더 큰 자존감과 열정을 갖고 살아야 하는 거 아닌가? 왜 그럴까? '사랑'이 충분히 충전되지 않았기 때문이다. 사랑을 받고, 사랑을 해본 사람은 안다. 그것이 얼마나 큰 힘이 되어주는지. 그들은 모든 것을 다 잃어도 사랑만 느낄 수만 있다면 어떤 어려움도 이겨낼 수 있는 힘을 갖게 된다는 사실을 안다.

세계적인 전염병 코로나 때문에 꽤 오랜 시간을 쉬었다. 아무것도 하지 못했다. 취업준비생은 젊기라도 하지, 40대 후반의 나이에 백수로 사는 것은 처량했다. 열정은 차갑게 식어가고, 부정적인 생각이 독버섯처럼 퍼졌다. 이런 식으로 나가다는 죽도 밥도 안 될 것 같았다. 도무지 방법을 찾을 수 없었다. 고개를 숙인 채 말없이 보내기를 몇 주, 어느 날 아내가 입을 열었다.

"뭐가 문제에요? 포기하지 마세요. 끝까지 해보세요. 내가 나가서 한푼이라도 벌어 올게요."

아내는 나의 꿈이 물거품이 되는 것을 막기 위해 취업을 했다. 아내는 내가 강사가 될 때는 2년을 기다려줬다. 이번에는 도와주고 있다. 고단한 하루 일과를 보내고 축 늘어진 어깨로 퇴근하는 아내를 볼 때마다 미안하고 고맙다. 아내 덕분에 다시 힘을 낸다.

"아직 끝나지 않았다. 끝날 때까지 끝난 게 아니다."

20세기 최고의 물리학자 아인슈타인은 이런 말을 남겼다.

"인생의 비극이란 사람들이 삶을 사는 동안 내면에서 잃어가는 것이다."

불행한 감정은 내면의 문제다. 슬픔, 좌절, 분노, 시기, 미움, 절망이 마음을 가득 채우면 불행하다고 느낀다. 기술과 지식, 돈과 명예만을 축적하는데 급급할수록 내면에서 잃는 것이 많다. 내면의 힘 중에 가장 뜨겁고, 강한 것이 사랑이다. 사랑 받고 있음을 느끼고, 사랑에 빠진 사람은 눈에 뵈는 게 없다. 아무것도 두렵지 않다. 사랑하는 아이를 구하기 위해서 천 길 낭떠러지에 몸을 던지고, 뜨거운 불길 속에 들어가는 것을 두려워하지 않는 것이 엄마의 사랑이다. 나를 사랑하는 나, 내가 사랑하는 사람, 나를 사랑해 주는 사람 중에 하나만 있어도 세상을 다 가진 것처럼 든든하다. 사랑은 '기도'다. '기'다리고, '도'와주는 것이다. 너와 내가 잘못된 선택을 해도 서로 기다려주고, 도와준다. 너와 내가 방황해도 서로 기다리고 도와준다.

사랑은 편들어주고, 끝까지 기다리고, 도와주고 싶은 마음이다. 내 곁에 나를 기다리고 도와주는 사람이 한 명이라도 있다면 뭐든 할 수 있다. 그러니 힘을 내야한다. 사랑만 있으면 다시 시작할 수 있다. 사랑하고, 사랑받는 아내가 있기에 나는 어떤 힘든 시간도 견뎌낼 자신이 있다.

열버 tip

① 사랑은 신이 인간에게 준 가장 위대한 선물이다.
② 사랑으로 충전된 사람은 절대로 절망하지 않는다.

10 ── 아직 이르다

"고통이 아무리 크더라도 의미를 찾아낸다면 이겨낼 수 있다. 미래를 보아야 살 수 있는 것이 인간의 특성이다." (빅터 프랭클)

2차 세계대전 당시 독일 나치는 민족 차별주의를 선동하며, 유대인들을 감금하고 죽였다. 정신과 의사였던 빅터 프랭클은 폴란드 아우슈비츠 수용소에서 자신이 경험했던 이야기를 책으로 펴냈다. 책 제목은 《죽음의 수용소에서》이다. 의사라는 신분이라서 독일군으로부터 쓸모 있는 존재로 인정받은 그는 수많은 사람이 죽어가는 현장을 직접 목격했다. 수용소에 갇힌 유대인에게는 인간으로서 누려야 할 기본적인 자유와 존엄은 없었다. 그들은 아침에 눈을 떠서 저녁에 눈을 감을 때까지 언제 죽을지 모르는 두려움 속에 지냈다.

"불필요한 사람은 없애라."

나치는 지식, 노동 등의 가치가 없는 사람을 분류했다. 의사, 변호사, 세무사 등 지식능력이 있는 사람은 행정, 법무 등의 업무현장에 투입했다. 신체가 건강한 사람은 노동현장에서 일을 시켰다. 그 외에 쓸모없다고 판단되는 사람들은 가차없이 학살했다. 대부분 어린이, 노인, 여성, 환자였다. 나치의 유대인 학살의 방법은 가스실이었다.

"오늘은 샤워를 하러 간다."

독일군이 안내하는 샤워장은 가스실이다. 그곳은 들여 마시면 즉사하는 가스가 뿜어져 나온다. 샤워하는 곳으로 알고 들어간 유대인들은 순식간에 죽음을 맞이한다. 시체는 쌀 포대처럼 쌓아 놓는다. 어느 정도 쌓이면 구덩이를 파서 매몰하거나, 불에 태웠다. 그곳에 갇혀 있던 유대인들은 친구, 동료, 부모, 배우자, 자녀가 죽는 모습을 생생하게 봐야 하는 끔찍한 고통도 겪어야 했다. 그들에게는 어떤 희망도 없는 것처럼 보였다. 오늘은 누가 죽을지, 내일은 누가 끌려갈지 아무도 몰랐다. 그저 살생부에 내 이름이 오르지 않기만을 바랄 뿐이다. 하루하루 두려움으로 보냈다.

하지만, 모든 사람이 절망 앞에 고개를 숙이고 있지는 않았다. 빅터 프랭클은 끔찍하고 공포스러운 아우슈비츠 수용소에서도 희망을 가진 사람들이 있었다고 회고했다. 그들의 일상생활은 여느 수용자들과 달랐다. 식수를 아껴서 얼굴을 닦고 양치질을 했다. 유리 조각을 주워서 면도를 했다. 그들은 눈빛과 태도가 달랐다. 반짝이는 눈으로 죽음을 알리러 온 독일군의 눈을 정면으로 응시했다. 어깨를 펴고 허리는 꼿꼿하게 세워서 걸었다. 희망을 잃지 않은 사람들은 독일군이 함부로 대할 수 없었기에 감히 그들을 죽이지 못했다. 2차 세계대전 당시에 나치 수용소에서 살아 돌아온 사람들은 희망을 잃지 않은 사람들이었다.

미국의 초대 대통령 에이브러햄 링컨은 일반 사람은 한번만 겪어도 절망할 일을 수차례 겪었다. 가족이 파산했고, 크게 사업을 했다가 두 번이나 실패했다. 파산했다가 정상적인 삶을 사는 것도 대단한데, 사업 실패마저도 견뎌냈다. 선거에서 한번 패하면 온 가족이 경제적 곤궁에 빠진다는 이야기를 들었는데, 그는 정계에 진출해서 다섯 번의 낙선을 했다. 오두막집에서 자랐던 링컨이 가슴에 품고 있었던 것은 두 가지다. 하나는 성경책, 또 다른 하나는 희망이다. 보이는 것 한 권, 보이지 않는 가치 하나. 이 두 가지가 링컨을 미국의 역사에서 가장 위대한 인물로 만들어줬다. 위기의 순간마다 링컨은 스스로에게 이렇게 말했다.

"내 지혜는 아직 때가 되지 않았다."

내가 겪고 있는 시련이 세상에서 가장 힘든 줄 알았다. 세상에는 내가 상상하지도 못할 만큼 더 힘들고 어려운 시기를 견뎌낸 사람들이 많다. **희망을 붙잡고 있는 한 반드시 더 좋은 날이 올 것이다. 포기하기엔 아직 이르다.**

열버 tip

① 죽음이 예약된 아우슈비츠 수용소, 그들은 그곳에서도 희망을 잃지 않았다.
② 몇 번을 넘어져도 때가 되지 않았다고 믿고 다시 시작하는 것이 희망이다.

친구의 조언

대기업에서 근무하다가 프랜차이즈 사업가가 된 친구가 있다. 중학교 1학년 때 인연이 되어 지금까지 친구로 지내고 있다. 그는 고등학생 때 프랜차이즈 가맹점에서 아르바이트를 했다. 밤새 춤을 추고 놀다가도 새벽에 혼자 일어나서 출근하던 모습이 생생하다. 그는 군입대전까지 아르바이트와 요리 학원을 다니다가 조리병으로 군대생활을 했다. 전역 후에도 아르바이트와 비정규직으로 근무했다. 자격증과 현장경험을 쌓은 후, 대기업에 입사했다. 어릴 때부터 그래왔듯이 남다른 성실함과 책임감으로 본사에서 큰 신뢰를 얻었다. 10년간 대기업에서 프랜차이즈 사업의 경험을 쌓고 퇴직해서 식자재 유통회사를 경영했다. 1년 동안 하루 평균 수면시간이 3시간에 불과할 정도로 혼신을 다해서 일했다. 이 과정을 통해 좋은 식재료를 고르는 방법과 식자재 유통의 흐름을 완벽하게 습득했다. 끝내 그는 이름만 대면 누구나 아는 프랜차이즈 브랜드를 만들었는데, 국내뿐 아니라 태국, 필리핀, 말레이시아, 대만, 캐나다 등 세계로 뻗어 나가고 있다. 고등학교 시절 아르바이트 기간까지 포함하면 그의 외식업 경력은 30년이 넘는다.

사람들은 나에게 말한다.

"강사님은 꿈을 이루셔서 좋으시겠어요."

나는 그들에게 이렇게 말한다.

"꿈을 이루었지만, 여전히 힘듭니다."

나는 데뷔한 지 5년밖에 안 된 초보강사다. 그 친구에 비하면 나는 아직 출발선 근처에 있을 뿐이다. 사무실을 오픈한 지는 3년째다. 처음 1년은 아무것도 모른 채 정신없이 보냈고, 코로나로 2년을 날렸다. 그러니 힘든 건 당연하다. 이런 과정 없이 좋은 교육을 하는 강사가 되는 것은 불가능하다는 사실을 알게 되었다.

어느 날, 그 친구가 내 사무실에 찾아와서 이런 말을 했다.

"무슨 일이든 포기하지 않고 오랫동안 하다보면 누구든지 중간 이상은 해낼 수 있다."

열버 tip

① 남다른 끈기는 남다른 능력이다.
② 나는 지금 중간 이상인가?

50년 열정

해태제과의 '브라보콘'은 1970년 4월에 국내 최초 순수 기술로 생산된 아이스크림 브랜드다. 1990년대 말 IMF로 생산중단 위기를 겪었지만, 해태제과는 브라보콘의 생산과 유통을 포기하지 않았다. 그 결과 2001년 국내 최장수 아이스크림이 되었다. 2010년에는 40년 만에 40억 개를 판매하면서 기네스북에 이름을 올렸다. 2007년부터 2016년까지 매년 아이스크림 브랜드 파워 1위를 차지했다. 브라보콘은 여전히 편의점과 마트의 냉동고에서 존재감을 과시하고 있다.

브라보콘이 50년간 얼마나 변화해 왔는지 알아보기 위해 과거의 광고 영상과 사진을 살펴봤다. 촌스러운 빨강색과 파랑색 하트가 새겨진 포장지는 물론, 바닐라향 아이스크림 위에 땅콩가루를 뿌린 내용물까지 변함이 없었다. 브라보콘은 50년 동안 같은 디자인과 같은 맛을 선보이면서 시간이 지나면 변화하고, 바뀌어야 한다는 고정관념을 깨고 있다. 브라보콘은 변하지 않은 채 50년을 버텨오고 있다. 이외에도 꿀꽈배기(농심), 새우깡(농심), 고래밥(오리온), 맛동산(해태), 보름달(삼립), 3분요리(오뚜기) 등 한결같은 이름, 디자인, 맛으로 50년 가까이 사랑을 받고 있는 식품이 많다. 모두가 변화할 때 변화하지 않고 버텨낸 결과다.

조용필은 탑클래스 가수가 아니면 도전할 엄두조차 못내는 잠실 주경기장 콘서트를 7번 매진시켰다. 국내 콘서트 최다 관객 동원 타이틀도 조용필이 갖고 있다. 그의 성과를 한 문장으로 설명하면 1970년대, 1980년대, 1990년대, 그리고 2010년대에 걸쳐 차트 1위곡을 보유한 유일한 가수라는 사실이다. LP, 테이프, CD, 음원의 시대에 이르기까지 수많은 히트곡과 국내 최대 콘서트 인원 동원 기록, 예술의 전당 7년 연속 공연 기록을 가졌다. 그를 한국 대중음악의 살아있는 전설이라고 평가하는 이유다. 지상파 방송국의 연말 가요대상에서 전관왕 4회와 4연패 두 번을 포함해 총 11회를 수상했는데, 1987년에 더 나은 음악을 하기 위해 TV방송국에서 수여하는 상을 거부한 결과여서 더욱 놀랍다. 조용필은 현존하는 대한민국 가수 중에 영향력이 가장 큰 인물이고, 누구도 넘볼 수 없는 가요계의 제왕이라는데 이견이 없다. 그는 자신을 가왕, 황제라고 부르는 것을 좋아하지 않는다. 그저 '조용필'이라고 불러달라고 말한다. 2018년에 가수 조용필의 데뷔 50주년을 기념하는 기념주화가 발매되었다. 컬렉션형은 16만 5천원, 고급형은 각각 143만원과 275만원이다. 제작된 수량은 50년을 의미하기 위해 5,050개였다. 조용필은 1950년 경기도 화성에서 태어났다. 그의 부모는 염전업을 했다. 어릴 때부터 음악을 하고 싶었지만, 아버지의 반대에 부딪혔다. 부모의 반대가 그의 간절한 열망을 잠재울 수는 없었다. 그는 고등학교 3학년 때 가출을 한다. 미군 부대에서 기타리스트 겸 가수로 음악인의 삶을 시작했다. 그때부터 가수라는 직업을 50년 이상 하고 있다.

50년 정도는 포기하지 않을 각오를 해야 진정한 열정이다. 지금 하고 있는 일이 잘 되지 않는다고 지레 포기한다면 열정은 아니다. 열정은 사랑이요, 간절함이다. 금세 포기하는 이유는 진심으로 그 일을 사랑하지 않는 것이다. 이거 조금 하다가 그만두고, 저거 조금 하다 그만두는 것은 열정이 아니라 호기심이다. 탐색 과정이다. 진정한 열정을 찾지 못했기 때문이다. 젊은 시절에는 그런 탐색과정을 많이 가질수록 좋지만, 그런 과정은 진정한 열정이 아니다. 지금 하고 있는 일을 사랑하는 사람, 굶어 죽을 각오로 그 일을 할 수 있는 사람, 어려운 순간과 맞서 싸울 용기가 있는 사람, 그런 사람만이 50년 동안 그 일을 할 수 있지 않을까? 브라보콘과 조용필로부터 진정한 열정을 배운다.

① 변화는 좋은 것이지만, 때로는 변화하지 말아야 할 때도 있다.
② 어려움에 맞서는 결단과 용기, 그리고 지속적인 끈기야말로 진정한 열정이다.

황은희 (50대/여성/직장인)

늘 타인의 눈치를 보며 살았다. 어렸을 때는 그저 착한아이로 살았고, 지금은 수더분한 아줌마가 되었다. 내가 경험하는 좋지 않은 일의 원인이 세상에 있고, 타인에게 있다고 여기며 살았다. 원망과 분노의 감정이 나를 괴롭히고 있었다. 힘들고 지친 현실에서 벗어나고 싶었다. 웃음 치료사, 스피치 등 다양한 공부를 했지만, 간절한 변화에 대한 갈증을 해소시켜 주지는 못했다.

2018년 어느 여름 날, 이대성 강사를 처음 만났다. 작은 키에 남다른 에너지를 가진 사람이었다. 그를 처음 본 순간 이런 생각이 들었다.

'옆에만 있어도 내 삶이 변할 것 같다.'

대성열정 아카데미에서 진행하는 DRI열정리더십 교육에 참여했다. DRI 교육에는 24가지 주제가 있다. 용기, 자신감, 표현, 꿈, 웃음, 감사, 자유, 사랑 등이 그것이다. 10주 동안 매주 1개 주제에 대한 글 쓰기, PPT만들어 발표하기, 명언 쓰기를 한다. 또한 매 주 한권의 독서를 하고 리뷰를 써야 한다. 이런 과제를 치열하게 수행했다. 태어나서 처음으로 PPT를 했다. 아들과 딸에게 핀잔을 들으며 배웠다.

"엄마 잘 들어요."

"어, 알겠어."

묻고 또 물으면서 배웠다. 그때마다 아들과 딸은 이렇게 말했다.

"제발 기억을 하세요."

한 번도 해본 적 없는 PPT를 배우는 과정이 쉽지 않았다. 처음에는 남의 것을 흉내 내고 있었다. 숙제를 해도 기억도 없었다. 그렇게 10주, 20주를 지나 50주를 공부했다. 이제는 프로 강사처럼 세련된 강의는 아닐지라도 내 이야기를 하는 것에는 자신감이 생겼다. 과제 중에서 가장 힘든 것은 글쓰기였다. 고등학교를 졸업하고 무언가를 창의적으로 써 본 적이 없었다. 내 이야기를 글로 써내려가는 일은 생각처럼 쉽지 않았다. 매주 그렇게 글을 쓰다가 어느 날 알 수 없는 희열을 느꼈다. 이제껏 단 한 번도 느껴 보지 못했던 성취감을 느꼈다. '아, 이 느낌이 뭐지?' 업무로 인해 힘들어 미치겠는데 강의 준비를 하면서 재미와 성취감을 느꼈다. 어떤 일을 하면서 이런 기분을 느낀 적은 처음이었다. 이런 식으로 반복적으로 글을 쓰고, 강의 준비를 하다 보니 놀라운 변화가 생겼다.

"인생은 소중하지만, 알고 보면 별거 아니다."

DRI열정 리더십 교육은 내 삶을 송두리째 변화시켰다. 특별한 성취를 해내지 않더라도 평범하게 하루를 살아가는 것이 얼마나 대단한 일인지 알게 되었다. 있는 그대로의 내 모습을 볼 수 있게 되었다. 나도 괜찮은 사람이라는 사실, 누구와 비교할 수 없는 장점이 있는 사람이라는 사실을 알게 되었다. 내가 건강하게 살아 있다는 사실이 고마웠다. 소중한 아들과 딸이 멋진 성인으로 성장했다는 것에 감사한 마음이 생겼다. 용서는 남이 나에게 하는 게 아니라 내가 타인에게 하는 것을 알게 된 후, 고된 일과를 보내고 귀가한 남편을 향해 투정부리고, 화냈던 내 자신이 부끄러웠다. 나도 타인을 힘들게 하지 않았는지 반성했다. DRI열정리더십 교육을 통해 얻은 가장 큰 변화는 자신을 돌아보는 습관을 갖게 된 것이다. 나도 모르는 사이에 내 삶은 소리

없이 변화하고 있었다. DRI열정 리더십 교육으로 인해 행복은 내 옆에서 나를 기다고 있다는 사실을 알게 된 것이다.

상황은 아무것도 바뀐 것이 없다. 직장도, 가족도, 인간관계도 모두 그대로다. 바뀐 것은 내 태도와 마음뿐이다. 모든 것은 마음먹기에 달렸다는 말은 사실이었다.

DRI열정리더십 교육에 아들과 딸을 모두 참여시켰다. 젊은 시절에 이런 가치들을 깨닫게 되면 인생을 좀 더 여유 있고 재미있게 살아갈 수 있을 거라는 확신이 있었다.

내 아들과 딸은 자신감과 열정을 갖게 되었다. 자신이 원하는 것을 얻기 위해 혼신의 힘을 다하는 청년이 되었다. 무엇보다 자존감 높은 성인으로 변화했다. 그들은 세상 누구와도 비교하지 않고, 당당하게 자기 삶을 살고 있다. 여전히 대학생활과 직장생활이 힘들다고 말하지만, 오늘도 희망을 갖고 버텨내는 그들이 자랑스럽다.

대성열정 아카데미의 DRI열정리더십 교육은 이런 사람에게 추천하고 싶다

- 어디로 가야할지 몰라서 헤매는 사람
- 자신감이 부족한 사람
- 용기가 필요한 사람
- 진짜 나를 찾고 싶은 사람
- 내가 무엇을 잘하는지 알고 싶은 사람
- 20~40대 청년

살면서 많은 인간관계를 맺으며 살아간다. 가족, 직장, 친구, 선후배 등 다양한 장소에서 다양한 사람들을 만난다. 많은 관계 중에서 '삶을 변화시키는

인간관계'는 흔치 않다. 이대성 강사는 내 삶을 변화시켜준 사람이다. 숨을 쉬기 위해서는 잘 열리는 창문 하나면 충분하듯, 삶의 본질을 향해 거침없이 질주하는 사람을 알고 있다는 사실은 내 인생의 기적이다. 이대성 강사는 재미있고 열정적이다. 그는 일반적으로 지식만을 전달하는 강사가 아니다. 누구보다 삶의 의미와 가치를 소중하게 여기는 철학이 있는 강사다. 재미있지만 가볍지 않고, 진지하지만 고리타분하지 않는 사람이다. 그래서 그가 좋다.

오랜만에 나를 만나는 사람들은 이렇게 말한다.
"얼굴에 웃음꽃이 피었어요."
"요즘 좋은 일 있어요?"
"그동안 무슨 일이 있었던 거야?"
나의 변화된 모습이 참 좋다.
여전히 내 일상은 힘들다. 하지만, 이젠 두렵지 않다. 그런 일상을 즐길 수 있는 힘을 얻었기 때문이다.

"진리를 향한 발걸음은 멈추는 순간 실패다."

— 드라마 〈비밀의 숲〉 중에서

DRI의 24가지 가치에 대한 공부를 멈추지 않을 것이다. 매주 토요일, 모든 것을 포기하고 대성열정 아카데미로 향한다. 그곳에서 삶의 의미와 가치에 대한 이야기를 공유하고, 박수치고 환호하면서 내가 살아 있음을 느낄 수 있기 때문이다.

사자 군단과 맞짱 뜨는 버팔로의 전투력

어느 날, 인터넷에서 〈사자 군단과 맞짱 뜨는 버팔로의 전투력〉이라는 이름의 영상을 봤다.

버팔로의 몸집은 사자보다 2배 이상 크지만, 날카로운 발톱과 이빨이 없는 초식 동물이다. 무리에서 떨어진 버팔로 한 마리가 사자떼로부터 공격을 당하고 있다. 버팔로의 등 위에 사자 한 마리가 올라탔다. 앞발을 올려놓은 채 날카로운 이빨로 버팔로의 등을 물어뜯었다. 등에 시뻘건 피를 흘리면서 온몸을 좌우로 흔드는 버팔로의 저항은 생각보다 만만치 않았다. 버팔로의 강력한 저항으로 사자는 바닥에 내동댕이쳐졌다. 사자 군단은 버팔로 사냥을 멈추지 않았다. 계속해서 버팔로의 주위를 맴돌며 공격할 타이밍을 살폈다. 몇 마리는 도주로를 막고, 나머지는 등과 엉덩이 쪽을 공격했다. 그때마다 버팔로는 좌우로 몸을 흔드는 것 외에는 할 수 없었다. 버팔로의 등과 엉덩이에서 흘러나온 피로 흙바닥이 핏빛으로 물들었다. 공격과 방어가 반복되면서 버팔로도 사자들도 지쳐가고 있었다. 수차례 교전이 벌어진 후 작은 웅덩이에 이르렀다. 버팔로는 웅덩이 안으로 몸을 피했다. 웅덩이의 수심은 버팔로의 가슴 높이였지만, 사자에게는 얼굴까지 잠기는 깊이였다. 사자 입장에서는 웅덩이에 섣불리 들어갈 수 없었다. 사자들은 웅덩이 주변을 어슬렁거리면서 공격기회를 찾았다. 버팔로는 사자들의 공격을 피하기 위해 웅덩이 곳곳을 휘저으며 버티고 있었다. 버팔로가 웅덩이 가장자리에 머무르는 순간, 사자 한 마리가 버팔로의 등 위에 올라탔다. 앞발의 발톱으로 버팔로의 등짝을 찍어 움켜쥐고, 날카로운 이빨로 엉덩이 쪽을 맹렬하게 물어뜯었다. 속살이 드러난 버팔로의 엉덩이는 만신창이가 되었다. 버팔로는 죽을힘을 다해 몸을 좌우로 흔들었다. '철버덕' 엉덩이에 매달려 있던 사자가 웅덩이에 빠졌다. 사자는 급하게 웅덩이 밖으로 빠져 나왔다. 집요하게 이어지는 사자의 공격으로 버팔로는 고통스러워하며 울부짖었다. 서 있는 것조차 힘겨워 보이는 버팔로는 곧 죽음을 맞이할 것처럼 흐느적거리고 있었지만, 웅덩이 안에서 사자들을 바라보며 경계의 끈을 놓지 않았다. 한동안 그런 대치 상태가 지속되었다. 몇 번의 공격 시도가 버팔로의 목숨을 건 강력한 저항으로 무산되자 사자 무리는 사냥을 포기하고 그 자리를 떠났다.

절체절명의 순간에 많은 피를 흘리며 저항하고, 버텨낸 버팔로의 모습을 선명하게 기억한다. 무리와 떨어져 홀로 있던 버팔로는 사자 군단의 공격이 시작되었을 때 얼마나 두려웠을까. 사방이 포위된 웅덩이에서 공격 받았을 때 포기하고 싶지 않았을까? 사자의 이빨에 큰 상처를 입고, 많은 피를 흘리면서 무슨 생각으로 버텼을까? '버팔로의 전투력'은 무엇을 의미하는 것일까? 전투력이란 공격할 수 있는 힘을 말한다. 날카로운 이빨과 발톱이 없는 버팔로의 전투력은 무엇일까?

버팔로의 전투력은 버텨내는 힘이다. 나를 향한 어떤 공격에도 굴하지 않고, 자신이 할 수 있는 것을 하면서 고통과 아픔, 두려움을 견뎌 내는 힘. 그것이 버팔로의 전투력이다.

법원과 검찰청에 가면 법적인 문제 때문에 고통 받는 사람들로 인산인해를 이룬다. 넓은 주차장에 주차하기가 어려울 정도다. 그런 이유로 법원 근처의 유료 주차장에는 손님이 넘쳐난다. 주차장을 가득 메운 차량의 주인은 누군가를 고소 고발하고, 누군가로부터 고소 고발을 당한 사람들이다. 그들의 몸과 마음은 만신창이다. 직접 경험해보지 않은 사람은 절대로 모를 만큼 두렵고, 고통스럽다.

법적 시비에 휘말린 사람은 한결같이 억울하고, 울화가 치밀어 오른다. 주차장에서 내리는 사람들의 표정은 어둡고, 슬프다. 법원 근처에서 통화하는 사람들을 봤는데, 그들의 목소리는 대부분 분노와 슬픔으로 가득한 톤이었다. 법원과 검찰청을 드나드는 사람들이 겪는 분노와 고통에 비하면 내가 누리는 평온한 일상은 기적이다.

교도소에는 범죄를 저질러 수감되어 있는 사람들이 많다. 일상생활을 하느라 인지하지 못해서 그렇지, 생각보다 그 숫자가 매우 많다. 기다려주는 가족이 있으면 그나마 다행이다. 출소해도 찾아갈 가족이 없어서 일부러 범죄를 저지르는 사람도 있다. 타인에게 피해를 주지 않고, 평범하게 사는 것이 그들의 꿈이다.

대형 종합병원의 중환자실은 예약하지 않으면 사용할 수 없을 정도로 중환자들이 넘쳐난다. 그들은 조금 아픈 게 아니다. 숨을 제대로 못 쉬고, 거동이 불편해서 누군가의 도움이 없이는 아무것도 할 수 없다. 중환자실뿐 아니라 병원 복도에는 정형외과, 내과, 신경정신과, 산부인과, 소아과 등 외래진료를 받으려는 사람들이 줄서서 기다린다. 질병으로 고통 받는 사람이 상상을 초월할 정도로 많다. 종합병원에 가서 한 시간 정도만 돌아다녀 보면 병원 신세를 지지 않고 건강하게 지내는 것이 얼마나 큰 축복인지 알게 된다.

서울역과 영등포역 근처에는 노숙자들이 많다. 그들은 가족과 연락을 끊고, 정부의 복지정책과 타인의 자비에 기댄 삶을 산다. 비위생적인 환경에 노출되어 있다. 죽어도 장례식 치러줄 사람도 없다. 끼니를 해결하지 못해서 굶어 죽는 사람도 있다. 겨울에 난방을 하지 못해서 얼어 죽고, 여름에는 더위를 견디지 못해서 죽음을 맞이하는 노인들도 많다.

누구나 신체적, 정신적, 물질적인 문제로 한 가지 이상의 고민, 고통, 불편함을 갖고 살고 있다. 나만 힘든 게 아니다. 아니, 나보다 더 힘들고, 괴로워하는 사람이 넘쳐난다.

힘들고, 고통스럽다고 여겨지는 현실 앞에서 누군가는 고개를 숙이고, 주저앉아 있지만, 누군가는 그 것을 견뎌내고 다시 일어선다. '열버정신'은 좋든 싫든 현실의 삶을 정면으로 맞서 버티는 정신이다. '열버정신'으로 무장한 사람은 삶 자체를 사랑한다. 그들은 원하는 것을 얻지 못해도 분노하거나 슬퍼하지 않는다. 소중한 것을 지키기 위해 용기와 인내를 실천하지만, 소중한 것을 잃는다 해도 절망하지 않는다.

열정은 식지 않는 것이며, 울지 않는 것이다.
열정은 스스로 힘을 내는 것이다.
열정은 견뎌 내는 것이다.

오늘도 두 눈을 부릅뜨고, 주먹을 불끈 쥐고, 이를 악물고, 때로는 눈물을 참아내며 하루하루를 견뎌 내는 당신의 열정을 응원한다.

'열버정신'을 강화하는 방법-20

버티는데 도움이 되는 방법 20가지를 소개한다. 몸과 마음이 지칠 때 큰 도움을 얻었던 방법이다. 버티는 방법은 시기와 상황에 따라 다르다. 그때그때 필요한 것을 실천하면 도움이 된다. 아무 생각 없이 버티면 생각 없이 살게 되고, 치열하게만 행동하면서 버티면 삶이 고단해진다. 내가 처한 상황과 간절한 마음의 온도에 따라 힘과 속도를 조절하는 것이 관건이다.

연번	제목	장 점	Tip	변화 요소	
				신체	정신(마음)
1	운동	체력증진, 활력 충전, 자신감	안 해본 운동, 무리하지 말 것	○	○
2	모임	에너지 충전, 인간관계 향상	돈, 정치, 종교외의 목적	○	○
3	미용	외적 이미지, 자신감	헤어, 네일아트, 메이크업	○	○
4	패션	외적 이미지, 자신감	비싼 옷보다 새로운 옷	○	○
5	작업	성취감, 자신감	가구, 조명, 욕실부속, 게시판	○	○
6	연습	성취감, 자신감	업무 관련성	○	○
7	목표	열정, 동기부여	작은 목표부터	○	○
8	수면	스트레스 해소, 에너지 충전	낮잠은 오래자면 안 좋음 &H내외	○	○
9	산책	아이디어, 에너지 충전, 체력증진	될 수 있으면 낯선 경로 이용	○	○
10	여행	낯선 장소, 낯선 생각, 활력 충전	과도하면 돈 낭비		○
11	독서	위로, 아이디어, 에너지 충전	언제나 휴대하기, 독서모임 참석		○
12	집필	표현의 욕구 충족, 동기부여	낙서도 좋음, 가치에 대한 글		○
13	일기	나를 아는 시간	감정과 생각, 각오 포함		○
14	게임	스트레스 해소, 시간 때우기	너무 오래하지 말 것		○
15	외식	활력 증진	과도하면 돈 낭비+비만		○
16	교육	낯선 사람, 내면의 성장, 기술	글, 말, 행동, 기술		○
17	문화	재미, 감동, 아이디어	영화, 드라마, 뮤지컬		○
18	연애	사랑, 설레임, 감동	표현(글, 말, 선물), 집착 금지		○
19	노래	스트레스 해소, 즐거움, 성취감	내 목소리에 맞는 노래		○
20	감사	만족, 희망, 자존	감사일기, 감사기도		○

부록2

DRI열정리더십 교육 안내

□ 1주차 : 오리엔테이션
   - 신청서 작성, 과정 소개, 자기소개, 과제 수행방법 안내

□ 정규 수업 : 2~9주차

□ 10주차 : 수료식
   - 롤링페이퍼, 수료 영상시청, 수료강의, 수료증의 의미, 수료증 수여, 소감 발표

구분	주제	소주제	세부 내용
1교시	오프닝	① 출석 체크	감탄사와 박수, 에너지 공유
		② 굿뉴스(3분 스피치)	감사했던 일, 좋았던 일 공유
	열정리더 습관 (DHT)	③ 열정적인 스피치의 6가지 조건	
		④ DRI열정리더의 가치관(다짐, 사명, 10훈)	
		⑤ 에너지 향상 연습	칭찬, 인사, 감사, 감탄
		⑥ 무대 인사 연습	시작과 마무리 인사말
		⑦ 명언 낭독	동기부여 명언 낭독
		⑧ 시 낭송	동기부여 시 낭송 및 생각 공유
	오프닝 특강	⑨ 무대 매너, 내면 에너지 충전, 긍정화	

	2주	3주	4주	5주	6주	7주	8주	9주
	외면 내면	동기 부여	주의 환기	마무리	표현	감동느끼기	생각 확장	미디어 의미
	복장·걸음 표정·정리 독서·집필	중요성 심각성 판매술	스팟·질문 감사	인사·명언 영상·시	감정·행동 열정	노래·듣기 & 부르기	상황·분석 해석	영화· 드라마 할말

구분	주제	소주제	세부 내용
2교시	10분 강의 & 피드백	⑩ 피드백 명언 낭독 / 설명	
		⑪ 10분 강의	

구분	2주	3주	4주	5주	6주	7주	8주	9주
D	용기	자신감	표현	꿈	웃음	단순	경청	용서
R	도전	자존감	신뢰	사명비전	유머	성실	감사	자유
I	희망	열정	인간관계	목표	재미	집중	배려	사랑

구분	주제	소주제	세부 내용
	주제 특강	⑫ 피드백	개성, 장점, 자신감
		⑬ 특강	주차별 주제 강의 콘텐츠 공유
	마무리	⑭ 다음주 교육 소개	다음 주 숙제, 주제 안내
		⑮ 하루 30초 다짐	5가지(감사, 웃음, 건강, 영향력, 기쁨)

교육문의 : 이대성강사(dripassion@hanmail.net/010-5767-9171)